Evelin Seeliger-Mander

St. Lucia, St. Vincent, Grenada

„Wheresoever you may roam,
love oh love your island home!"
(Wo immer ihr seid,
liebt, ja liebt eure Inselheimat!)

Aus der Nationalhymne von St. Lucia

Impressum

Evelin Seeliger-Mander
REISE KNOW-HOW St. Lucia, St. Vincent, Grenada

erschienen im
REISE KNOW-HOW Verlag Peter Rump GmbH
Osnabrücker Str. 79
33649 Bielefeld

© Peter Rump 1998, 2000, 2003, 2007, 2011
**6., neu bearbeitete
und komplett aktualisierte Auflage 2013**

Alle Rechte vorbehalten.

Gestaltung
Umschlag: G. Pawlak, P. Rump (Layout);
    M. Luck (Realisierung)
Inhalt: G. Pawlak (Layout); M. Luck (Realisierung)
Fotonachweis: siehe S. 300
Titelfoto: die Autorin
Karten: C. Raisin, der Verlag

Lektorat (Aktualisierung): M. Luck

Druck und Bindung
Wilhelm & Adam, Heusenstamm

ISBN 978-3-8317-2320-1
Printed in Germany

Dieses Buch ist erhältlich in jeder Buchhandlung
Deutschlands, der Schweiz, Österreichs, Belgiens
und der Niederlande.
Bitte informieren Sie Ihren Buchhändler
über folgende Bezugsadressen:

Deutschland
    Prolit GmbH, Postfach 9, D-35461 Fernwald (Annerod)
    sowie alle Barsortimente
Schweiz
    AVA Verlagsauslieferung AG
    Postfach 27, CH-8910 Affoltern
Österreich
    Mohr Morawa Buchvertrieb GmbH
    Sulzengasse 2, A-1230 Wien
Niederlande, Belgien
    Willems Adventure, www.willemsadventure.nl

Wer im Buchhandel trotzdem kein Glück hat,
bekommt unsere Bücher auch über unseren
Büchershop im Internet: www.reise-know-how.de

Wir freuen uns über Kritik, Kommentare
und Verbesserungsvorschläge, gern auch
per E-Mail an info@reise-know-how.de.

Alle Informationen in diesem Buch sind von
der Autorin mit größter Sorgfalt gesammelt
und vom Lektorat des Verlages gewissenhaft
bearbeitet und überprüft worden.

Da inhaltliche und sachliche Fehler nicht
ausgeschlossen werden können, erklärt der
Verlag, dass alle Angaben im Sinne der
Produkthaftung ohne Garantie erfolgen
und dass Verlag wie Autorin keinerlei
Verantwortung und Haftung für inhaltliche
und sachliche Fehler übernehmen.

Die Nennung von Firmen und ihren Produkten und ihre Reihenfolge sind als Beispiel
ohne Wertung gegenüber anderen anzusehen. Qualitäts- und Quantitätsangaben sind
rein subjektive Einschätzungen der Autorin
und dienen keinesfalls der Bewerbung von
Firmen oder Produkten.

Evelin Seeliger-Mander

ST. LUCIA, ST. VINCENT, GRENADA

Vorwort

Die geografische Unterteilung der Karibik ist in allen Quellen so unterschiedlich, dass ich über das Folgende ein „ungefähr" stellen möchte.

Zur **Karibik** zählen außer den Inseln zwischen Florida und Venezuela auch die ans Karibische Meer angrenzenden Länder Mittel- und Südamerikas. Der Name kommt von den Karibenindianern, die *Kolumbus* bei seinen Reisen hier vorfand. Da er die meisten dieser Gebiete entdeckte und sich bis zu seinem Tod nicht davon abbringen ließ, Indien entdeckt zu haben, nennt man dieses Gebiet auch die **Westindischen Inseln.**

Der Inselbogen von St. Thomas bei Florida im Norden bis Aruba bei Venezuela im Süden heißt **Antillen.** Der Name kommt von Antilia. Im Spanien des 15. Jh. spukte eine sagenumwobene Insel dieses Namens in den Köpfen der Menschen herum. Sie sollte irgendwo westlich der Azoren liegen.

Der nördliche Teil der Antillen bis Puerto Rico fällt unter den Begriff **Große Antillen.** Von den Jungferninseln (Virgin Islands) bis zu den ABC-Inseln (Aruba, Bonaire und Curaçao) gehört alles zu den **Kleinen Antillen** (Lesser Antilles).

Die Kleinen Antillen wiederum sind aufgeteilt in die **Inseln über dem Winde** (von den Jungferninseln bis einschließlich Trinidad) und die **Inseln unter dem Winde** vor der venezolanischen Küste.

Die Inseln über dem Winde unterteilt man wiederum in die nördlichen **Leeward Islands** bis Guadeloupe und die **Windward Islands** von Dominica bis Trinidad & Tobago.

Zu Letzteren gehören die drei hier beschriebenen selbstständigen Inselstaaten, in denen übrigens **Englisch überall
Amtssprache** ist. Sie entsprechen in wei-
ten Teilen dem Traum von der Karibik
mit schneeweißen, endlosen Palmen-
stränden, einem strahlend blauen Himmel, unvergleichlichen Sonnenuntergängen und einem Wasser, das in allen erdenklichen Türkis- und Blautönen
schimmert. Aber sie sind nicht nur ein
Traum der Urlauber, sondern auch die
Heimat der dort lebenden Menschen.
Dieses Buch will Ihnen helfen, die Inseln
und ihre Bewohner kennen zu lernen
und alle praktischen Reiseprobleme zu
meistern.

Gute Reise!

Evelin Seeliger-Mander

⌃ Gern zeigt er Touristen den Petroglyphen

> **Hinweis**
>
> Die **Internet- und E-Mail-Adressen** in
> diesem Buch können – bedingt durch den
> Zeilenumbruch – so getrennt werden,
> dass ein Trennstrich erscheint, der nicht
> zur Adresse gehören muss!

Inhalt

■ Anhang   283

Karten

Exkurse

Windward Islands

0 — 20 km

© REISE KNOW-HOW 2013

Gros Islet
Castries
Micoud
Soufrière
ST. LUCIA
Vieux Fort

ST. VINCENT PASSAGE

Chateaubelair
Georgetown
ST. VINCENT
Kingstown

GRENADINEN

Bequia
Mustique
Canouan
Mayreau · Tobago Cays
Union Island
Carriacou
Petite Martinique
Ronde Island
Victoria
GRENADA
Grenville
St. George's

Die Inseln auf einen Blick

■ St. Lucia (S. 31)

In Anspielung auf die schöne Helena aus der griechischen Mythologie wird St. Lucia oft „Helena des Westens" genannt – und schön ist sie, ein echter karibischer Traum: Weiße Sandstrände und herrliche Buchten, Korallenriffe, Wasserfälle im Regenwald, heiße Schwefelquellen, tropische Landschaften, die majestätischen Piton-Zwillingsberge und die sehenswerte Hauptstadt Castries.

■ St. Vincent (S. 87)

In der Sprache der Kariben-Indianer hieß die Insel „Die Schönheit der Regenbögen in den Tälern", dann „Land der Gesegneten", und noch heute trägt sie den Beinamen „Smaragdinsel". Vor allem der Vulkan Soufrière und der dichte Regenwald mit seinen vielen Naturtrails machen ihre Schönheit aus. Bemerkenswert sind auch die fast ausschließlich schwarzsandigen, von Palmen umsäumten Strände, die einen ganz eigenen Charme haben.

■ Grenadinen (S. 125)

St. Vincent und die Grenadinen sind zwar eine staatliche und administrative Einheit, haben aber einen sehr unterschiedlichen Charakter: Die kleinen, von Korallenriffen umgebenen Inseln der Grenadinen sind der karibische Traum schlechthin, gerade für Strandliebhaber, Schnorchler und Taucher.

■ Grenada (S. 151)

Die Gewürzinsel Grenada liegt am südlichen Ende der ostkaribischen Inseln, ebenso die beiden verschlafene Inselchen Carriacou und Petite Martinique, die gut zum Schnorcheln und Baden geeignet sind. Grenada hat 45 weißsandige Strände und neun schwarzsandige, allesamt gesäumt von Palmen, zum Teil mit vorgelagerten Korallenriffen. St. George's, die Hauptstadt, ist die wohl schönste Stadt der Karibik.

Die Highlights auf einen Blick

St. Lucia
- **Castries (S. 59):**
Hafen, Morne Fortune
- **Pigeon Island Nationalpark (S. 70):**
Naturreservat, durch einen Damm mit St. Lucia verbunden
- **Marigot Bay (S. 72):**
Der romantischste Strand der Insel und Drehort für Walt Disneys Film „Dr. Doolittle"
- **Soufrière (S. 75):**
Liegt an St. Lucias Wahrzeichen, den Pitons; einziger „Drive-in-Vulkan" der Karibik; Schwefelquellen
- **Historische Plantagen:**
La Sikwi, Zuckerrohrplantage (S. 74); Fond Doux, Kakaoplantage (S. 81); Balenbouche Estate, Zuckerrohrplantage (S. 81)
- **Regenwald (S. 71):** Aerial Tram

St. Vincent
- **Kingstown (S. 108):**
Botanischer Garten, Kathedrale
- **Young Island (S. 116):**
Fort Duvernette
- **Layou** (12 km von Kingstown) (S. 117): Karibensteine
- **Falls of Baleine (S. 122):** 20 m hoch, nur mit dem Boot zu erreichen
- **Owia Salt Pond (S. 122):**
Naturpool im Meer
- **Soufrière (S. 122):**
Vulkan bei Georgetown, 1234 m hoch, Aufstieg nur mit Führer
- **Wallilabou Bay (S. 118):**
Drehort von „Fluch der Karibik"

Bequia (Grenadinen)
- **Admiralty Bay (S. 129):** Yachtanleger
- **Port Elizabeth (S. 129):**
Hauptort und Touristenzentrum
- **Old Hegg Turtle Sanctuary (S. 134):**
Schildkrötenaufzuchtstation

Mustique (Grenadinen)
- **Jet-Set-Insel (S. 136):**
Villen von *Mick Jagger, David Bowie* u. a.

Union Island (Grenadinen)
- **Zerklüftete Felslandschaft (S. 145)**

Canouan (Grenadinen)
- **Strände und Riffs (S. 140)**

Tobago Cays (Grenadinen)
- **Die schönste Stelle zum Tauchen und Segeln in der ganzen Karibik (S. 143)**

Grenada
- **St. George's (S. 177):**
Die schönste Hafenstadt der südlichen Antillen; Fort George, Fort Frederick
- **Grand Anse Beach (S. 193):**
Urlaubszentrum der Insel, 6 km langer, weißer Sandstrand
- **Concord Falls (S. 186):**
Schöner Wasserfall
- **Gouyave (S. 188):**
Dougaldston Estate, Gewürzfabrik
- **River Antoine (S. 191):**
Älteste Rumdestillerie der Karibik
- **Grand Etang National Park (S. 184):**
Wandern im Regenwald

Vor der Reise

◁ Anse la Raye (St. Lucia)

Informationen

Fremdenverkehrsbüros

Grenada und St. Lucia haben Touristenbüros in Deutschland, St. Lucia hat überdies eines in der Schweiz. St. Vincent hat ein Touristenbüro in London. Wenn man sie früh genug anschreibt, bekommt man gutes Infomaterial, z. B. Broschüren mit allgemeinen Informationen, DVDs und Inselkarten, die sonst in Europa nicht erhältlich sind. Landkarten für die Inseln gibt es in den Touristenbüros an den dortigen Flughäfen.

■ **St. Lucia Tourist Board,** Kälberstücksweg 59, 61350 **Homburg,** Tel. 06172 499 41 32, Fax 06172 499 41 39, a.rudhart@saint-lucia.org, www.jetztsaintlucia.de, www.stlucia.org

■ **St. Lucia Tourist Board Schweiz,** *Annette Clemens,* Haltenmatte 9, 6072 **Sachseln,** Tel. 041 661 26 90, Fax 041 661 26 91, a.clemens@stlucia.org

■ **St. Vincent and The Grenadines Tourism Office,** 10 Kensington Court, **London** W8 5DL, England, Tel. 0044 207 65 70 65 70, Fax 0044 207 937 36 11, www.visitsvg.com

■ **Grenada Board of Tourism,** Schenkendorfstr. 1, 65187 **Wiesbaden,** Tel. 0611 267 67 20, Fax 0611 267 67 60, www.grenadagrenadines.com

■ **Grenada Board of Tourism,** 26–28 Hammersmith Grove, 4. Stock, **London** W6 7BA, Tel. 0044 208 32 80 650, Fax 0044 870 19 92 626, grenada@eyes2market.co.uk

Internet

■ www.paradisestlucia.com
■ www.tropicaltraveller.com
■ www.slucia.com/visions
■ www.slucianow.com
■ www.wallilabou.com
■ www.bequiatourism.com
■ www.mustiqueisland.com
■ www.carriacoupetitemartinique.com
■ www.shecaribbean.com (erstes karibisches Frauenmagazin mit Sitz in St. Lucia, auf allen Inseln erhältlich)
■ www.discoversvg.com
■ www.grenadakaribik.com

Sicherheitslage

Aktuelle Reisehinweise und Hinweise zur allgemeinen Sicherheitslage erteilen:

■ **Deutschland:** Auswärtiges Amt, www.auswaertiges-amt.de und www.diplo.de/sicherreisen (Länder- und Reiseinformationen), Tel. 030 50 00 0, Fax 030 50 00 34 02

■ **Österreich:** Bundesministerium für auswärtige Angelegenheiten, www.bmaa.gv.at (Bürgerservice), Tel. 05 011 50 44 11, Fax 05 011 59 0 (die 05 muss immer vorgewählt werden)

■ **Schweiz:** Eidgenössisches Department für auswärtige Angelegenheiten, www.dfae.admin.ch (Reisehinweise), Tel. 031 32 38 484

Diplomatische Vertretungen

■ **Saint Lucia High Commission,** 1 Collingham Gardens, Earls Court, **London** SW5 0HW, England, Tel. 0044 207 37 07 123, www.stlucia.gov.lc

■ **Embassy of St. Vincent and the Grenadines,** 10 Kensington Court, **London** W8 5DL, England, Tel. 0044 207 56 52 874, svghichcomclara@cu.uk

- Consulat général de Saint-Vincent-et-les-Grenadines, Avenue de Frontenex 8, 1207 **Genf,** Schweiz, Tel. 022 707 63 00
- Embassy of Grenada, Avenue de la Toison d'Or 24, 1050 **Brüssel,** Belgien, Tel. 0032 2 223 73 03, embassyofgrenadabxl@skynet.be
- Consulat général de Grenade, Claridenstr. 22, 8002 Zürich, **Schweiz,** Tel. 043 817 64 40

Die diplomatischen Vertretungen von Deutschland, Österreich und der Schweiz **in der Karibik** sind **im Kapitel „Notfall-Tipps"** zu finden.

Anreise

Mit dem Flugzeug

Direktverbindungen aus dem deutschsprachigen Raum zu den Kleinen Antillen bestehen nur im Winterhalbjahr und nur einmal wöchentlich mit Condor von Frankfurt nach Grenada und St. Lucia (Flugzeit ca. 10 Std.). Daneben gibt es interessante **Umsteigeverbindungen** mit British Airways und Virgin Atlantic Airways (über London), American Airlines (über Miami) und Delta Air Lines (über Atlanta). Diese können zwar billiger sein als die Nonstop-Flüge, aber man muss hier auch eine längere Flugdauer einkalkulieren. Da sich die Verbindungen oft ändern, bei der Urlaubsplanung die aktuellen Flugverbindungen überprüfen!

Ein Direktflug von Deutschland, Österreich und der Schweiz nach Grenada und St. Lucia dauert etwa 10 Stunden, mit Zwischenlandung oder Umsteigen sind es 2 bis 5 Stunden mehr.

Flugpreise

Je nach Fluggesellschaft, Jahreszeit und Aufenthaltsdauer auf St. Lucia bzw. Grenada bekommt man von Österreich, Deutschland und der Schweiz einen Hin- und Rückflug in der Economy-Klasse ab 750 Euro inkl. aller Steuern, Gebühren und Entgelte. Preiswertere Flüge sind mit **Jugend- und Studententickets** (je nach Airline alle jungen Leute bis 29 Jahre oder Studenten bis 34 Jahre)

⌃ Strandszenerie mit typischen Sonnenschirmen

möglich. Außerhalb der Hauptsaison gibt es einen Hin- und Rückflug von Frankfurt nach St. Lucia ab 700 Euro.

Kinder unter zwei Jahren fliegen ohne Sitzplatzanspruch für 10 % des Erwachsenenpreises, ansonsten werden für ältere Kinder die regulären Preise je nach Airline um 25–50 % ermäßigt. Ab dem 12. Lebensjahr gilt der Erwachsenentarif oder ein besonderer Jugendtarif (s. o.).

Von Zeit zu Zeit offerieren die Fluggesellschaften **befristete Sonderangebote.** Dann kann man z. B. mit British Airways für ca. 700 Euro von vielen Flughäfen in Deutschland, Österreich und der Schweiz nach St. Lucia oder Grenada und zurück fliegen. Diese Tickets haben in der Regel eine befristete Gültigkeitsdauer und eignen sich nicht für Langzeitreisende (siehe „Flug-Know-how").

Ob für die gewünschte Reisezeit gerade Sonderangebote für Flüge zu den Kleinen Antillen auf dem Markt sind, lässt sich z. B. der Website von Jet-Travel entnehmen (s. u.).

In Deutschland gibt es von Frankfurt aus die häufigsten Verbindungen nach St. Lucia und Grenada. Tickets für Flüge von und nach anderen deutschen Flughäfen sind oft teurer. Da kann es attraktiver sein, mit einem **Rail-and-Fly-Ticket** per Bahn nach Frankfurt zu reisen (entweder bereits im Flugpreis enthalten oder nur 30 bis 60 Euro extra). Außerdem gibt es **Fly & Drive-Angebote,** bei denen eine Fahrt vom und zum Flugha-

⌂ Der Annadale-Wasserfall auf Grenada

fen mit einem Mietwagen im Ticketpreis inbegriffen ist.

Folgende **zuverlässige Reisebüros** haben oft günstigere Preise als viele andere:

- **Jet-Travel,** www.jet-travel.de
- **Globetrotter Travel Service,** www.globetrotter.ch

Die vergünstigten Spezialtarife und befristeten Sonderangebote kann man nur bei wenigen Fluggesellschaften in ihren Büros oder direkt auf ihren Websites buchen; diese sind jedoch immer auch bei den oben genannten Reisebüros erhältlich. Im Übrigen sollte man wissen, dass die günstigsten Flüge keineswegs immer online im Internet buchbar sind. Häufig haben Jet-Travel und der Globetrotter Travel Service auf Anfrage preiswertere Angebote.

Last Minute

Wer sich im letzten Augenblick für eine Reise auf die Kleinen Antillen entscheidet, kann Ausschau nach Last-Minute-Flügen halten, die von einigen Airlines mit deutlicher Ermäßigung **ab etwa 14 Tage vor Abflug** angeboten werden, wenn noch Plätze zu füllen sind. Diese Flüge lassen sich auf der Website von Condor (www.condor.com) und ansonsten bei diesen Spezialisten buchen:

- **L'Tur,** www.ltur.com
- **Lastminute.com,** www.lastminute.de
- **5 vor Flug,** www.5vorflug.de
- **Restplatzbörse,** www.restplatzboerse.at

Der Rückflug

Wie in vielen Ländern ist auch auf den Inseln beim Rückflug eine **Flughafen-gebühr** *(airport tax)* zu zahlen. Manchmal ist sie bereits im Ticket-Preis enthalten, z. B. bei Condor – zur Sicherheit im Reisebüro nachfragen! Es schadet nicht, das Geld gleich am Anfang des Aufenthalts zusammen mit dem Ticket zurückzulegen (in der geforderten Währung, um unnötiges Wechseln am Flugplatz zu vermeiden). Ohne *airport tax* kein Flug! Das gilt auch, wenn man z. B. einen mehrtägigen Ausflug auf eine andere Insel bucht.

Insel-Hopping mit dem Flugzeug

Man sollte sich erkundigen, ob die innerkaribische Airline LIAT **Explorer-Tickets** im Angebot hat, denn sie sind meist billiger als Einzeltickets. Eine Nachfrage im Reisebüro oder bei LIAT lohnt sich (www.liatairline.com).

◁ Die Inseln sind ein
Eldorado der Früchte und Blumen

Pauschalreisen

Pauschalreisen von Europa werden **ab ca. 1000 Euro für zwei Wochen** angeboten. Bucht man nicht mit Vollpension, sollte man sich vorher über die Preise des Hotelrestaurants erkundigen, da es oft keine anderen in der Nähe gibt. Mietet man ein Auto, findet man sicherlich ein erschwingliches Restaurant in der Umgebung.

Viele Hotels auf den karibischen Inseln haben „Charme", d. h. sie sind nicht perfekt.

Wer abends im Hotel Unterhaltung sucht, sollte darauf achten, dass dies extra erwähnt ist. „Hotel am Strand" heißt nicht, dass es ein Badestrand ist. In der Nebensaison oder bei neu eröffneten Hotels kann es passieren, dass man sich in einem fast leeren Hotel wiederfindet; das kann sehr romantisch sein, es kommt darauf an, was man erwartet.

Da einem so etwas im Reisebüro nicht unbedingt auf die Nase gebunden wird, informiert man sich am besten selbst ein bisschen, z. B. wo der Strand liegt oder wie alt das Hotel ist.

Bei Pauschalreiseveranstaltern gibt es im Übrigen **erhebliche Preisunterschiede** für dieselben Destinationen in derselben Hotelklasse. Hier gilt es, die Preise sehr gründlich zu vergleichen. Auch bei den Kinderpreisen sollte man Acht geben, manche Anbieter unterscheiden nach kleinen Kindern (2 bis 6 Jahre) und großen Kindern (7 bis 11, 12, 13, 14 oder gar 15 Jahre), andere wiederum gar nicht. Viele Internetanbieter bieten Restplätze für Pauschalreisen von den gängigen Veranstaltern an, allerdings oft nicht viel preiswerter als im Katalog. Praktische Websites, die zumindest die Pau-

Flug-Know-how – ein paar nützliche Hinweise

Check-in

Nicht vergessen: **Ohne gültigen Reisepass kommt man nicht an Bord eines Flugzeuges.**

Bei den meisten internationalen Flügen muss man **2–3 Stunden vor Abflug** am Schalter der Airline eingecheckt haben. Viele Airlines neigen zum Überbuchen, d. h. sie buchen mehr Passagiere ein, als Sitze im Flugzeug vorhanden sind, und wer zuletzt kommt, hat möglicherweise das Nachsehen.

Wenn ein **vorheriges Reservieren der Sitzplätze** nicht möglich war, kann man auch beim Check-in noch einen Wunsch bzgl. des Sitzplatzes äußern.

Das Gepäck

In der **Economy Class** darf man in der Regel nur Gepäck **bis zu 20 kg pro Person** mitnehmen, und zusätzlich ein Handgepäck von bis zu 7 kg, welches eine bestimmte Größe (meist 55 x 40 x 23 cm) nicht überschreiten darf. Man sollte sich beim Kauf des Tickets über die Bestimmungen informieren. Eine Sonderregelung gilt bei den meisten Airlines für Flüge über Nordamerika (USA, Kanada und Mexiko), der zufolge Economy-Passagiere zwei Gepäckstücke bis jeweils 23 kg ohne Mehrkosten aufgeben dürfen.

Aus Sicherheitsgründen dürfen Taschenmesser, Nagelfeilen, (Nagel-)Scheren und Ähnliches nicht mehr im **Handgepäck** untergebracht werden. Diese sollte man unbedingt im aufzugebenden Gepäck verstauen, sonst werden sie bei der Sicherheitskontrolle mitunter einfach weggeworfen. **Flüssigkeiten** oder Gegenstände in ähnlicher Konsistenz (wie z. B. Getränke, Gels, Sprays, Shampoos, Cremes, Zahnpasta etc.) nur in der **Höchstmenge von 0,1 Liter ins Handgepäck!** Die Flüssigkeiten müssen in einem durchsichtigen wiederverschließbaren **Plastikbeutel** transportiert werden.

Bitte informieren Sie sich vor Abreise bei Ihrer Fluggesellschaft über die aktuellen Bestimmungen!

Darüber hinaus gilt, dass Feuerwerke, leicht entzündliche Gase (in Sprühdosen, Campinggas), entflammbare Stoffe (in Benzinfeuerzeugen, Feuerzeugfüllung) etc. generell nichts im Passagiergepäck zu suchen haben.

Rückbestätigung

Bei den meisten Airlines ist die Bestätigung des Rückfluges nicht mehr notwendig. Allerdings wird empfohlen, sich dennoch telefonisch zu erkundigen, ob sich am Zeitpunkt des Abflugs etwas geändert hat.

Wenn die Airline eine telefonische Rückbestätigung *(reconfirmation)* **bis 72 oder 48 Stunden vor dem Rückflug** verlangt, sollte man diese auf keinen Fall versäumen. Sonst kann es passieren, dass die Buchung im Computer der Airline gestrichen wird; das Ticket verfällt zwar nicht (es sei denn, die Gültigkeitsdauer wird überschritten), aber oft ist nicht sofort ein Platz auf einem anderen Flieger frei.

Die **Rufnummer** für Rückbestätigungen kann man von Mitarbeitern der Airline bei der Ankunft erfahren oder im Hotel, im Telefonbuch bzw. auf der Website der Airline.

Jet Lag – Probleme mit der Zeitverschiebung

Ärzte definieren Jet Lag als „Summe sämtlicher subjektiver Befindlichkeitsstörungen, die durch

Zeitverschiebung eintreten", stellen aber auch fest, dass es keine Krankheit ist.

Die **Umstellung der inneren Uhr** dauert einige Tage, und es ist normal, wenn man nach einem langen Flug nicht oder nur schlecht schlafen kann. Die Anpassung an die Ortszeit verläuft mit einer Geschwindigkeit von 1–3 Stunden pro Tag.

Bei der Beachtung einiger Regeln treten die **Symptome** des Jet Lags nicht so stark auf:

■ So früh wie möglich an die Zeit im Zielland anpassen. Die **Schlafzeiten** in den ersten drei Nächten nach der Zeitumstellung auf 8 Stunden beschränken. Sonst besteht die Gefahr, dass man nach einem „erholsamen" Schlaf von 10 oder 12 Stunden in der nächsten Nacht partout nicht einschlafen kann.

■ Nach der Zeitumstellung in der ersten Woche **tagsüber nicht schlafen** und möglichst viel im Freien aufhalten, denn Sonnenlicht erleichtert das Wachbleiben und die Zeitkompensation.

■ Im Flugzeug **keinen Alkohol** trinken, sondern Fruchtsäfte oder Wasser. Schlaf- und Aufputschmittel meiden.

■ Oftmals kommt die **Verdauung** nach einer großen Zeitverschiebung nicht so recht in Gang. Wer im Flugzeug vegetarisches Essen isst und im Zielland ballaststoffreiche Kost zu sich nimmt, tut sich da erheblich leichter …

Buchtipp – Praxis-Ratgeber

■ **Fliegen ohne Angst**
(Reise Know-How Verlag, Bielefeld)

schalangebote preislich vergleichen, sind www.lastminuteauskunft.de und www. nix-wie-weg.de.

Der größte Spezialanbieter für Reisen in die Karibik ist **Karibik Inside,** www. karibikinside.de. Hier kann man komplette Reisen buchen oder – interessant für Individualreisende – nur einen Ausflug auf andere Inseln oder nur einen Mietwagen. Das kann preislich sogar günstiger sein als die Angebote vor Ort. Karibik Inside unterhält mehrere Reisebüros in Deutschland, der Hauptsitz ist in Grenada.

Kreuzfahrten

Wer schon immer mal davon geträumt hat, auf einem schwimmenden Hotel Urlaub zu machen, liegt mit der Planung einer Kreuzfahrt richtig. In den letzten Jahren sind Kreuzfahrten **richtig populär** geworden, die Karibik ist dabei eines der beliebtesten Reiseziele. Der Urlaub an Bord ist bequem, bietet eine Vielzahl an Unterhaltungs- und Sportmöglichkeiten und wird von exzellenter Küche begleitet.

Wichtig ist die Auswahl des richtigen Schiffes. Auf manchen Kreuzfahrern überwiegt älteres Publikum, und dementsprechend gestaltet sich das Veranstaltungsprogramm. Junge Leute kommen sich hier unter Umständen völlig fehl am Platze vor. Für sie gibt es z. B. von Carnival Cruise Lines spezielle Vergnügungsreisen mit einem Veranstaltungsprogramm fast rund um die Uhr. Auf anderen Schiffen stehen Sport und Fitness an erster Stelle. Man sollte sich also vorher genau informieren und vor allen Dingen auch die oft erheblich von-

einander abweichenden Preise vergleichen. Wichtig ist auch die Wahl des
Decks, ob die **Kabine** innen oder außen
liegt und wie viel Betten sie hat.

Da die **Landausflüge** nicht im Preis
inbegriffen sind, überlegt man sich besser rechtzeitig, an welchen man teilnehmen möchte.

Es gibt Schiffe mit nur 500 und andere
mit bis zu 4000 Passagieren. **Restaurants, Bars, Aufenthaltsräume, Swimmingpool und Krankenstation** gehören
zur Grundausstattung – auf modernen
Luxuslinern ist die Palette der Unterhal-
tungs-, Sport- und Freizeitmöglichkeiten
fast grenzenlos.

Segelurlaub

Informationen und Adressen gibt es in
den entsprechenden Fachzeitschriften
rund um Boote oder auf folgenden **Mes-**

Kreuzfahrtschiff im Hafen
von Kingstown, St. Vincent

sen: Boot (Düsseldorf), Hanseboot (Hamburg), CBR (München), Interboot (Friedrichshafen).

Segelyachten
■ **Moorings Mariner Travel GmbH,** Theodor-Heuss-Str. 53–63, 6118 Bad Vilbel, Tel. 06101 557 915 22, www.moorings.de
■ **www.yachtcharterfinder.com**

Organisierte Segelreisen
■ **Scansail Yachts International GmbH,** Palmaille 124b, 22767 Hamburg, Tel. 040 38 422, Fax 38 93 277, www. scansail.de

Boote mieten
■ **Schönicke Skipperteam,** Grubesallee 27a, 22143 Hamburg, Tel. 040 675 40 44, Fax 677 99 81, www.skipperteam.de; hier hat man manchmal die Möglichkeit, an Bootsüberführungsfahrten teilzunehmen

Atlantik Rallye for Cruisers
Alljährlich im November findet die größte **Atlantiküberquerung** der Welt statt, die *ARC (Atlantic Rally for Cruisers).* Es nehmen 225 Jachten aus 25 Nationen teil. Das Rennen startet in Las Palmas auf den Kanarischen Inseln, geht quer über den Atlantik und endet in der Rodney Bay in St. Lucia. Man kann sowohl mit dem eigenen Boot teilnehmen als auch auf einem anderen Boot mitsegeln. Ankunft je nach Geschwindigkeit irgendwann im Dezember.

■ **Info und Anmeldeformular:**
www.worldcruising.com

Verhaltensregeln für Segler
Die Karibik hat das ganze Jahr über ständig wehende **Passatwinde.** Von November bis Januar weht der Wind meistens mit 15–20 Knoten aus Nordosten, im Juni mit 10–15 Knoten aus Süden. Zwischen Juli und Oktober kann man mit kurzfristigen Änderungen zwischen Nordost und Südost rechnen. Zu dieser Zeit ist auch mit kurzen, aber heftigen tropischen Schauern zu rechnen.

Um das Meer in Ihrem Urlaubsgebiet zu schützen, beachten Sie bitte folgende **Regeln:**
■ **Werfen Sie keinen Abfall über Bord,** entsorgen Sie ihn im nächsten Hafen.
■ **Entleeren Sie die Holding Tanks niemals in Buchten, Lagunen oder im Hafen.**
■ **Werfen Sie den Anker nur über sandigem Grund,** zerstören Sie keine Korallen. Brechen Sie auch beim Schnorcheln keine Korallen ab.
■ **Wenn Sie fischen, achten Sie auf die Mindestgröße der Fische,** angeln Sie nur für Ihren persönlichen Bedarf und stören Sie die einheimischen Fischer nicht.

Ein- und Ausreise

Papiere

Für alle hier beschriebenen Inseln braucht man als Mitteleuropäer zurzeit **kein Visum,** für einen Aufenthalt unter drei Monaten genügt normalerweise ein **Reisepass,** der noch mindestens sechs Monate gültig sein muss. Wer länger als vier Wochen in einem Inselstaat bleibt, muss seinen Aufenthalt unter Umständen verlängern lassen. Bei Personen, die acht Wochen und länger bleiben, heißt das aber noch lange nicht, dass sie den **Dreimonats-Stempel** auch gleich beim ersten Mal bekommen.

Achtung: Für **Kinder** ist ein Kinderausweis mit Lichtbild erforderlich.

Da sich Einreisebestimmungen **kurzfristig ändern** können, empfehlen wir, sich kurz vor Abreise beim Auswärtigen Amt (www.auswaertiges-amt.de, www.bmaa.gv.at, www.dfae.admin.ch) oder der zuständigen Botschaft über die aktuellen Bestimmungen zu informieren.

Es erweist sich oft als sehr nützlich, alle wichtigen Papiere (am besten zweifach) zu **fotokopieren** und an getrennten Orten aufzubewahren. Auch die Konsulate auf den Inseln arbeiten nicht sehr schnell, und es erleichtert die Beschaffung eines neuen Reisepasses ungemein, wenn man anhand der Kopie nachweisen kann, dass man tatsächlich der ist, für den man sich ausgibt.

Wer plant, sich vor Ort einen Leihwagen zu mieten, sollte sich zu Hause einen **internationalen Führerschein** ausstellen lassen. Andernfalls muss man sich auf jeder Insel eine einheimische Fahr-

erlaubnis erteilen lassen. Dabei fallen jeweils Kosten von ungefähr 12 US$ an.

Länger bleiben

Wer länger als drei Monate im Land bleiben möchte, wendet sich an die Auslandsbotschaften (siehe oben unter „Diplomatische Vertretungen") oder an die **Einwanderungsbehörden.**

■ **St. Vincent:** Kingstown, Bay Street, Tel. 457 1211; Canouan, Tel. 458 8308; Union Island, Tel. 458 8360

■ **Grenada:** Tel. 440 2456, am Kreuzfahrtschiff-Anleger, Mo–Do 8–11.45 und 13–15.45 Uhr, Fr bis 16.45 Uhr

Heimflugticket

Das Wichtigste ist allerdings das gültige Heimflugticket. Dies wird oft für Leute, die auf eigene Faust, z. B. mit einem **Segelschiff,** kommen, zum Problem. Sie müssen mit demselben Schiff die Insel auch wieder verlassen oder dürfen nicht einreisen. Diese Bestimmung gilt auch für Reisen zwischen einzelnen Inselstaaten oder nach Venezuela. Das Ausreise- bzw. Heimreiseticket muss ständig vorgezeigt werden. Deshalb muss man es auch bei Kurztrips immer mitnehmen.

▷ Die Sea Cloud vor St. Vincent

Einreiseformular

Vor jeder Landung muss im Flugzeug eine **internationale E/D-Karte** ausgefüllt werden. Man bekommt diese Zettel mit Durchschlag entweder zusammen mit dem Ticket, beim Einchecken oder im Flugzeug. Außer den allgemeinen Daten, wie Flugnummer, Name, Adresse, Geburtsdatum, Beruf usw. wird hier auch immer nach einer **Urlaubsadresse** gefragt. Wichtig hierbei ist, überhaupt eine Adresse einzutragen. Hat man noch keine, so trägt man einfach ein Hotel ein – ob man hinterher dort wohnt, ist unwichtig. Allerdings sollte die Unterkunft den eigenen **Geldverhältnissen** entsprechen, da die Beamten gern sehen wollen, über wie viel Geldmittel man verfügt –

oder man hat die entsprechenden Kreditkarten.

Eine Durchschrift der E/D-Karte wird bei der Passkontrolle einbehalten, die andere sollte man **sorgfältig aufbewahren,** sie muss bei der Ausreise vorgezeigt werden.

Das Gleiche gilt für die **Umtauschquittungen** für Bargeld. Da alle Währungen außerhalb des Landes gar nicht oder nur schwer umzutauschen sind, ist es besser, den Rest vor der Heimreise einzutauschen, was nur gegen Vorlage dieser Belege möglich ist.

Unbedingt sollte etwas Geld in Landeswährung für die **Airport Tax** bei der Ausreise zurückbehalten werden (St. Lucia zurzeit 54 EC oder 22 US$, Grenada 20 US$).

Zoll

Siehe den entsprechenden Abschnitt im Kapitel „Reisetipps A–Z".

Kleidung und Ausrüstung

Als Erstes gilt, nie zu viel mitzunehmen und sein Gepäck auf Reiseart und -ziel abzustimmen. So braucht jemand, der drei Wochen Pauschalreise gebucht hat, mit Sicherheit andere Dinge als jemand, der mehrere Inseln im Island-Hopping auf eigene Faust erkunden will.

Kleidung

Empfohlen sei leichte Kleidung aus Baumwolle. Wer sich oft im Freien aufhalten möchte, sollte an einen **Regenschutz** denken.

Etwas „Schickes" sollte jeder bei sich haben, denn es kann leicht passieren, dass man zu einem Fest eingeladen wird, und dann sollte man nicht in ausgefransten Jeans und verblichenem T-Shirt erscheinen.

Achtung: Das Tragen von Kleidung im Armeelook (Camouflage) ist auf den Inseln verboten! Sollten entsprechende Kleidung, Unterwäsche oder Taschen bei der Einreise gefunden werden, werden sie bis zur Ausreise konfisziert. Reist man in so einem Kleidungsstück ein, muss man sich umziehen und gegebenenfalls sogar neue Kleidung kaufen. Trotzdem sieht man auf den Inseln nicht nur Einheimische und Touristen in diesen Klamotten herumlaufen, nein, man kann sie auch überall kaufen. Vermutlich versucht man auf diese Weise, die einheimische Textilindustrie anzukurbeln.

Ausrüstung

Viele Leute bringen **Surfbrett, Golfschläger** oder **Fahrrad** selbst mit. Da sollte man sich vor der Reise erkundigen, denn viele Airlines befördern diese Gegenstände nur gegen einen Aufpreis.

Medikamente sollte man mitnehmen. **Sonnencreme** ist teurer als zu Hause, und **Duschgel** manchmal nur schwer zu erhalten. Auch seine **Schnorchelausrüstung** sollte man mitbringen, da die geliehenen Sachen oft nicht richtig passen.

Deutschsprachiges Lesematerial bekommt man selten, man sollte sich daher **Bücher** mitbringen.

Das **Stromnetz** auf den Inseln hat 220 Volt; **Steckdosen sind dreipolig.** Zwischenstecker sind in den großen Hotels meist vorhanden und können ansonsten in jedem Baumarkt oder Elektrogeschäft für ca. 6,50 EC$ gekauft werden.

Für Reisende, die nicht Pauschalurlaub im Hotel gebucht haben, sondern eine billigere Unterkunft mit Selbstverpflegung, gilt: entweder ein **Moskitonetz** mitnehmen oder sich vor Ort für ca. 5 Euro einen *Bug Mat* kaufen, ein kleines Plastikgerät, in das jeden Abend ein neues Plättchen eingelegt wird. **Strand- und Geschirrtücher** muss man ebenfalls selbst mitbringen.

Ein **Radio** von zu Hause mitzubringen, ist nie verkehrt. So verpasst man nicht die (besonders im Karneval) herrlichen karibischen Radioprogramme.

Handgepäck

Da es vorkommen kann, dass das Gepäck falsch eingeladen wird und eventuell erst später eintrifft (inzwischen eher selten, aber immer ärgerlich), ist es nicht verkehrt, Badezeug und Sandalen im Handgepäck mitzunehmen.

Zu den **sicherheitsbedingten Beschränkungen** beim Handgepäck siehe oben unter „Flug Know-how".

Geld

Die Währung von St. Lucia, St. Vincent, den Grenadinen sowie Grenada ist der **EC$** (**East Carribean Dollar,** Abkürzung XCD), der an den US$ gebunden ist. Restwährungen sollte man vor Ort zurücktauschen. Man braucht dazu die Bankbestätigung des Tausches und manchmal auch das Rückflugticket.

Es gibt **Scheine** zu 100 $, 20 $ (lila), 10 $ (blau) und 5 $ (grün) sowie **Münzen** zu 1 $, 25 Cent, 10 Cent, 5 Cent, 2 Cent und 1 Cent.

Die sicherste Währung für einen Karibik-Urlaub sind **Travellerschecks in US$**. Man kann sie überall einwechseln, und sie werden bei Verlust ersetzt.

Gängige **Kreditkarten** wie American Express, Diners Club, Barclaycard, Mastercard und VISA werden in allen großen Hotels und Geschäften akzeptiert. An einigen Geldautomaten kann man auch mit der **Maestro-Karte** (hieß früher EC-Karte) unter Eingabe des jeweiligen PIN-Codes Geld abheben. Ob und wie hoch die **Kosten für die Barabhebung** sind, ist abhängig von der karten-

austellenden Bank und von der Bank, bei der die Abhebung erfolgt. Man sollte sich daher vor der Reise bei seiner Hausbank informieren, mit welcher Bank sie vor Ort zusammenarbeitet. Im ungünstigsten Fall wird pro Abhebung eine Gebühr von bis zu 1 % des Abhebungsbetrags per Maestro-Karte oder gar 5,5 % des Abhebungsbetrags per Kreditkarte berrechnet.

Für das **bargeldlose Zahlen per Kreditkarte** werden 1–2 % für den Auslandseinsatz berechnet.

Siehe unter „**Reisetipps A–Z: Sicherheit/Notfall-Tipps",** falls die Geldkarte oder die Reiseschecks gestohlen wurden bzw. verloren gingen.

Wechselkurse
(1 Euro = 1,30 US$)

- 1 Euro = 3,49 EC$, 10 EC$ = 2,84 Euro
- 1 US$ = 2,67 EC$, 10 EC$ = 3,68 US$
- 1 SFr = 2,90 EC$, 1 EC$ = 3,42 SFr

Die aktuellen Tageskurse erhält man z. B. unter **www.oanda.com.**

Gesundheits- vorsorge

Besondere Impfungen sind für die Inseln nicht vorgeschrieben und in der Regel nicht notwendig – es sei denn, man reist aus einem mit Gelbfieber infizierten Land ein. Es gibt keine gefährlichen ansteckenden Krankheiten. Die Inseln sind malariafrei.

Wer eine Reise unter primitiven hygienischen Bedingungen plant, sollte Impfungen gegen **Hepatitis A, Hepatitis B** und **Typhus** in Betracht ziehen. Gegen **Tetanus** und **Diphterie** sollte man grundsätzlich geimpft sein, dies gilt umso mehr bei Fernreisen.

Zusätzlich sollte man sich kurz vor Abreise nochmals über aktuelle Gesundheitsempfehlungen und Impfvorschriften informieren, z. B. hier:

- **Centrum für Reisemedizin**, www.crm.de
- **Reisemedizinisches Zentrum,** www.gesundes-reisen.de
- **Institut für medizinische Informationen,** www.reisevorsorge.de

Versicherungen

Für alle abgeschlossenen Versicherungen sollte man sich unbedingt die **Notfallnummern notieren** und zusammen mit der Policenummer sicher aufbewahren! Bei Eintreten eines Notfalles sollte die Versicherungsgesellschaft sofort telefonisch verständigt werden.

Der **Abschluss einer Jahresversicherung** ist in der Regel kostengünstiger als mehrere Einzelversicherungen. Günstiger ist auch die **Versicherung als Familie** statt als Einzelpersonen. Hier sollte man die Definition von „Familie" genau prüfen.

Krankenversicherung

Die Kosten für eine Behandlung in St. Lucia, St. Vincent oder Grenada werden von den gesetzlichen Krankenversicherungen in Deutschland und Österreich nicht übernommen, daher ist der Abschluss einer privaten Auslandskrankenversicherung unverzichtbar. **Bei Abschluss** der Versicherung – die es mit bis zu einem Jahr Gültigkeit gibt – **sollte auf einige Punkte geachtet werden.** Zunächst sollte ein Vollschutz ohne Summenbeschränkung bestehen, im Falle einer schweren Krankheit oder eines Unfalls sollte auch der Rücktransport übernommen werden. Diese Zusatzversicherung bietet sich auch über einen Automobilclub an, insbesondere wenn man bereits Mitglied ist. Diese Versicherung bietet den Vorteil billiger Rückholleistungen (Helikopter, Flugzeug) in extremen Notfällen.

Wichtig ist auch, dass im Krankheitsfall der Versicherungsschutz über die vorher festgelegte Zeit hinaus automatisch verlängert wird, wenn die Rückreise nicht möglich ist.

> Ortsschild auf St. Vincent

Zur Erstattung der Kosten benötigt man ausführliche Quittungen (mit Name, Datum, Bericht über Art und Umfang der Behandlung, Kosten der Behandlung und Medikamente).

Schweizer sollten bei ihrer Krankenversicherungsgesellschaft nachfragen, ob die Auslandsdeckung auch für ihr spezielles Reiseziel inbegriffen ist. Falls nicht, kann man sich kostenlos bei Soliswiss (www.soliswiss.ch) über mögliche Krankenversicherer informieren.

Sonstige Versicherungen

Ob es sich lohnt, weitere Versicherungen abzuschließen wie eine Reiserücktritts-, Reisegepäck-, Reisehaftpflicht- oder Rei-

seunfallversicherung, ist individuell abzuklären. Gerade diese Versicherungen enthalten **viele Ausschlussklauseln,** sodass sie nicht immer Sinn machen.

Die **Reiserücktrittsversicherung** für 35–80 Euro lohnt sich nur für teure Reisen und für den Fall, dass man vor der Abreise einen schweren Unfall hat, schwer erkrankt, schwanger wird, gekündigt wird oder nach Arbeitslosigkeit einen neuen Arbeitsplatz bekommt, die Wohnung abgebrannt ist u. Ä. Nicht gelten hingegen: Terroranschlag, Streik, Naturkatastrophe etc.

Die **Reisegepäckversicherung** lohnt sich seltener, da z.B. bei Flugreisen verlorenes Gepäck oft nur nach Kilopreis und auch sonst nur der Zeitwert nach Vorlage der Rechnung ersetzt wird.

Wurde eine Wertsache nicht im Safe aufbewahrt, gibt es bei Diebstahl auch keinen Ersatz. Kameraausrüstung und Laptop dürfen beim Flug nicht als Gepäck aufgegeben worden sein. Gepäck im unbeaufsichtigt abgestellten Fahrzeug ist ebenfalls nicht versichert. Die Liste der Ausschlussgründe ist endlos. Überdies deckt häufig die Hausratsversicherung schon Einbruch, Raub und Beschädigung von Eigentum auch im Ausland. Für den Fall, dass etwas passiert ist, muss der Versicherung als Schadensnachweis ein Polizeiprotokoll vorgelegt werden.

Eine **Privathaftpflichtversicherung** hat man in der Regel schon. Hat man eine **Unfallversicherung,** sollte man prüfen, ob diese im Falle plötzlicher Arbeitsunfähigkeit aufgrund eines Unfalls im Urlaub zahlt. Auch durch manche (Gold-)Kreditkarten oder eine **Automobilclubmitgliedschaft** ist man für bestimmte Fälle schon versichert. Die Versicherung über die Kreditkarte gilt jedoch meist nur für den Karteninhaber!

Sicherungsschein

Wer eine Rundreise oder Pauschalreise bucht, sollte sich idealerweise vergewissern, dass der Veranstalter gegen **Insolvenz** versichert ist – das gilt vor allem für eher kleine Veranstalter oder sogenannte Billigveranstalter. Denn nur wenn diese versichert sind, bekommt man im Notfall die bereits gezahlten Beträge und ggfs. anfallende Rückflugkosten zurück erstattet. Als Nachweis dient der so genannte Sicherungsschein, den man spätestens bei der ersten (An-)Zahlung vom Veranstalter bzw. Reisebüro ausgehändigt bekommen sollte. Will man absolut sicher gehen, dass der Reiseveranstalter wirklich versichert ist, kann man sich direkt bei der auf dem Sicherungsschein genannten Versicherungsanstalt nach der Gültigkeit des Versicherungsschutzes erkundigen.

◁ Admiralty Bay auf Bequia (Grenadinen)

St. Lucia

St. Lucia ist wahrlich ein karibischer Traum: Weiße Sandstrände, herrliche Buchten, tropische Landschaften und die sehenswerte Hauptstadt ergeben einen betörenden Mix, dem sich kein Besucher entziehen kann – erst recht nicht, wenn ihn die Lebensfreude der Einheimischen angesteckt hat!

◁ Wassersportgerät kann an vielen Stränden ausgeliehen werden

LANDESKUNDE

In Anspielung auf die schöne *Helena* aus der griechischen Mythologie wird St. Lucia oft „Helena des Westens" genannt. Schon von Weitem ragen die beiden Piton-Zwillingsberge majestätisch in den Himmel. **Die Insel hat landschaftlich einfach alles zu bieten,** was man sich wünschen kann: weiße Strände, Korallenriffe, Regenwald, heiße Schwefelquellen, Wasserfälle, einen Drive-in-Vulkan und eine wunderschöne Hauptstadt.

Geografie

St. Lucia ist die zweitgrößte der Windward-Inseln. Sie liegt rund 30 km nördlich von St. Vincent und ebenso weit südlich von Martinique, etwa auf dem 14. Breitengrad nördlich des Äquators und dem 61. Längengrad westlich von Greenwich.

Die Insel ist 45 km lang und 25 km breit, sehr bergig, bewaldet und vulkanischen Ursprungs. Das Wahrzeichen St. Lucias sind die **Piton-Zwillingsberge**

(Gros Piton und Petit Piton). In den höheren Regionen gibt es tropischen Regenwald. Der höchste Berg, der **Mount Gimie (958 m),** liegt im Tropenwald-Schutzgebiet, in dem man wilde Orchideen bewundern und mit etwas Glück den vom Aussterben bedrohten St.-Lucia-Papagei entdecken kann.

St. Lucia besticht durch den Charme seiner Landschaft, im Westen Buchten mit sanften Wellen, eine stark zerklüftete Ostküste, tropische Vegetation, über zwanzig Schwefelquellen mit Temperaturen von 150° C und den einzigen begehbaren Vulkan der Karibik. Die **Diamond Falls** speisen Bäder, die früher Erholungsorte des französischen Gouverneurs waren.

◁ Ausflugsboot in der Marigot Bay

Staatssymbole St. Lucia

Die **Staatsflagge** von St. Lucia wurde am 1.3.1967 eingeführt und am 22.2.1979 offiziell gehisst. Das Blau symbolisiert das Meer, das Dreiecksmuster die aus ihm aufsteigende Insel. Gelb steht für Sonnenschein und Sandstrände, das Schwarz verweist auf den vulkanischen Ursprung des Inselstaates.

Das **Staatswappen** wurde am 16.8.1939 verliehen und am 1.3.1967 offiziell eingeführt und erweitert: ein Schild, geteilt durch ein schwebendes Kreuz aus Bambus, in den Quartieren zwei Rosen und zwei Lilien, die auf die britische und französische Kolonialherrschaft in der Vergangenheit verweisen.

Die **Nationalhymne** von St. Lucia wurde 1967 bei der Erlangung der Selbstverwaltung und erneut 1979 bei Gewährung der Unabhängigkeit offiziell angenommen. Der Text stammt von *Charles Jesse,* die Melodie von *Leton Felix Thomas:*

Sons and daughters of Saint Lucia,
love the land that gave us birth,
Land of beaches, hills and valleys,
fairest isle of all the earth.
Wheresoever you may roam,
love oh love your island home!

(Söhne und Töchter von Saint Lucia,
liebt das Land, das uns Leben gab,
Land der Strände, Berge und Täler,
schönste Insel der ganzen Welt.
Wo immer ihr seid,
liebt, ja liebt eure Inselheimat!)

Geschichte und Politik

Anders als bei den anderen Inseln ist das genaue **Entdeckungsdatum** St. Lucias unbekannt. Ob **Kolumbus** die Insel bei seiner vierten Reise 1502 gesichtet hat und ihr den Namen gab, ist nicht geklärt. Die Landkarte, die der unbekannte Entdecker *Juan de la Cosa* zeichnete, als er Kolumbus auf seinen ersten beiden Reisen begleitete, zeigt an der Stelle nämlich eine Insel mit dem Namen El Falcón. 1520 erscheint die Insel zum ersten Mal auf einem italienischen Globus, unter dem Namen St. Lucia.

Zuerst lebten auch hier die **Arawak-Indianer,** die wie überall später von den **Kariben** vertrieben wurden. Die Indianer gaben der Insel den Namen Ioüanalao und später Hewanorra, was **„Insel, wo der Leguan lebt"** bedeutet.

Bereits 1511 unterzeichnet der spanische König **Ferdinand** die „Real Cedula" und ruft zum Krieg gegen die Kariben auf. Aber die lndianer verteidigen die Insel erfolgreich.

Der erste **europäische Siedler** war der Franzose **Francois Le Clerc,** besser bekannt als **Jambe de Bois** oder **Wooden Leg.** Der Pirat verschanzte sich auf Pigeon Island und überfiel von hier aus vorbeifahrende spanische Schiffe. Die Holländer landeten zum ersten Mal um 1600 bei Vieux Fort.

Die **Engländer** wurden 1605 mehr oder weniger durch Zufall hierher verschlagen, als das Schiff **Olive Branch** auf dem Weg nach Guyana vom Kurs abkam. 67 Menschen landeten auf der Insel. Nur einen Monat später mussten die letzten neunzehn Überlebenden in einem Kanu vor den Kariben fliehen. Einen zweiten vergeblichen Versuch, die Insel zu kolonialisieren, startete 1639 der Engländer **Sir Thomas Warner.** Zunächst gelang es den Engländern, sich auf der Insel niederzulassen, aber nach kurzer Zeit überfielen die kriegerischen Kariben das Lager und töteten alle.

Die **Franzosen** hatten bessere Chancen, denn der Offizier **de Rousselau** heiratete 1650 eine Karibin, und nun gelang auch die Kolonialisierung der Insel. Als **de Rousselau** starb, versuchten die Kariben nochmals, die Franzosen zu vertreiben, aber diese waren ihnen inzwischen zahlen- und waffenmäßig überlegen. 1651 kaufte die französische **Westindian Company** St. Lucia.

Acht Jahre später beanspruchten die Engländer die Insel für sich. Für die nächsten 150 Jahre stritten sich Franzosen und Engländer um die Insel, die dabei fünfzehn Mal den Besitzer wechselte, bis sie 1814 im Vertrag von Paris endgültig den Engländern zugesprochen wurde. Zu den wildesten Schlachten in dieser Zeit gehörten die Battle of Cul de Sac (1778), nach welcher die Engländer einen Marinestützpunkt in Gros Islet bauten sowie Fort Rodney auf Pigeon Island. 1782 segelte **Admiral Rodney** bereits wieder den Franzosen unter **Admiral Comte de Gasse** entgegen, die die Insel erneut einnehmen wollten. Diesmal kam es zur größten englisch-französischen Schlacht um St. Lucia.

1746 wurde Soufrière als erste Stadt auf der Insel gegründet, 1780 gab es bereits zwölf französische Siedlungen und die erste **Zuckerrohrplantage.** Fünfzig weitere kamen in den nächsten fünfzehn Jahren dazu.

Die erste Hälfte des 19. Jh. war reich an **Katastrophen:** 1813 wird Castries durch einen Brand fast völlig zerstört, 1816 und 1819 suchen zwei Hurrikane und mehrere Erdbeben die Insel heim, und von 1835 bis 1843 gab es mehrere Gelbfieberepidemien.

1838, vier Jahre nach der Abschaffung der Sklaverei, wurde St. Lucia in die **Vereinigung der Windward Islands** mit Sitz in Barbados aufgenommen.

Im **Zweiten Weltkrieg** schickte St. Lucia Soldaten nach England zur Unterstützung der englischen Armee, und die Amerikaner bauten hier den Luftwaffenstützpunkt Beane Airfield, den heutigen Hewanorra Airport.

1951 führte man das Wahlrecht ein, 1967 wurde die Insel ein selbstständiger Staat im British Commonwealth und **1979 schließlich unabhängig.** Staatsoberhaupt ist die englische Königin *Elizabeth II.*, vertreten durch einen einheimischen Generalgouverneur, der einen elfköpfigen Senat ernennt. Die zweite Kammer des Parlaments ist das House of Assembly mit 17 gewählten Abgeordneten. Administrativ ist die Insel in elf Quarters (Gemeinden) aufgeteilt.

1982 wurde die erste sozialdemokratische Regierung durch eine konservative abgelöst. In der Folge wechselten sich die sozialdemokratische *SLP (St. Lucia Labour Party)* und die konservative *United Workers Party (UWP)* in der Regierung ab; bei den letzten **Wahlen** im November 2011 kam die SLP auf zehn Parlamentssitze, die UWP auf sieben. Premierminister ist *Dr. Kenny Anthony.*

Wirtschaft

Tourismus

St. Lucia ist nach Barbados und Antigua eines der wichtigsten Urlaubsgebiete der südlichen Karibik. Bereits 1995 waren rund 180.000 Touristen auf St. Lucia, mehr als die heutige gesamte Inselbevölkerung (176.000). In den letzten Jahren lag die Gesamttouristenzahl bei 250.000 bis 300.000, der Anteil der Deutschen steigt dabei stetig an. Zuletzt aber hat die globale Finanz- und Wirtschaftskrise zu einem Rückgang der Touristenzahlen geführt.

Immer beliebter werden die **All inclusive Clubs,** was an der steigenden Zahl dieser „Hotelburgen" zu sehen ist. Man bucht und bezahlt zu Hause, und im Hotel wird alles arrangiert und ist im Preis inbegriffen, einschließlich Sport, Unterhaltung und Babysitting, teilweise bis hin zu den Zigaretten; Inselausflüge werden von hier arrangiert, hoteleigene Boutiquen und Souvenirläden sind ebenfalls vorhanden. Der Vorteil für die Gäste: Man kann einen wirklich relaxten Urlaub verbringen und abschalten, denn man braucht sich um rein gar nichts zu kümmern. Nachteil: Man lernt weder die Insel noch die Bewohner und ihre Kultur oder ihre Probleme kennen. Außer einigen Arbeitsplätzen in den Hotels bie-

tet diese Art von Urlaub den Menschen auf der Insel keinerlei Vorteile. Das Hotelpersonal verdient wenig Geld, und alle Güter, die die Touristen brauchen, müssen teuer eingeführt werden. Die einheimischen Geschäfte, Restaurants und Händler gehen leer aus. Von den Kreuzfahrttouristen profitieren wenigstens die Händler und die Touranbieter.

Export

Die zweite Haupteinnahmequelle des Landes ist der Export von tropischen Früchten; dabei machen **Bananen** 80 % des Exports aus. 1765 begannen zwei Franzosen auf St. Lucia mit dem Anbau von Zuckerrohr. Nach fast 200 Jahren wurde der Anbau 1963 eingestellt, und man stieg auf den Anbau von Kakao und Bananen um. Auf der Insel gibt es vier große Bananenplantagen: Marquis, Dennery, Cul de Sac und Roseau. Schon immer verwüsteten Hurrikans in regelmäßigen Abständen die Plantagen. 1980 vernichtete ein Hurrikan 70 % der Ernte. Nachdem sich die Insel mit ausländischer Hilfe von diesem Schlag fast erholt hatte, kam 1994 ein weiterer und zerstörte erneut einen Teil der Plantagen. 1995 wurde die Insel nochmals von den Ausläufern eines Hurrikans heimgesucht; diesmal war der Schaden allerdings deutlich geringer.

1998 wurde die **St. Lucia Banana Growers' Association** privatisiert und heißt jetzt **St. Lucia Banana Company (SLBC).**

St. Lucia beliefert auch die EU mit Bananen und **Kakao.** In der Nähe vor Soufrière gibt es eine Fabrik für **Öl** und **Seife** aus Kokosnüssen. In der Cul-de-Sac-Bay befindet sich eine **Erdölraffinerie,** außerdem gibt es **Leichtindustrie,** z. B. Kleidungshersteller, Plastikverarbeitung, Kartonagenfirmen und Montagewerkstätten. Die Inselregierung versucht, die Leichtindustrie auszubauen, um nicht zu sehr von der Banane abhängig zu sein. Hier sind Trinidad, Großbritannien und die USA Hauptabnehmer.

004lu sm

◁ Das Wahrzeichen St. Lucias sind die Piton-Zwillingsberge

REISETIPPS

Hotels, Restaurants, Transport, Einkaufen, sportliche Betätigung, Ausflüge – die touristische Infrastruktur auf der Insel ist sehr gut ausgebaut und lässt kaum Wünsche offen. Hinzu kommt: Englisch ist die Landessprache, die Verständigung sollte also kein Problem sein.

Ankunft

Mit dem Flugzeug

Der **Hewanorra International Airport,** Tel. 452 1156, liegt bei Vieux Fort 64 km südlich von Castries. Seine Rollbahn ließ der englische Premier *Winston Churchill* im Zweiten Weltkrieg anlegen. Die Amerikaner benutzten die Landebahn zum Auftanken vor Bombenabwürfen über der Sahara. *Hewanorra* heißt übrigens in der Sprache der Indianer „Land der Leguane".

Der zweite Flughafen, **George F. L. Charles Airport** (früher Vigie Airport), Tel. 454 6355, liegt etwa 3 km nördlich von Castries und dient dem Mittelstreckenverkehr. Von hier fliegen LIAT und Caribbean Star auf die anderen karibischen Inseln.

Die **National Commercial Bank** am Hewanorra Airport hat täglich ab 12.30 Uhr bis zum letzten Flug geöffnet.

Die **Flughafengebühr bei der Ausreise** beträgt 35 US$.

Gepäckträger erhalten 1 US$ Trinkgeld pro Gepäckstück.

Auf beiden Flughäfen stehen **Taxis** zum Weitertransport zur Verfügung.

◁ George F. L. Charles Airport

Man erkennt sie am „TX" im roten oder blauen Nummernschild. Preislisten gibt es bei allen Touristeninformationen. Ein Taxi von Hewanorra nach Castries kostet ungefähr 120 EC$, von Castries zur Rodney Bay 40 EC$.

Gegenüber dem Hewanorra Airport fahren **Mini-Busse** für 18 EC$. Sie haben ein „M" im grünen Nummernschild. Die Zielorte stehen an der Windschutzscheibe.

Da viele Flugzeuge erst nach 18 Uhr landen, ist die Weiterreise oft nur noch mit dem Taxi oder Leihwagen möglich. Gleich am Flughafen sind die Büros der großen **Autovermieter.** Gezahlt wird mit Kreditkarte.

Hewanorra International Airport:
- **Avis Rent-a-Car,** Tel. 454 6325, www.avisstlucia.com
- **Hertz,** Tel. 452 0679, www.hertzcaribbean.com

George F. L. Charles Airport:
- **Avis Rent-a-Car,** Tel. 452 2046
- **Guy's Car Rental,** Tel. 451 7885

Als Alternative kann man in Vieux Fort übernachten und am nächsten Tag mit dem **Bus** weiterfahren, Richtung Castries, Gros Islet oder Soufrière.

Airlines

- **Air Caraibes,** Tel. 453 0357
- **Air France,** Tel. 458 8282, 458 8283
- **British Airways,** William Peter Boulevard, Reservations: Tel. 800 247 9297, Hewanorra: Tel. 454 6172
- **BWIA Express,** Brazil Street, Tel. 452 3778
- **Caribbean Star,** Tel. 456 0293, 453 2927
- **LIAT,** Brazil Street, Tel. 452 3051, George F. L. Charles Airport, Tel. 452 2348
- **St. Lucia Helicopters,** Pointe Seraphine, Tel. 453 6950
- **Virgin Atlantic,** Tel. 1 800 744 7477, 454 3610

Mit dem Schiff

Die Insel wird von Yachten, Frachtern und Kreuzfahrtschiffen angelaufen und verfügt über mehrere **Häfen:**

- **Der wichtigste Hafen St. Lucias ist Castries.** Hier wurde ein altes Lagerhaus in eine Shopping Plaza umgebaut. Die La Place Carenage wurde nach den alten Plänen erstellt. Vom Hafenpier fahren *Sea Taxis* für 2 EC$ (einfache Fahrt) nach Pointe Seraphine.
- **Vieux Fort:** kleiner Hafen mit Ankerplätzen für Container-/Frachtschiffe.
- Der zollfreie Hafen **Pointe Seraphine** (am Hafen von Castries) bietet Platz für zwei Vergnügungsschiffe. Hier gibt es über dreißig Duty-Free-Shops.
- **Rodney Bay,** neuester Yachthafen St. Lucias, hat 232 Liegeplätze, bis zehn Fuß Tiefgang, Wasser und Strom an jedem Liegeplatz, einen Travel-lift bis fünfzig Tonnen und 21 Fuß Breite, Zollabfertigung, Duty free, Proviantaufnahme.
- **Marigot Bay** ist der romantischste Yachthafen auf St. Lucia. Hier wurde *Walt Disneys* Film „Dr. Doolittle" gedreht. Anlegemöglichkeit für 40 Yachten (Ankermöglichkeit, Proviantübernahme The Moorings).
- Der **Yachthafen** der Hauptstadt Castries verfügt über ein Trockendock, Monitor VHF 16.
- In **Soufrière** legen ebenfalls täglich Kreuzfahrtschiffe an.

■ **Schiffsverbindungen** siehe unter „Verkehrsmittel".

Botschaften und Konsulate

■ **Honorary Consul of the Federal Republic of Germany,** Gros Islet, Tel. 001 758 450 8050, Fax 758 450 0255.
■ Für **Schweizer und Österreicher** sind die jeweiligen Botschaften in Venezuela zuständig, siehe dazu Kapitel „Reisetipps A–Z: Notfall-Tipps".

Einkaufen

Öffnungszeiten der meisten Geschäfte: Mo–Fr 8.30–12.30 und 13.30–16.30, Sa 8.30–12.30 Uhr. Die Shopping Malls haben meistens auch nachmittags geöffnet.

Wer zollfrei einkaufen möchte, sollte auf jeden Fall in den **Duty-Free-Shops** in Pointe Seraphine (La Place Carenage, Jeremie St) vorbeischauen. Über dreißig Geschäfte sind hier unter einem Dach. Weitere Duty-Free-Shops gibt es im Hewanorra Airport, La Palce Carenage in Castries und in der J. Q. Mall, Rodney Bay. Öffnungszeiten: Mo–Fr 8–17 Uhr, Sa 8–14 Uhr in der Hauptsaison oder 9–16 Uhr in der Nebensaison.

Am Gros Islet Highway liegt die **Gablewoods Mall,** ein großes **Einkaufszentrum** mit Restaurants, Bank, Fitnesscenter, Apotheke, Schuhläden, Boutiquen, Souvenirshops und einem Buchladen mit ausländischen Zeitungen und

dem Supermarkt **Julies,** Mo–Do bis 20 Uhr, Fr/Sa bis 21 Uhr.

In Castries

■ Die beste Auswahl an **Büchern, Landkarten und ausländischen Zeitschriften** findet man im Sunshine Book Shop in Pointe Seraphine.
■ Wer **Parfüm** mit nach Hause nehmen möchte, findet ein breites Angebot bei Caribbean Parfumeres, Vigie Cove, Castries, Tel. 453 7249, Mo–Fr 9–16 Uhr, Sa bis 12 Uhr.
■ **Rum** von St. Lucia kauft man am besten direkt in der Roseau Sugar Factory, Tel. 451 4315.
■ Typische **Souvenirs** gibt es bei Noahs Arcade, Jeremie Street, Rodney Bay und Pointe Seraphine Duty Free, sowie auf folgenden Märkten: Castries Craft Mar-

St.-Lucia-Papagei

Früher gab es auf St. Lucia viele Papageienarten, die meisten von ihnen sind ausgestorben. Der St.-Lucia-Papagei *(Amazona versicolor)* ist heute der **Nationalvogel der Insel.** Leider ist auch er vom Aussterben bedroht, obwohl dank strenger Schutzmaßnahmen der Bestand von 150 wieder auf ca. 800 gestiegen ist. Mit etwas Glück kann man den Vogel in den höher gelegenen Regionen des Regenwaldes sehen.

Schuld an der Dezimierung der Papageien war einerseits die Vorliebe der Industrieländer für diesen exotischen Vogel (viele wurden gefangen und nach Europa verkauft), andererseits galten sie als Delikatesse.

ket, Vendors Market (direkt nebenan), The Choiseul Arts & Craft Market, La Fargue, an der Hauptstraße.

■ **Blumen:** bei Garden Gate Flower am Hewanorra Airport kann man Schnittblumensträuße zwischen 25 und 40 US$ kaufen. Wenn man 48 Std. vorher bestellt, ist der Karton zum Abflug da, kann aber auch per Fed Ex nach Deutschland geschickt werden. Tel. 452 9176, Fax 452 9023, www.tropicalisland-flowers.com (Achtung: Nicht alle Blumen dürfen ausgeführt werden!).

■ Zwei Firmen stellen besonders schöne **Batiken** her, hier kann man bei der Herstellung zusehen: Bagshaw, an der Straße von Castries nach La Toc, Mo–Fr 8.30–16.30 Uhr, Sa bis 14 Uhr und Caribelle Batik, Morne Fortune, Mo–Fr 8.30–16 Uhr, Sa bis 12.30 Uhr, Tel. 452 3785.

Feste und Feiertage

Regelmäßige Feiertage

■ **Neujahr**

■ **Unabhängigkeitstag** (22. Februar)

■ **Karneval** (Juni/Juli): Den Karneval auf St. Lucia gibt es seit 1760, als die Franzosen hier ihre Zuckerrohrplantagen hatten. Damals fiel das Fest **Fête Champêtre** in die Zeit nach der Ernte, wenn die Felder vor dem Neuanbau abgebrannt wurden. Man nannte es deshalb auch **Cane boulay** oder **Cane burning.** Die Arbeiter schlugen dazu Trommeln und tanzten nach afrikanischen Rhythmen. Einige Jahre später hüllten

sich die Pflanzer für dieses Fest in Lumpen und malten sich das Gesicht schwarz an. Daraufhin bemalten sich die Sklaven das Gesicht weiß und kleideten sich elegant. Nach einer Weile kamen die Blumenfeste **La Rose** im August und **Margarita** im Oktober dazu.

Die **Calypso tents** starten bereits in den Wochen vor Karneval. Am Karnevalssonntag gibt es dann **Kiddies Karneval** und abends die King- und Queenshow. **J'ourvet** ist der Straßentanz bis zum Morgengrauen, zu dem man sich den Körper mit Altöl einreibt. Montag früh startet **Pageant,** der große Straßenumzug, und **Last Lap** ist der Ausklang am Dienstag Abend.

■ **Ostern**

■ **Maifeiertag (Tag der Arbeit)**

■ **Pfingstmontag**

■ **Fronleichnam**

■ **Sklavenbefreiung** (3. August)

■ **Erntedankfest**

■ **Nationalfeiertag** (13. Dezember) und **Festival of Lights,** Lichtdekorationen in allen Städten und Dörfern. Laternenwettbewerbe und -umzüge.

■ **1. und 2. Weihnachtsfeiertag**

Feiertage, die auf einen Sonntag fallen, werden am Montag nachgeholt.

▷ Leuchtturm oberhalb von Vigie Beach

Jährliche Feste und Veranstaltungen

■ **Jazz Festival** im Mai. Hier treten auch große Stars wie z. B. *Lionel Richie, Patti Labelle* und *Roberta Flack* auf. www.stluciajazz.org

■ **St. Lucia Bill Fishing Tournament,** September, Angelwettbewerb in der Marigot Bay.

■ **International Bill Fishing Tournament,** im Oktober, in der Rodney Bay, mit Anglern aus der ganzen Welt.

■ **Jounen Kweyol (Internationaler Creole Day),** im Oktober. Hier wird die kreolische Sprache mit einheimischem Essen und Folklore gefeiert.

■ **Food & Rum Festival,** im Oktober/November. Bei diesem Event soll die karibische Küche international bekannt gemacht werden. Hier versammeln sich Spitzenköche, Rumliebhaber und Weinkenner aus aller Welt. www.foodandrumfestival.com

■ **Atlantic Ralley for Cruises (ARC),** im November/Dezember. Atlantiküberquerung mit eigenen oder gecharterten Yachten. Ausgangspunkt Las Palmas auf Gran Canaria, Zielhafen Rodney Bay, St. Lucia. www.worldcruising.com

■ **Heineken Kalalu Music Festival,** im Dezember. Ein World Music Festival mit einer Mischung aus afrikanischer Stra-

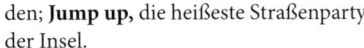

ßenmusik mit Salsa-Rhythmen bis hin zu Latin Funk. www.kalalufestival.com
■ Fest der **St. Cecilia,** das Fest der Musikanten, Ende November.

Wöchentliche Feste

■ Anse la Raye, **Seafood Friday,** freitags.
■ Dennery, **Fish fiesta,** samstags.
■ Vieux Fort, **Swoiree,** ebenfalls ein Fischbratfest, freitags.
■ Gros Islet, **Canaris Creole Pot,** an jedem letzten Samstag im Monat findet dieses Dorffest statt, bei dem allerlei einheimische Köstlichkeiten gebrutzelt werden; **Jump up,** die heißeste Straßenparty der Insel.

Aktuelle Daten sind beim Touristenbüro zu erfragen.

Geld und Preise

Währung und Wechselkurse siehe Kapitel „Reisetipps A–Z: Geld".

Banken

Die Banken sind **geöffnet:** Mo–Do 8–14 Uhr, Fr 8–17 Uhr und einige auch Sa 9–12 Uhr.

Geldautomaten gibt es u.a. in Castries bei der Royal Bank sowie in der Rodney Bay Marina bei der Royal Bank of Canada. Hier kann man mit der EC-Karte bis zu 1000 EC$ am Tag abheben.

■ **Bank of St Lucia Ltd,** Bridge Street, Castries, Tel. 456 6000; Gros Islet, Tel. 450 0928; Soufrière, Tel. 456 6000, www.bankofsaintlucia.com
■ **First Caribbean International Bank,** Bridge Street, Castries, Tel. 456 1000; Soufrière, Tel. 459 7255; Gros Islet, Tel. 452 9384; Vieux Fort, Tel. 454 6255

◁ Der zentrale Markt in der Hauptstadt

■ **RBTT Bank Caribean Ltd.,** Micoud Street, Castries, Tel. 452 2265; Gablewood Mall, Castries, Tel. 451 7469; Gablewood Mall South, Vieux Fort, Tel. 454 7264

■ **Royal Bank of Canada,** William Peter Boulevard, Castries, Tel. 456 9200; Rodney Bay Marina, Tel. 756 9200

Preise

St. Lucia bietet viele Luxus-Hotels, aber auch einfache **Unterkünfte** für ca. 35 US\$ pro Nacht. Details siehe bei den entsprechenden Ortskapiteln.

Während der **Sommermonate** sind die Preise bis zu 40 % niedriger.

Viele Hotels verlangen **10 % Servicezuschlag** und **8 % Regierungssteuer.** Diese Steuern müssen zu den angegebenen Preisen hinzugerechnet werden.

Fahr- und Restaurantpreise ändern sich oft sehr schnell, deswegen können immer nur ungefähre Richtwerte angegeben werden: Ein Essen im Mittelklassehotel kostet ab 35 EC\$, Snacks ab 12 EC\$, Getränke 5–8 EC\$.

Gesundheit

Krankenhäuser

■ **Castries,** Victoria Hospital, Hospital Road, Tel. 452 2421

■ **Castries,** Golden Hope Hospital, La Toc Road, Tel. 452 7393

■ **Castries,** Tapion Hospital, Tapion Reef, Tel. 459 2000. Das Krankenhaus ist für Dialysepatienten ausgerichtet. www.tapion-hospital.com

■ **Dennery,** Hospital Road, Tel. 453 3310

■ **Soufrière,** WC Queenland Street, Tel. 459 7258

■ **Vieux Fort,** St. Jude's Hospital, St. Jude Highway, Tel. 454 6041

Ein **Arztbesuch im Hotel** kostet ca. 15 US\$, wenn der Arzt aus der näheren Umgebung kommt.

Zahnärzte

■ **Rodney Bay Medical & Dental Centre,** Rodney Bay, Tel. 452 8621, Fax 452 0785

Notruf

■ Für **Polizei, Feuerwehr** und **Krankenwagen: Tel. 911**

Heritage Sites

Der **National Trust** (s. u.) hat einige **besonders schöne und interessante Sehenswürdigkeiten** mit einem speziellen Zeichen versehen. So kann sich der Tourist leichter orientieren, verpasst keine Sehenswürdigkeit und erfährt viel über die Insel.

Dazu gehören: Folk Research Centre, Castries City Walk, Fond Latislab Creole Park, Des Barras, Grand Anse Turtle Watching, Piton Flore Trail, River Rock Wasserfall, Fond d'or Bay, Praslin East Coast Trail, Mamiku Gardens, Latille Falls, Toraille Waterfall, Fond Doux, Balembouche Estate.

Informationen

Touristenbüros

■ **George L. F. Charles Airport,** Tel. 452 2596
■ **Pointe Seraphine und la Place Carenage,** Castries, Tel. 452 7577, Mo–Fr 8–16.30 Uhr (zudem So und feiertags geöffnet, wenn ein Kreuzfahrtschiff im Hafen liegt)
■ **Hewanorra International Airport,** Tel. 454 6644
■ **Soufrière,** Tel. 459 7419, Mo–Fr 8.30–16.30 Uhr

Sonstige Stellen

■ **St. Lucia National Trust,** Castries, Tel. 453 7656, www.slunatrust.org. Da man die meisten Naturschönheiten und viele historische Plätze auf der Insel nur mit Führung oder Genehmigung des National Trust besuchen kann, lohnt es sich. Das gilt z. B. für alle Regenwaldwanderungen.
■ **Fresh Magazine,** liegt gratis in Supermärkten, Buchläden und Cafés aus. Infos über das Inselleben, Wellness-Adressen, aktuelle Fitness-Spots, karibische Rezepte u.v.m.

Inselrundfahrten und Ausflüge

Ähnlich wie auf den übrigen Inseln werden **eine Menge Ausflüge zu Land und Wasser** angeboten (ab ca. 35 US$), ebenso interessante Tagesausflüge zu den Nachbarinseln.

St. Lucia von oben

■ **St. Lucia Helicopters** (Pointe Seraphine, Tel. 453 6950, www.stluciahelicopters.com) bietet einen 10-Min.-Flug in den Norden der Insel und einen 20-Min.-Flug in den Süden an. Start- und Endpunkt ist der Pointe Seraphine Duty Free Complex in Castries. Der Hinflug geht an der Küste entlang, der Rückflug über die Regenwälder im Landesinneren.
■ **Sunair Flightseeing Tour** (Tel. 456 9100) bietet einen 35-Min.-Rundflug über St. Lucia mit einer 19-Sitzer Vista Liner Twin Otter (extra vergrößerte Fenster) oder einen 75-Min.-Rundflug über die Grenadinen an.

Veranstalter

■ **Barefoot Holidays,** Gros Islet Industrial Estate, Tel. 450 0507, Fax 450 0661, www.barefootholidays.com
■ **Cox & Co. Ltd.,** Ecke Jeremie Street und Cadet Street, Castries, Tel. 456 5065, Fax 456 15016, www.coxcoldt.com
■ **Hibiscus Travel,** Bourbon Street, Castries, Tel. 458 1863, Fax 453 1562, hibiscus@cand.lc
■ **International Travel Consultants,** Micoud Street, Castries, Tel. 452 3131, Fax 452 3151
■ **M&C Tourist Department,** Bridge Street, Castries, Tel. 452 2811 oder 452 6441, Fax 452 2810
■ **Pitons Travel Agency Ltd.,** Marisule, Tel. 450 1486, 450 1487, Fax 450 1395
■ **St. Lucia International Travel Service,** Micoud Street, Castries, Tel. 452 1293, 452 3282
■ **Solar Tours and Travel,** Bridge Street, Castries, Tel. 452 5898, 451 9041, Fax 452 5428, www.solartoursandtravel.com
■ **Spice Travel Ltd.,** Rodney Bay, Tel. 452 0865, Fax 452 0869, www.casalucia.com/spice1.htm
■ **Travel World,** American Drywall Building, Castries, Tel. 451 7443, travelworld@candw.lc
■ **Sunlink Tours,** Reduid Beach Avenue, Tel. 452 8232, Fax 452 0459, www.sunlinktours.com

Medien

St. Lucia hat **vier Fernsehstationen** (St. Lucia Television Service Ltd., HTS Kanal 2, Kanal 39, DBS Kanal 35) und amerikanisches Kabelfernsehen sowie einen speziellen Touristenkanal, The Visitor Channel, www.thevisitorchannel.tv.

Es gibt **Radio** St. Lucia, Radio 100 sowie Radio Carribbean International (RCI), RCI sendet auch in Französisch und Kreolisch.

Es erscheinen mehrere **Zeitungen** auf St. Lucia mit Auflagen zwischen 1500 und 5000: Die größte Zeitung ist „The Voice", sie erscheint dreimal wöchentlich. „The Crusader" erscheint am Samstag. Ferner gibt es noch „The Vanguard", „The Star", „The Mirror" und „One Caribbean".

Post, Telefon und Internet

Post

Das **Hauptpostamt** von Castries befindet sich in der Bridge Street, kleinere Postämter gibt es in jedem Dorf. Briefmarkenverkauf und Postservice wird auch von den meisten Hotels angeboten. Geöffnet sind die Postämter Mo–Fr 8.30–15.30 Uhr. Das **Porto** für Postkarten nach Europa beträgt 70 Cent, für Briefe 1,10 EC$.

Telefonieren

Lokale **Mobilfunkanbieter** wie z.B. *Digicel* oder *LIME* bieten GSM 900 und GSM 1800 nach europäischem Standard, allerdings hat die Insel keine Roaming-Partner und somit kann man sein europäisches Handy vor Ort nicht nutzen, mehr dazu siehe im Kapitel „Reisetipps A–Z: Handy".

Münztelefone nehmen 25-Cent- und 20-EC$-Stücke. **Telefonkarten** gibt es zu 10 EC$ und 40 EC$.

Gesprächsgebühren innerhalb der Insel 0,27 EC$, zu anderen Inseln 0,27 EC$ für 90 Sekunden, nach Europa 7 EC$ für 1 Minute.

Die **internationale Telefonvorwahl** von Europa nach St. Lucia lautet: 001 758. Von St. Lucia nach Europa gelten folgende Nummern: Deutschland 01149, Österreich 01143, Schweiz 01141.

Internet

Viele **Hotels** bieten Internetzugang und teilweise sogar kostenloses WLAN.

Sport und Aktivitäten

Glasbodenboot

Wer nicht tauchen oder schnorcheln kann, sollte einen Ausflug mit dem **Glasboodenboot „Aquabulle"** machen. Der untere Teil des Bootes besteht aus Glaswänden, sodass man die Unterwasser-

welt direkt vor Augen hat. Die Tour dauert 90 Min., Abfahrt an der Rodney Bay Marina. Preis 30 US$ oder 50 EC$. Tel. 458 4292, Fax 452 0926, watersports@candw.lc.

Golf

St. Lucia verfügt über folgende Golfplätze, die teilweise auch Ausrüstung vermieten. Auf allen Plätzen sind Golfschuhe vorgeschrieben.

● **St. Lucia Golf and Country Club,** Castries, Tel. 450 8523, Fax 450 6407, www.stluciagolf.com. Der Platz wurde von einem amerikanischen Golfarchitekten entworfen und liegt im Norden. Es ist der einzige 18-Loch-Golfplatz der Insel (Mitglied der *United States Golf Association*).
● **Sandals Regency Golf Resort & Spa,** Castries, www.sandals.com
● Das **Jalousie Plantation,** ab 2011 **Tides Sugar Beach Hotel,** Tel. 456 8000, Fax 459 7667, in Soufrière hat einen 9-Loch-Übungsplatz.

Gymnastik

Gut ausgestattete **Fitnesscenter** gibt es in einigen großen Hotels, aber auch als selbstständige Unternehmen:

● Das größte Studio ist **Body Inc** in der Gablewood Mall. Tanz-, Stepp-, Streching- und Aerobic-Kurse, Mo–Do 5–21, Fr 5–20, Sa 8–14, So 9–12 Uhr.
● **Mango Moon,** Luna Park, Vigie Marina, Tel. 453 1934, angeschlossen ist ein Café. Sonntags werden Mountainbike-Ausflüge organisiert. Wochentags ab 5.30 Uhr, am Wochenende ab 8 Uhr geöffnet.
● **Sportivo Fitness,** Rodney Bay, Tel. 452 8899
● **Doolittles Gym,** Marigot Beach Club, täglich 8–20 Uhr, Tel. 451 4974

Hochseefischen

Man kann in den Gewässern um St. Lucia je nach Saison Barracudas, Sailfish, Kingfish, Makrelen, Königsmakrelen oder den weißen Merlin fangen. Ein halber Tag kostet ca. 400 US$, ein ganzer Tag 800 US$.

● **Mako Watersports,** Tel. 452 0412, Fax 452 0952, Gros Islet, Rodney Bay, www.captnmikes.com
● **Captain Mikes Sportfishing and Pleasure Cruises,** an der Vigie Marina, Tel. 452 7044, bieten spezielle Touren: Hochseeangeln, Familienausflüge und Walbeobachtung

Katamaran-Touren

Fahrten auf die Nachbarinseln oder entlang der Küste:

● **Endless Summer,** www.stluciaboattours.com
● **Mango Tango,** www.seaspraycruises.com
● **Carnival Cruises,** Tel. 452 5586
● **Bateau Mygo,** www.bateaumygo.com

Kajaktouren

● **Palm Services** www.adventuretoursstlucia.com
● **Jungle Reef Adventures** www.junglereefadventures.com

Parasailing

● Wenn Sie gerne mal über der karibischen See schweben möchten, **St. Lucian Hotel**, Tel. 452 9350.
● Am **Reduit Beach** täglich 14–17.30 Uhr, **Parasailing Team,** Tel. 452 8281.

Piratenschiffe (Pirate Cruises)

In St. Lucia gibt es zwei Nachbildungen von Segelschiffen aus dem 18. Jh.: die *Brigg Unicorn* und die kleinere *Lion*. Beide Schiffe wurden für die Dreharbeiten zum Film „Fluch der Karibik" als Piratenschiffe umgerüstet und haben seitdem Kanonen an Bord. Der Heimathafen beider Schiffe ist die Rodney Bay. Außer Tagesausflügen nach Soufrière und Fahrten bei Sonnenuntergang kann man auch einen Piratentag buchen. Ein Spaß für die ganze Familie! Mit gehisster Piratenflagge, *Captain Sam* und seiner wilden Piratencrew geht es unter Kanonenschüssen auf Schatzsuche. Tel. 452 8644, www.seaspraycruises.com. Tagesausflug 90 US$, Kinder die Hälfte.

Quad-Ausflüge

Die Insel mit dem Quad zu erkunden, ist eine **beliebte Freizeitbeschäftigung.** Man braucht weder Quad-Erfahrung noch einen speziellen Führerschein. Als Fahrer muss man mindestens 18 Jahre alt sein, als Beifahrer 14. Schwangere und Menschen mit Rücken-, Nacken- oder Herzproblemen dürfen nicht fahren. Festes Schuhwerk ist erforderlich.

■ **ATV Paradise Tours Ltd.,** Tel. 455 3245, www.atvstlucia.com, täglich 9–17 Uhr
■ **ATV Adventures Ltd.,** Tel. 452 6441, 458 8000, mctours@candw.lc, Mo–Fr 8–16.30 Uhr

Mountainbiking

■ **Bike St. Lucia,** Anse Mamin, Angebot für Anfänger und Profis, www.bikeslucia.com

■ **Jungle Reef Adventures,** Tel. 457 1400, bietet auch Kajaktouren an
■ **The Waterfall Cycling Adventure,** Tel. 458 0908

Reiten

■ **International Ponyclub,** Gros Islet, für Anfänger und Fortgeschrittene, Tel. 452 8139
■ **Trekkers,** Morne Coubaril Estate, Pferde und Ponys, Tages- und Wochenausflüge, Tel. 459 7340
■ **Island Riders,** Tel. 584 7555

Squash

■ Zwei klimatisierte Courts gehören zum **St. Lucia Yacht Club,** Tel. 452 8350, täglich 8–16 Uhr.
■ Einen Court gibt es im **St. Lucia Raquet Club,** Tel. 450 0551, hier wird auch Unterricht angeboten.

Surfen

Vor dem **Rex St. Lucien Hotel** (Tel. 452 8351) und bei **Vieux Fort** finden sich die besten Surfstellen.

Strandrollstuhl

Für Menschen mit eingeschränkter Mobilität ist der Gang zum Strand oder an den Pool oft sehr beschwerlich oder gar nicht möglich. Die Agentur „Tropical Dreams" auf Saint Lucia hat nun als erster Anbieter in der Ostkaribik den „**Beach chair**" in ihr Angebot aufgenommen – eine Art Strandrollstuhl mit großen Ballonrädern, der auch auf dem Wasser schwimmt. So können Gehbehinderte und Rollstuhlfahrer unbeschwerte Tage am Strand und im Wasser verbringen. Der Beachchair kann bei der Agentur im Voraus angemietet werden, die Kosten liegen bei 15 US$ pro Tag und 80 US$ pro Woche. Kontakt: *Dieter Lehmann,* www.mytropicaldreams.net.

Tauchen und Schnorcheln

An der Westküste von St. Lucia gibt es viele herrliche Tauchgebiete. Zu den schönsten gehört das Korallenriff von **Anse Cochon,** zwischen Soufrière und Castries. Das Riff beginnt in hüfttiefem Wasser und fällt dann immer steiler ab. Für Anfänger geeignet und auch ideal zum Schnorcheln. In Anse Cochon wurde 1985 der Frachter **Leslie M.** versenkt, heute bietet er, dick mit Korallen bewachsen, ein ideales Tauchziel.

Weitere schöne Tauchgebiete befinden sich **bei Soufrière,** etwa das Anse Castanet Riff nördlich der Stadt oder das Tauchgebiet südlich der Stadt bei den **Pitons.** Hier reichen die Steilwände oft hunderte von Metern ins Meer hinab.

Cap Pointe la Ville ist eher etwas für Fortgeschrittene.

Anse Chastanet ist eine der dramatischsten Tauchstellen der Insel und vom Strand aus zu erreichen.

Coral Gardens liegt am Fuße des Gros Piton. Eine Fünffingerkoralle reicht hier bis zu einer Tiefe von 15 m hinab.

Fairy Land ist ein Plateau an der Spitze von Anse Chastanet. Hier herrscht gute Sicht, ideal für Unterwasseraufnahmen.

The Thing ist St. Lucias „Loch Ness Monster auf Urlaub". Angeblich kann man dieses Seeungeheuer manchmal bei

Nachttauchgängen um Anse Chastanet sehen.

Keyhole Pinnacles, diese Tauchstelle wurde von einem karibischen Lifestyle-Magazin zu einer der 10 besten Tauchstellen der Karibik überhaupt gewählt.

Superman's Flight wurde nach einer in St. Lucia gedrehten Szene aus dem Film „Superman II" benannt. Sie ermöglicht einen Drifttauchgang entlang einer bis auf 490 Meter abfallenden Wand.

■ In der Bucht von **Anse Chastanet,** in der Nähe von Castries, befindet sich das **größte Tauchzentrum der Windward** Inseln. Direkt in der Bucht gibt es Korallenbänke von 330 m Tiefe. **Scuba St. Lucia,** Tel. 459 7755, bietet dort: Schnorchelfahrt 45 US$, Tauchkurs (einfach) 35 US$, mit Diplom 550 US$, Privatkurs mit Diplom 795 US$. Zwei Tauchfahrten für Taucher mit Zertifikat 85 US$, 3 Tage Angebote für Taucher mit Zertifikat 225 US$. Alle Preise sind inkl. Abholung vom Hotel, Mittagessen, Bootsfahrt und einem alkoholfreien Getränk. Tauchausrüstung wird ausgeliehen. Mittwochs Wracktauchen zur **Leslie M.** www.scubastlucia.com
■ **Buddies Scuba** an der Rodney Baz Marina, Tel. 450 8406, scuba@candw.lc. Kleine Tauchgruppen. Frühzeitig reservieren!
■ **Dive Fair Helen,** Tel. 451 7716, www.divefairhelen.com. Wracktauchen, Nachttauchen zu schlafenden Sting Rays, eine Tauchschule befindet sich in der Marigot Bay und eine in Vieux Fort.
■ **Frogs Diving,** Harmony Suites, Rodney Bay, Gros Islet, Tel. 458 0798, www.frogsdiving.com.

In St. Lucia wird nach amerikanischem Vorbild getaucht. Ein Tauchguide muss immer dabei sein. Der erste Tauchgang dauert 45 Minuten, der zweite 40 Minuten. Oft muss man leider feststellen, dass vor allem englische und amerikanische Taucher rücksichtslos gegenüber anderen und der Umwelt sind.

■ Wer einen **Schnorchelausflug mit dem Boot** unternehmen möchte: **Mako Watersports,** Tel. 452 0412 oder 452 0952, Gros Islet, Rodney Bay.

Tennis

■ Viele Hotels haben Tennisplätze, die auch Nicht-Hotelgästen zur Verfügung stehen, z. B. das **Rex St. Lucien Hotel,** Tel. 452 8351.
■ Das größte Tenniszentrum der Insel ist der **St. Lucia Racquet Club** im Club St. Lucia. Er verfügt über neun Flutlicht-Tennisplätze. Tel. 450 0551.

Wandern

In St. Lucia gibt es die Möglichkeit, wunderschöne Regenwaldwanderungen zu machen. **Gut markierte Wanderwege** leiten die Besucher durch eine atemberaubende Landschaft. An jedem Pfad befindet sich ein kleines Infohäuschen. Da die Insulaner aber ihre Tier- und Pflanzenwelt erhalten möchten, ist es nicht erwünscht, wenn Touristen solche Aktivitäten auf eigene Faust unternehmen. Das ist auch wegen der giftigen Schlangen nicht unbedingt ratsam!

Unter Anderem werden angeboten: Vogelbeobachtungen, Regenwaldwanderungen und Bergtouren auf den Morne la Combe und den Morne la Blanc sowie Ausflüge auf folgenden Wanderwegen:

◁ Korallenbank vor St. Lucia

Eastern Nature Trail, Forestiere Tropical Forest Trail, Barre d'Isle Rain Forest Trail, Union Nature Trail, Fregate Island Nature Trail. Informationen in den entsprechenden Inselkapiteln oder bei:

- **St. Lucia National Trust,** Tel. 453 7656, www.slunatrust.org
- **Forest und Lands Department,** Tel. 450 2231

Für geübte Wanderer sind auch drei große **Regenwaldwanderungen** möglich:

- **Central Rainforest Hiking Trail,** von Des Cartiers nach Edmund, Länge 8 km, Dauer 4 Std.
- **Forestiere-Barre d'Isle Hiking Trail,** Länge 10 km, Dauer 5 Std.
- **Jungle Hiking Trail,** von Barre d'Isle nach Edmund, Länge 16 km, Dauer 8 Std.
  Alle nur mit Guide und nach Voranmeldung: Forestry Department, Tel. 468 5649, 468 5648, 468 5645. Die Wanderungen kosten 62,50 EC$ oder 25 US$ p.P. Es gibt auch die Möglichkeit, in der La Porte Eco Lodge zu übernachten. Zelte können gemietet werden.

Geführte Wanderungen zu den schönsten **Wasserfällen** der Insel kann man hier buchen:

- **St. Lucia Naturalist Society,** Dr. Felix, Tel. 450 2985

Wasser- und Jetski

- Fast alle größeren Hotels, die am Meer liegen, haben Wasserski im Angebot, z. B. das **Rex St. Lucien,** Tel. 452 8351. Weitere Angebote bei **Mako Watersports** sowie **Waves** an Choc Beach, Tel. 451 3000.
- Jetski wird ebenfall vom Rex St. Lucien und von **Theo's Jet Ski Verleih** angeboten.

Wildlife Watching

Wer die Insel in der Zeit zwischen April und September besucht, hat auch die Gelegenheit, **Schildkröten** bei der Eiablage zu beobachten. Die Lederschildkröte und die Hawksbillturtle kommen in dieser Zeit in den Nachtstunden an Land. Barefootholiday bietet Nachtausflüge mit Zelten an (80 US$ p.P., www.barefootholidays.com).

Natürlich kann man geteilter Meinung darüber sein, ob es gut ist, die Schildkröten zu beobachten, oder ob man sie nicht lieber in Ruhe lassen sollte. Tatsache ist, dass die Schildkröten **vom Aussterben bedroht** sind und unter Naturschutz stehen. Auf der anderen Seite werden sie noch immer gerne von den Einheimischen gegessen und daher auch heimlich gefangen. Da das nicht möglich ist, wenn Touristen in der Nähe sind, hat Turtle Watching auf jeden Fall auch seine positive Seite. Außerdem ist es ein wirklich einmaliges Erlebnis.

Das *Land and Forestry Department* organisiert ein- bis siebentägige Touren zur **Vogelbeobachtung.** Sie führen zu den Vogelschutzgebieten Piton Flore, Grand Anse, Bois d'Orange Swamp im Norden, Edmond Forest Reserve im Westen und Eau Piquant Pond im Süden.

Zu bestimmten Jahreszeiten ziehen **Wale** (u. a. Buckel-, Pott- und Lotsenwale) und **Delfine** an der Westküste von St. Lucia vorbei. Dann werden Beobachtungstouren angeboten, Informationen unter Tel. 453 0553.

Windsurfing

- **Island Windsurfing Ltd.,** am Anse de Sables Beach in Vieux Fort, täglich ab 10 Uhr geöffnet, Tel./Fax 454 7400
- **Tornado Kite & Surf St. Lucia,** Cas-en-Bas und Gros Islet, Tel. 450 9573 oder 713 2110
- **Kitesurfzentrum im Süden in Vieux Fort**

Yachtcharter

Alle Arten von Booten sind im Angebot, man kann aber auch komplette Segeltrips buchen:

- **Yacht Charter Moorings,** Marigot Bay, Tel. 451 4357
- **Endless Summer Cruises,** Castries, Tel. 450 8651, www.stluciaboattours.com
- **Sea Spay Cruises,** Rodney Bay Marina, Tel. 452 8644
- **Castries Yacht Centre,** Vigie, Tel. 452 6234

Unterhaltung

Das bekannteste Unterhaltungsvergnügen ist freitags die **„Jump-Up"-Party** in Gros Islet (siehe dort). Vorher trifft man sich gern in der Rodney Bay, freitags spielt hier eine Jazzgruppe, Mittwoch und Samstag ist Disco.

Der **Street Jam** in der Marigot Bay findet ebenfalls Freitagnacht statt und ähnelt dem „Jump Up".

In Anse La Raye und Vieux Fort finden freitags **Fischbratfeste** statt. An den Straßenrändern werden kleine Open-Air-Küchen aufgebaut und Fisch und Meeresfrüchte auf alle erdenkliche Arten

zubereitet. Von einheimischem Fruchtsaft über das preisgekrönte Piton-Bier bis hin zum Rumpunsch wird alles angeboten. Die gleiche Veranstaltung findet dann am Samstag in Dennery statt.

Zudem werden **täglich in allen größeren Hotels Shows** angeboten. Hier kann man auch hingehen, wenn man nicht im Hotel wohnt. Es gibt Jazz, Limbo, Steelband und einheimische Folklore.

Barbecue

- **Anse Chastanet Hotel,** Di ab 19.30 Uhr
- **Dasheen Restaurant,** Ladera Resort, Mo, 110 EC$ p.P.
- **Ladera Resort,** So 12–15 Uhr, 50 EC$ p.P.
- **Maga Estate,** Sa, Tel. 459 7352
- **Marigot Beach Club,** Fr, 35 EC$ p.P.

Verkehrsmittel

Taxis

Man erkennt Taxis an dem „TX" im roten oder blauen Nummernschild. Sie haben **feste Preise, aber keine Taxameter.** Bei den Touristeninformationen in beiden Flughäfen und in Castries sind **Tarifblätter** mit den aktuellen Preisen erhältlich.

Taxis können auch **stundenweise oder einen ganzen Tag für Ausflugsfahrten** angemietet werden. Man sollte sich die Preise vorher im Hotel nennen lassen und dann mit dem Fahrer ein wenig handeln.

Es ist auch möglich, sich selbst mit den Taxi-Services in Verbindung zu setzen:

■ **Southern Taxi Association,** Hewanorra Airport, Tel. 454 6136, www.southerntaxi.com
■ **Vigie Taxi Association,** Vigie Airport, Tel. 452 1599
■ **Holiday Taxi,** Castries, Tel. 452 6067
■ **Soufrière Taxi Service,** Soufrière, Tel. 459 7149
■ **Courtesy Taxi,** Pointe Seraphine Duty Free, Tel. 452 1733
■ **24-Stunden Service,** Tel. 584 8168

Busse

In St. Lucia fahren **Minibusse,** die man am grünen Nummernschild mit dem Buchstaben „M" erkennt. Die Ortsangaben stehen oben an der Windschutzscheibe. Sie halten überall auf den Strecken an. **Fahrpreis, jeweils mit Ausgangspunkt Castries:**

■ **Gros Islet:** 2,25 EC$
■ **Rodney Bay:** 2 EC$
■ **Choc/Vigie:** 1,25 EC$
■ **Vieux Fort:** 6 EC$
■ **Soufrière:** 10 EC$

Abfahrtszeiten: Bis 19 Uhr fahren alle 10 Min. Busse von Castries nach Gros Islet im Norden, bis 23 Uhr dann halbstündlich. Ansonsten sind die Minibusse für Inselrundfahrten nicht so geeignet, da sie zu unregelmäßig verkehren.

Es gibt mehrere **Busterminals** in Castries. Die Busse nach Gros Islet und Rodney Bay fahren hinter dem Markt in der Trinity Church Road ab, nach Dennery fahren sie vom Customs Shed in der Jeremie Street. Die Busse nach Jacmel, Marigot, Bois d'Inde und Rosseau Valley fahren in der Mongiroud Street ab (zwischen Bridge Street und Micoud Street), nach Vieux Fort weiter unten in der Micoud Street.

Wassertaxi

In Soufrière gibt es einen Wassertaxi-Service zu verschiedenen Hotels und zum George Charles Airport sowie für Ausflugsfahrten.

■ **Water Taxi Association,** Tel. 459 7239

◁ Bereit für eine Fahrt hinaus aufs Meer?

Fähren

Es gibt Fährverbindungen nach **Martinique, Dominica** und **Guadeloupe.**

■ *L'express des Isles (Caribbean Express)* fährt 4x wöchentlich nach Fort de France (Martinique), Fahrzeit 1 Std. 20 Min; 3x wöchentlich nach Dominica, Fahrzeit beträgt 2 Std. 40 Min.; 3x wöchentlich nach Guadeloupe, die Fahrzeit beträgt 4 Stunden. Die Fähren legen im Hafen von Castries ab. Es wird dringend empfohlen, frühzeitig zu buchen. Tickets und nähere Informationen in Deutschland erhält man beim Touristenbüro von Guadeloupe in Stuttgart, Tel. 0711 50 53 511. Jeden Donnerstag kann man eine Ganztagstour mit dem Schnellboot *St. Lucian Wave Riders* nach Martinique buchen, Tel. 452 0808, www.stluciawaveriders.com.

Mietwagen

Mietwagen dürfen in St. Lucia nur mit einem örtlichen **Führerschein** gefahren werden. Gegen Vorlage des nationalen Führerscheins wird nach Ankunft von der Polizei eine **Visitors Driver Licence** ausgestellt (Mietwagenfirmen sind behilflich oder stellen sie teilweise selbst aus.), Gebühr 54 EC$ oder 20 US$. Entfällt beim internationalen Führerschein. Den kann man am Flughafen kostenlos registrieren lassen.

In St. Lucia herrscht **Linksverkehr.** Der größte Teil der Straßen ist ausgebaut und in relativ gutem Zustand. Charakteristisch für die Insel sind die **steilen Haarnadelkurven,** die immer wieder atemberaubende Aussichten bescheren. Orte und Sehenswürdigkeiten sind gut ausgeschildert. In und um **Castries** ist in den Morgen- und Nachmittagsstunden mit Verkehrsstaus zu rechnen. Um Cas-

tries mit dem Auto zu durchfahren, hält man sich am Besten immer auf dem Highway, dicht am Hafen entlang.

Tankstellen sind Mo–Sa 6.30–20 Uhr, So 14–18 Uhr geöffnet.

Mietwagen für Selbstfahrer kosten je nach Fahrzeugtyp zwischen 300 und 400 US$ in der Woche, ohne Kilometerbegrenzung. Der Tagespreis beträgt 65 US$ zuzüglich 15–20 US$ Versicherung. **Mopeds** können ebenfalls gemietet werden.

■ **AVIS Rent a Car,** Pointe Seraphine, Tel. 452 2700; Vide Bouteille, Tel. 452 2700 oder 452 2202; Rex St. Lucien, Tel. 452 8832; Jalousie, Tel. 459 5090; Hotel Wyndham, Tel. 450 1300; Hewanorra Airport, Tel. 454 6325; Vigie Airport, Tel. 452 2046; Sandals La Toc, Tel. 452 3081; Windjammer Landing, Tel. 452 0913; www.avis.com
■ **Budget Rent a car,** Tel. 452 8160
■ **Cool Breeze Rental,** Soufrière, Tel. 459 7729, Fax 459 5309, coolbreeze@candw.lc
■ **Guy's Car Rentals,** Castries, Tel. 451 7147, Fax 451 8547, www.guyscarrental.com
■ **Hertz Rent-a-Car,** www.hertz.com; Castries, Tel. 452 0680 oder 452 0679; Windjammer, Tel. 452 8857; Vigie, Tel. 451 7351; Hewanorra Airport, Tel. 454 9636; abends/am Wochenende Tel. 452 0742

St. Lucia: Reisetipps

Die **Highlights** erkennt man im Buch an der gelben Hinterlegung im Kapitel.

⌂ Balenbouche Estate im Süden St. Lucias

DIE INSEL

0069u sm

Santa Lucia hat viel Sehenswertes zu bieten: den Pigeon Island National Park, die romantische Marigot Bay, den einzigen „Drive-in-Vulkan" der Karibik, Schwefelquellen und historische Plantagen sowie Wanderungen im Regenwald. Und natürlich: Strände!

Castries

St. Lucias Hauptstadt Castries hat über 50.000 Einwohner und liegt landschaftlich sehr schön an einem natürlichen Tiefwasserhafen. Castries erhielt seinen Namen von dem französischen Marine-Minister **Maréchal de Castries,** der sich im 18. Jh. um die Kolonisierung der Insel „verdient" machte. Da die Stadt 1927 und 1948 von zwei großen Feuersbrünsten heimgesucht wurde, gibt es nicht viele historische Gebäude.

Pointe Seraphine

Das bekannteste Gebäude ist kein historisches Bauwerk, sondern der **Duty-Free-Komplex** Pointe Seraphine. Er liegt direkt an der Nordseite des Hafens, wo regelmäßig die Kreuzfahrer anlegen. Hier kann man alles, was das Herz begehrt, zollfrei einkaufen, Kaffee trinken und einen Imbiss zu sich nehmen. Der Hafen mit den großen Kreuzfahrtschiffen und Yachten bietet einen imposanten Anblick. Für Kunstinteressierte lohnt sich der Besuch der **Fine Art Gallery** mit wechselnden Ausstellungen bekannter einheimischer Künstler.

Pointe Seraphine wurde gerade wieder vergrößert. Neben dem Einkaufszentrum befindet sich ein pyramidenförmiges Gebäude. Es wurde in Zusammenarbeit mit dem einheimischen Bildungszentrum gebaut und beherbergt das **französische Kulturzentrum.** In unmittelbarer Nähe kann man auf dem **Fischmarkt** frische Ware zu günstigen Preisen direkt von den Fischern kaufen.

Markt

Von Pointe Seraphine sind es 10 Min. zu Fuß zum Markt, vorbei am **Regierungsgebäude.** Die rot gedeckten **Markthallen** gehören zu den älteren Gebäuden der Stadt. Hier wird einheimisches Kunsthandwerk verkauft. Hauptmarkttag ist der Samstag. Vor den Hallen gibt es Obst und Gemüse. Das bunte Markttreiben lohnt immer einen Besuch.

Folgt man der Jeremie Street nach rechts am Hafen entlang, kommt man zur La Place Carenage Duty Free Shopping Mall. Hier gibt es eine kleine **Touristeninformation** und das **Desmont Skeete Animation Centre,** ein Museum mit indianischen Fundstücken und einer Multimediashow zur Geschichte der Insel (Mo–Fr 9–16 Uhr, Eintritt 20 EC$).

Alte Regierungsgebäude

Geht man vom Markt weiter durch die Peynier Street, so kommt man an den alten Regierungsgebäuden vorbei, links die **Castries Town Hall,** rechts der **Constitution Park,** dahinter das **Court House.** Im Sommer leuchtet hier alles im Rot der Flamboyantbäume.

Derek Walcott Square

Geht man hinter dem Gericht rechts in die Micoud Street, sieht man auf der anderen Straßenseite am Derek Walcott Square die **Cathedral of the Immaculate Conception.** Sie wurde 1894 neugotisch gebaut und blieb von den Feuersbrünsten verschont. (Bitte nicht zu leicht bekleidet in die Kathedrale gehen!) Die Wände wurden von dem einheimischen Künstler **Dunstan St. Omer** mit Szenen

aus der Sklavenarbeit bemalt. Über dem Altar sind die fünf Heiligen von St. Lucia abgebildet und an der Decke die zwölf Apostel. Am Place Jean Baptiste sieht man übrigens weitere Wandmalereien von **St. Omer.** Szenen aus dem Tourismus und dem Leben der Ureinwohner sowie Seeschlachten vergangener Zeiten.

Zwischen der Kirche und dem Derek Walcott Square (in älteren Büchern und Karten heißt er noch Columbus Square, denn er wurde erst vor wenigen Jahren zu Ehren des Literaturnobelpreisträgers *Derek Walcott* umbenannt) steht ein riesiger, 400 Jahre alter **Samantree.**

Südlich des Platzes, in der Brazil Street, befinden sich die meisten Airline Offices und auch viele Geschäfte und Restaurants.

☑ Im Zentrum: Derek Walcott Square

Castries

0 ——— 200 m

■ Übernachtung
2 Sea View Apartel
3 Harbour Light Inn
4 Auberge Seraphine

VIGIE

Grand Anse Road

Clarke Avenue

Vigie Beach

George Charles Airport

Seraphine Road

Poinsettia Road

Pointe St. Victor

Petit Carenage

Belzaire Road

4

Cruise Ship Anchorage

Pointe Seraphine

5

Trou Garnier

John Compton

PORT CASTRIES

La Toc Road

Pointe Bananes

Elisabeth II Dock

Ausschnitt

Jeremie St.

Manoel Street

Bridge Street

Victoria-Krankenhaus

Millenium Hwy.

Soufrière

La Toc Road

Port Authority

Brazil St.

BELLA ROSA

Morne Fortune

Pavée Rd.

La Place Carenage
Zoll

Hafenpolizei **10**

9

John Compton Highway

Busse nach Gros Islet & Soufrière

Jeremie Street

Feuerwehr

Desmont Skeete Animations Centre

8

Trinity Church Road

7

Cox & Co. Büro

Windward Lines Office

Darling Rd.

Jeremie Street

11

William Peter Boulevard

Constitution Park

Anglikanische Kirche

Victoria Street

Adventisten-Kirche

Busse nach Vieux Fort

13

12

Micoud Street

Bourbon Street

Laborie Street

Rathaus (Town Hall)

Gericht (Court House)

St. Louis Street

Peynier Street

Micoud Street

Bogue Street

High Street

Coral Street

Chisel Street

14

Derek Walcott Square

400 Jahre alter Saman Baum

Cathedral of Immaculate Conception

Methodisten-Kirche

La Toc Rd.

Brazil Street

Castries River

Brazil Street

Chaussee Road

Leslie Land Road

Polizei

Immigration Office

Mary Ann Street

Riverside Road

0 ——— 100 m

■ Essen und Trinken
5 Café Tropical
13 Kentucky Fried Chicken

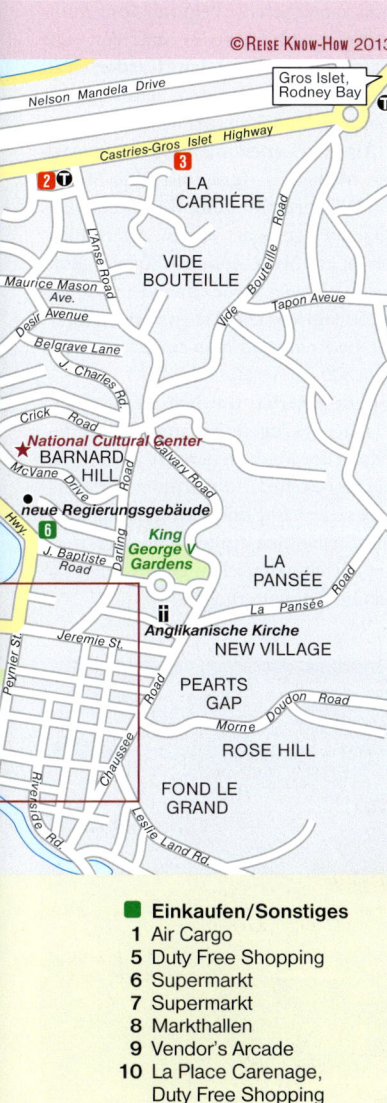

St. Lucia: Die Insel

Auf der Westseite des Derek Walcott Square ist die **Bibliothek,** die 1923 von der **Carnegie Foundation** gegründet wurde. Hier steht auch ein kleines weißes Monument, welches an die Opfer der beiden Weltkriege erinnert.

William Peter Boulevard

Der William Peter Boulevard ist die **Hauptgeschäftsstraße** von Castries, mit Geschäften, Banken und Restaurants auf beiden Seiten.

Am nordwestlichen Ende des Hafens findet man schließlich einen kleinen **Botanischen Garten.**

Morne Fortune

Die anderen Sehenswürdigkeiten von Castries liegen auf dem **250 m hohen Morne Fortune (Hügel des Glücks),** der unmittelbar an die Stadt angrenzt. Von hier man man einen wunderbaren Ausblick auf Castries und den Hafen. Hier steht auch das **Gouvernment House,** erbaut 1895 im viktorianischen Stil.

Fort Charlotte

Nahebei steht das Fort Charlotte aus dem Jahr 1794. Einige Teile wurden von den Engländern gebaut, andere von den Franzosen. Besichtigen kann man noch das **Old Powder Magazine,** den **Soldatenfriedhof,** die **Four Apostels Battery** mit Kanonen von 1866 sowie ein **Militärmuseum.** Auch Bildungsstätten sind hier untergebracht, z. B. eine Abteilung der Universität der West Indies.

■ Einkaufen/Sonstiges
1 Air Cargo
5 Duty Free Shopping
6 Supermarkt
7 Supermarkt
8 Markthallen
9 Vendor's Arcade
10 La Place Carenage,
    Duty Free Shopping
11 Supermarkt
12 Bücherei (Library)
14 Music Store

■**Fort Charlotte,** oberhalb des Hafens, ein gutes Beispiel für englische Militärarchitektur, mit einer kleinen **Bar,** täglich geöffnet, Tel. 452 7921.

Folk Research Centre

Wer sich für die **Geschichte der Insel** interessiert, sollte das wenige Kilometer nordöstlich von Castries gelegene Folk Research Centre auf dem Mt. Pleasant besuchen. Die Ausstellung in einem Kolonialgebäude aus dem 19. Jh. bietet einen guten Überblick von der Musik bis zur Sprache. Geöffnet Mo–Fr 9–16 Uhr.

Union Nature Trail

Wem die Piton-Besteigungen und die Urwaldwanderungen zu anstrengend sind, sollte es mit dem Union Nature Trail versuchen. Er liegt nur fünf Autominuten von Castries entfernt. Die Wanderung entlang dem **Garden Trail** dauert nur 20 Minuten, dafür gibt es aber jede Menge zu sehen:

Als Erstes erlebt man, wie Baumarten wie Mahagoni, Teak und Blue Mahoe zur Wiederaufforstung des Waldes aus Setzlingen gezogen werden. Angeschlossen ist ein **Mini-Zoo** mit Vögeln, Iguanas, Schlangen sowie einem Paar St.-Lucia-Papageien. Die Art ist vom Aussterben bedroht, und man findet nur noch etwa 800 der Vögel in Freiheit.

In den **Herbal Gardens** werden Heilpflanzen gezogen, bekanntere, die bereits in der Medizin genutzt werden, sowie unbekannte, die früher zur Geisterbeschwörung oder -vertreibung dienten. Schließlich findet man hier noch fast alle einheimischen Obstbäume, Vögel und Schmetterlinge.

Der **Hillsite Trail** ist 2,4 km lang und die Wanderung dauert ca. 2 Std.

- **Informationen** unter Tel. 468 5648/5645/5649
- **Geöffnet** Mo–Fr 8.30–16 Uhr, Eintritt 5 EC$
- Von Castries fährt der **Bus 1 B** hierher

Forestiere Rainforest Trail

20 Autominuten von Castries entfernt, mitten im Regenwald, liegt dieser **5 km lange Wanderweg.** Hier sieht man Riesenfarne, die aussehen wie aus einer längst vergangenen Zeit (Eintritt 25 EC$ oder 10 US$).

Unterkunft in Castries und Umgebung

- **Auberge Seraphine** €€€, Tel. 453 2073, Fax 451 7001, www.aubergeseraphine.com, oberhalb der Vigie Yacht Marina in Castries, 28 Zimmer
- **Beach Walk Inn** €–€€, Choc (zwischen Castries und Rodney Bay), Tel. 451 7888, Fax 453 7821, 10 Zimmer
- **Bon Apetit Inn** €€€€, Morne Fortune, Tel. 452 2757, 5 Zimmer sehr sauber, Kabel-TV, Restaurant
- **Eudovic's Guest House** €, Goodlands Morne Fortune, Tel. 452 2747, Fax 459 0124, www.eudovicart.net, 6 Zimmer, SC. Der Besitzer *Joseph Eudovoc* gilt als der beste Holzschnitzer der Karibik
- **Green Parrot Hotel** €€€, Morne Fortune, Tel. 452 3399 oder 452 3167, Fax 453 2272, greenparrot@candw.lc, schöne Aussicht auf Castries, viel Live-Unterhaltung, gutes Restaurant, Pool, Bar, Shuttle-Bus zum Strand, 55 Zimmer, teilweise SC

- **Harbour Ligth Inn** €€, Vigie, Tel. 452 3506, Fax 451 9455, hablightinn@yahoo.com, 16 Zimmer
- **Sea View Apartel** €€€, P. O. Box 527, Tel. 453 2459, Fax 451 6690. 10 Apartments oberhalb des George F. L. Charles Airport, Restaurant und Bar
- **Sunset Lodge** €€, John Compton Highway, Tel. 452 2639, Fax 453 6736, 6 Zimmer
- **Sweet Shaves** €€, Morne Fortune, Tel./Fax 452 3559, 4 Zimmer, www.sweetshaves.com

Restaurants in Castries und Umgebung

- **Gablewoods Mall,** John Compton Highway, Sunny Acres, Fastfood aus Asien, Mexiko, Italien und China, für jeden Geschmack
- **Café Tropical,** Pointe Seraphine Duty Free Shopping Mall, Tel. 452 7411, einheimische Spezialitäten
- **Jacques Waterfront Dining,** Vigie Cove, Tel. 458 1900, www.froggiejacques.com, einheimische Fischspezialitäten
- **Caribbean Pirates Restaurant & Bar,** La Place Carenage, Tel. 452 2543, Mo–Sa 8–18 Uhr, So geschlossen, Frühstück und Mittagessen, auf Wunsch wird auch geliefert
- **Kentucky Fried Chicken,** Bridge Street, Castries, Tel. 452 6444, So–Do 9.20–00 Uhr, Fr/Sa 9.30–1.30 Uhr
- **Laurell's,** Bois d'Orange, Tel. 452 8547, Mo–Sa 11–24 Uhr, einheimische Küche, aber auch englische Fish & Chips

Der Norden

Die schönsten Strände von St. Lucia liegen nördlich von Castries bis hinauf nach Cap Estate, dem nördlichsten Punkt der Insel. Hier befinden sich auch die meisten Hotels.

☐ St. Lucias schönste Strände liegen nördlich von Castries

Rodney Bay u. Gros Islet

0 ▬▬▬▬ 200 m © REISE KNOW-HOW 2013

G r o s I s l e t

Übernachtung
1 Bay Guest House
2 Glen Castle Resort
6 Bay Gardens
  Beach Resort
10 Ginger Lily Hotel
11 Tuxedo Villas
13 Friendship Inn

16 Villa Zandolie
17 Candyo Inn

Essen und Trinken
4 Bread Basket
5 Scuttelbuts
7 St. Lucia Yacht Club
8 Buzz Seafood & Grill

9 Memories of Hong Kong
12 Razmataz
14 The New Lime
15 The Carthouse

Einkaufen/Sonstiges
3 Int'l Pony Club
18 J.Q. Charles Mall

Vigie Beach

Vigie Beach liegt direkt am George Charles Airport und ist ein schöner heller **Sandstrand** mit Bäumen und tropischem Hinterland. Der Strand ist 3 km lang, von dem Leuchtturm **Vigie Lighthouse** hat man einen schönen Ausblick auf die Küstenlinie. Nicht weit davon entfernt liegen einige alte **Ruinen**, z. B. die eines Pulvermagazins, welches die Franzosen 1784 bauten.

Die **vorgelagerte Insel Rat Island** ist heute unbewohnt, vor langer Zeit lebten hier Nonnen.

Rodney Bay

Der **touristische Mittelpunkt St. Lucias** mit den meisten Hotels und Restaurants befindet sich in und um Rodney Bay, eine geschützte Bucht, die nur durch eine schmale Einfahrt mit dem Meer verbunden ist. Hier befindet sich die **Rodney Bay Marina** (Tel. 452 0324, Fax 452 0185, www.rodneybaymarina.com), mit den „schönsten Yachtfacilities südlich von St. Thomas". In der Hauptsaison liegt hier ein Schiff neben dem anderen, die Marina hat 1000 Ankerplätze.

Auf der dem Meer zugewandten Landzunge liegen **Rodney Bay Village** und der **Reduit Beach,** der bekannteste Strand der Insel. Er wurde 1941 von den Amerikanern ausgebaggert und sechs Jahre lang als Militärbasis genutzt.

Während sich in der Mitte des Strandes die Touristen auf Strandliegen unter Sonnenschirmen oft dicht gedrängt ihre Urlaubsbräune holen, findet man am südlichen Ende immer noch ein ruhiges Plätzchen. Hier baden meist die Einheimischen. Ganz am Ende gibt es noch eine kleine Strandbar mit kühlen Getränken. Der Rest von Rodney Bay Village besteht aus Gästehäusern, Hotels und Restaurants. Hier ist man, einschließlich Nachtleben, immer voll im Geschehen.

St. Lucia: Die Insel

Unterkunft

■ **Blue Lagoon** €€–€€€, Rodney Bay, Tel. 450 8453, Fax 450 0617, 21 Zimmer, Restaurant

■ **Candyo Inn** €€€, Rodney Bay, Tel. 452 0712, Fax 452 0774, 12 Zimmer

■ **Friendship Inn** €€€, Sunny Acres, liegt an der Straße von Castries zur Rodney Bay, Tel. 452 4201, Fax 453 2635, 10 Zimmer, Strand und Disco zu Fuß erreichbar. Das Hotel hat Pool, Restaurant und Bar

■ **Gib Motel** €€, Rodney Bay, Tel. 452 9528, Fax 452 0291, 5 Zimmer

■ **Seagrapes Apartments** €€€€, Rodney Bay, Tel. 452 8358, Fax 453 0812, www.seagrapeapartments.com, 6 Zimmer, SC

■ **Villa Zandolie** €–€€€€, Rodney Bay, Tel. 452 8898, Fax 452 0093, www.villazandolie.com, 6 Zimmer verschiedenster Preisklassen

■ **Ginger Lily Hotel** €–€€€, Rodney Bay, Tel. 458 0300, 452 0012, Fax 458 0033, www.gingerlilyhotel.com. 11 Zimmer, jeweils mit eigener Terrasse oder Balkon mit Blick auf den Pool. Wenige Minuten bis zum Reduit Beach

■ **Tuxedo Villas** €–€€€, Rodney Bay, Tel. 452 8553, Fax 452 8577, www.tuxedovillas.com. 10 Villas mit Innenhof und Pool. Geeignet auch für Familien und Gruppen

Restaurants

■ **The Bread Basket,** Tel. 452 0647, kleine Bäckerei im Yachthafen, hat auch Sonntag morgens geöffnet; Brot, Brötchen, Kuchen und Croissants

■**Buzz Seafood & Grill,** Tel. 458 0450, Meeresfrüchte spezial, sonntags Brunch um 11 Uhr, sonst täglich ab 17.30 Uhr geöffnet

■**Bay Gardens Beach Restaurant,** High Tide, Tel. 457 8500, jeden Tag geöffnet für Frühstück, Lunch und Dinner, Mi Live-Entertainment, Option: Candlelight Dinner für zwei am Strand

■**The Carthouse,** Tel. 452 8115, Mo–Sa ab 17 Uhr geöffnet; das Restaurant ist voller Pflanzen und holzgetäfelt, herrlicher Blick auf den Yachthafen

■**The New Lime,** Tel. 452 0761, 11–14 und 18.30–23 Uhr (außer Di), Mitte Juni bis Anfang August geschlossen, einheimische Küche und Fischspezialitäten

■**Memories of Hong Kong,** Tel. 452 8218, chinesisches Restaurant, Mo–Sa 17–22.30 Uhr geöffnet

■**Razmataz,** Rodney Bay, Tel. 452 9800, z. Z. der einzige „Inder" auf der Insel, spezialisiert auf Tandoori, Do Ruhetag, Reservierung empfohlen

■**Scuttelbuts,** im Yachthafen, Tel. 452 0351, täglich ab 7 Uhr geöffnet, hier kann man sich nicht nur den ganzen Tag über verpflegen, sondern auch fernsehen, im Internet surfen, in der Hängematte schaukeln und im Pool baden

St. Lucia: Die Insel

● **Spinnackers,** Reduit Beach, Tel. 452 8491, schönes Strandrestaurant, täglich von morgens bis abends geöffnet, internationale Küche, englisches Frühstück, take away service

☑ Immigration Office in Rodney Bay

074u sm

Gros Islet

Fährt man auf der Hauptstraße nur ein kleines Stückchen weiter, erreicht man Gros Islet. Ganz im Gegensatz zur Rodney Bay scheint hier die Zeit stehen geblieben zu sein: Gros Islet ist ein **kleines, verschlafenes Dorf,** mit einem ursprünglichen Strand und schmalen Straßen mit teilweise winzigen Holzhäusern. Hier erlebt man die Karibik vergangener Tage. Die Unterkünfte sind einfach und die Minirestaurants, Geschäfte und Rumshops haben viel Flair.

Nur einmal in der Woche erwacht Gros Islet zum Leben, wenn Freitagnacht das **berühmteste Straßenfest der Insel** beginnt. Mit Tanz, Musik, viel Rum und kleinen Essbuden. Ein gemeinsames Fest für Einheimische und Touristen.

Unterkunft

● **Alizzee Inn** €€€, Gros Islet, Tel. 452 0960, Fax 450 1359, www.smallcaribbeanjewels.com, 8 Zimmer
● **Daphil's Hotel** €€, Gros Islet, Tel. 450 9318, Fax 452 4387, 10 Zimmer, einige mit AC, Restaurant
● **Bay Guest House** €–€€€, Tel./Fax 450 8956, www.bay-guesthouse.com, 3 Zimmer in einem kleinen Haus direkt am Meer, ruhig und freundlich, die Besitzer sind ein englisch-französisches Paar; sehr nahe am „Jump up"
● **J.T.S. Apartments** €–€€€, Gros Islet, Tel. 450 0132, Fax 450 8619, 7 Zimmer
● **My Helen's Inn** €€–€€€, Gros Islet, Tel./Fax 450 8301
● **Nelson's Furnished Apartments** €–€€, Gros Islet, Tel. 450 8275, Fax 450 9108, 6 Zimmer
● **Tropical Breeze** €–€€€€, Gros Islet, Tel. 450 0589, Fax 450 0500, www.tropicalbreezeresorts.com, Apartments aller Preisklassen

Cas-en-Bas

Eine kleine Landstraße führt von Gros Islet ins Landesinnere mit schönen Ausblicken auf die Ostküste. Am Ende der Straße liegt ein wunderschöner, wenig besuchter, ca. 800 m breiter **Sandstrand,** an dem man auch surfen kann (nur mit Jeep oder zu Fuß zu erreichen. Hinweisschild Cas-en-Bas Estate). Ein kleiner Fußweg führt am nördlichen Ende des Strandes zu einem einsamen weißen Strand namens **Secret Beach.** Vorbei an dem Eingang zum Secret Beach erreicht man in einer weiteren kleinen Bucht **Monkey Beach.** Hier trifft man meist nur einheimische Fischer und tatsächlich auch hin und wieder einige Esel.

In dem kleinen Ort **Paix Bouche** auf dem *La Cauzette Estate* wurde 1763 Napoleons Frau und spätere Kaiserin von Frankreich unter dem Namen **Marie-Josephe-Rose de Tascher de la Pagerie** geboren. Von ihrem Geburtsort sind nur noch Ruinen geblieben.

Unterkunft
■ **La Panache Guest House** €€, Tel. 450 0765, 7 Zi., ruhiges, empfehlenswertes Guesthouse

Nationalpark Pigeon Island

Im Norden wird die Bucht von der **Halbinsel** Pigeon lsland begrenzt. Pigeon Island war früher tatsächlich eine Insel. 800 x 400 m groß und mit zwei kleinen Bergen. Der größere ist 100 m hoch, und auf dem kleineren wurde 1778 Fort Rodney gebaut. Erst seit 1970 ist die Insel durch einen 1,5 km langen Damm mit dem Festland verbunden. Pigeon Island hat eine bewegte Geschichte hinter

sich. Der erste Versuch, die Insel zu kolonialisieren, scheiterte 1722, als der **Herzog von Montagu** hier an Land ging und von den Indianern in die Flucht geschlagen wurde. Von hier segelte Admiral **Rodney** mit seiner Flotte gegen die Franzosen und schlug sie im April 1782 in der **Battle of the Saints.** Außerdem war hier der Unterschlupf des Piraten **Wooden Leg.**

Zwischen 1937 und 1979 pachtete die Schauspielerin **Josset Agnes Huchinson** die Insel, und noch heute steht an der Südküste das verfallene Haus, in dem sie Parties für Segler veranstaltete. Als der Pachtvertrag auslief, ging die Insel in den Besitz des National Trust über und wurde 1979 zum **Pigeon Island National Park.** Heute gibt es hier Picknickplätze, einen schönen Badestrand, ein kleines Restaurant und einen schönen Ausblick über den Norden von St. Lucia. Pigeon Island eignet sich gut für einen Tagesausflug. Man kann eine Wanderung zu Fort Rodney oder zur Signalstation machen. Ziemlich schweißtreibend, deswegen am besten früh losgehen. Das letzte Stück auf das Fort geht es über eine Leiter. Oben kann es sehr stürmisch werden. Wem das zu anstrengend ist, der nimmt die unteren Wanderwege. In der alten Offiziersmesse ist ein kleines, aber interessantes Museum untergebracht. Anschließend ein kühles Bad im Meer und eine Stärkung im Restaurant – der perfekte Tag.

Informationen
■ Man verlässt den Highway links beim Hinweisschild „Jambe de Bois Restaurant".

■ Pigeon Island ist täglich 9–18 Uhr **geöffnet.**

■ Der **Eintritt** beträgt 14 EC$ inkl. Museumsbesichtigung.

Cap Estate

Hinter Pigeon Island beginnt das 6 km² große Gelände von Cap Estate, eine der teuersten und vornehmsten Adressen von St. Lucia. Hier liegen einige der exklusiven **Hotels,** ein Golf Course, die Studios des Malers **Llewellyn Xavier** und das **Derek Walcott Theater** im Great House.

Der nördlichste Punkt der Insel ist der 150 m hohe **Pointe du Cap.** An dieser Stelle treffen sich der Atlantische Ozean und das Karibische Meer. Man hat einen fantastischen Ausblick und kann an klaren Tagen bis nach Martinique sehen.

Restaurant
■**The Great House,** Cape Estate, Tel. 450 0450, französische und kreolische Küche

Sugar Mill Plantation

Nicht weit entfernt, nahe der Nordostküste, liegt das **Marquis Estate.** Die Straße führt durch eine wunderschöne Landschaft mit immer neuen Ausblicken auf die Insel. Die Plantagenführung gibt Einblicke in die Produktion und beinhaltet die Besichtigung einer alten Zuckermühle, eine Bootsfahrt auf dem Marquis River und einen Lunch im Plantagenhaus. Heute sind Bananen und Kopra des Hauptexportprodukt, früher waren es Kaffee und Kakao.

■**Führungen** nur nach telefonischer Voranmeldung, Tel. 452 8232

Cactus Valley

Nicht nur für Kakteenliebhaber eine wirklich **schöne Wanderung:** vom Hardy Point im Nordosten der Insel durch Cactus Valley nach Pigeon Island. Wie der Name schon sagt, kann man in diesem Tal eine große Anzahl von ausgefallenen Kakteen bewundern und erfährt auch sonst viel über Flora und Fauna.

Babonneau

Wenn man von Castries aus vor dem Fluss Choc den John Campton Highway verlässt und ins Inland fährt, gelangt man nach Babonneau. Hier befindet sich die **Rainforest Aerial Tram,** d. h. **Hängebrücken und Seilbahnen** im „Dach" des Regenwaldes. Einst für Botaniker erfunden, kommt diese Einrichtung nun auch Touristen und Einheimischen zugute. Besonders Schulkinder sollen hier lernen, wie wichtig der Regenwald für die Inseln ist. Wahlweise fährt man mit einer Gondel oder nur mit einem Drahtseil gesichert durch die Baumkronen.

■**Informationen:** Rain Forest Sky Rides, www.rainforestadventure.com

Im **Fond Latislab Creole Park** erhalten Besucher Einblicke in viele kreolische Traditionen. Holzfällen mit Musik einer Chak-Chak-Band, Backen von Cassavabrot, das Fangen von Flusskrebsen und das Kochen von Macamboublättern.

■**Informationen:** Tel. 713 6695

Grand Anse Beach

Über Babonneau führt die Straße weiter an die Ostküste zum Grand Anse Beach. Die letzte Strecke kann nur mit dem Jeep oder zu Fuß zurückgelegt werden. Der Grand Anse ist der **längste Strand von St. Lucia** und liegt, immer noch weitgehend unberührt, unterhalb des Bergdorfes Desbarras.

Am weißen Strand legen die **Lederschildkröten** ihre Eier ab. In der Saison zwischen März und August werden geführte Touren mit Übernachtung in einer Holzhütte und einheimischem Frühstück angeboten. Ein unvergessliches Erlebnis! Tel. 452 9696 oder 520 5303.

Weiter südlich von Desbarras liegt der **kleine Strand von Anse Lavoutte.** Vorsicht: Starke Unterwasserströmung!

Der Süden

Von Castries nach Soufrière

Eine der landschaftlich schönsten Strecken auf St. Lucia verläuft von Castries nach Soufrière.

Man verlässt Castries auf der Bridge Street in Richtung Süden über den Morne Fortune auf den typisch karibischen Straßen, kurvenreich und voller Löcher, aber dafür mit traumhaftem Ausblick auf Landschaft, tropische Bergkegel und smaragdgrüne Buchten.

Als erstes Tal hinter der Stadt erreicht man die **Cul de Sac Bay,** wo Ölraffinerie und Hafenanlagen nicht so ganz in die Landschaft passen. Hier ist das größte **Bananen-Anbaugebiet** der Insel, die Stauden werden gleich hier verpackt und verladen.

Da St. Lucia bergig ist und viele Flüsse hat, besitzt die Insel auch **viele schöne Wasserfälle.** Die meisten davon befinden sich in der Nähe von Canaries und Soufrière. Da die Wasserfälle für die Insel sehr wichtig sind, stehen sie unter dem Schutz der Naturalist Society und des Forestry Departments. Man soll sie **nicht ohne Führer und Genehmigung** besuchen! Auf die Reinheit der Flüsse wird sehr geachtet. An der Quelle nutzt man das Wasser als Trinkwasser, weiter unten zum Baden und am Ende des Flusslaufs zum Waschen.

Marigot Bay

Hier befindet sich der **romantischste Strand der Insel** und einer der schönsten Yachthäfen der Karibik. Leider ist das Wasser hier nicht mehr ganz so sauber wie früher. Teile des Filmes „Dr. Doolittle" wurden hier gedreht, und auf einer Palmenhalbinsel gibt es ein empfehlenswertes Restaurant gleichen Namens (s. u.).

In der Nähe ist ein schönes **Korallenriff.** Von einer Seite der Bucht zur anderen kann man nur mit dem Boot gelangen (2 EC$ hin und zurück).

Die traumhaft schöne Marigot Bay bietet den Schiffen Schutz vor den tropischen Stürmen. **Admiral Samuel Barrington** verschanzte sich hier 1778 mit Erfolg gegen die Angriffe der Franzosen.

Unterkunft

■ **Marigot Beach Club** €€€€, Tel. 451 4974, Fax 451 4973, www.marigotdiveresort.com, 24 Zimmer, Restaurant, Pool, liegt direkt am Strand

■ **Oasis Marigot** €€€€, www.oasismarigot.com, Tel. 451 4185, Fax 458 3363

■ **Mango Beach Inn** €€€€, Tel. 458 3188, www. mangobeachmarigot.com, 5 Zimmer

■ **Inn on the Bay** €€€€, Tel. 451 4260, www.saint-lucia.com, 4 Zimmer

Restaurants

■ **Doolittle's Restaurant,** Tel. 451 4974, tägl. 10.30–23 Uhr geöffnet. Mit der Fähre vom Marigot-Anlegeplatz gelangt man zu einer Palmenhalbinsel. Einfache, gute Inselküche und amerikanische Snacks, von hier aus kann man schnorcheln und schwimmen, besonders romantisch bei Sonnenuntergang oder Kerzenschein. Im Winter abends Livemusik; preiswert

■ **The Rainforest Hideaway,** Tel. 451 4485, ebenfalls mit dem Fährboot zu erreichen, Candlelight Dinner, jede Woche Live-Jazz

■ **J. J.'s Paradise,** Tel. 451 4076, liegt an der Marigot Bay Road und hat täglich ab 10 Uhr geöffnet. Gutes, preiswertes Essen. Am Wochenende Musik und Tanz, hier treffen sich auch die Einheimischen

Hinter dem Ort Marigot gelangt man zum **Roseau Valley,** die Straße überquert den gleichnamigen Fluss. Auch hier ist ein Bananenanbaugebiet, größtenteils im Besitz der Rouseau Banana Plantation.

Anse la Raye

In dem **kleinen Fischerdorf** Anse la Raye werden noch Einbaumkanus aus dem Stamm des in der Nähe wachsenden Gomierbaumes gebrannt. Wenn ein Kreuzfahrtschiff im Hafen liegt, erwacht der sonst eher verschlafene Ort schon morgens um 10 Uhr zum Leben. Auf der Straße herrscht geschäftiges Treiben, auf beiden Seiten der Hauptstraße werden Marktstände aufgebaut. Verkauft werden hauptsächlich Gewürze, Gewürzsoßen, Kunsthandwerk und Schmuck, bevorzugt gegen US$. Es gibt auch einheimi-

sche Gerichte und Getränke. An allen Straßenecken hängen Jugendliche rum, die Ketten aus Hämatit verkaufen. Kurz nach 10 Uhr kommen die ersten Minibusse, und für einige Zeit drängen sich die Besucher durch die Hauptstraße. Verlässt der letzte Bus den Ort, versinkt dieser wieder in seiner karibischen Gemütlichkeit. Erwachen wird er spätestens am Freitag in den frühen Abendstunden, denn dann findet hier das **größte Fischbratfest der Insel** statt. In Open-Air-Küchen wird gebrutzelt was das Meer hergibt. Natürlich untermalt von karibischer Musik aus riesigen Lautsprechern.

Im Hinterland lohnt sich ein Abstecher zu den **River-Rock-Wasserfällen,** die 15 Minuten von der Hauptstraße entfernt liegen. Gute Picknickmöglichkeiten.

La Sikwi

Biegt man oberhalb von Anse La Raye in die Hauptstraße ins Landesinnere ein, erreicht man über einen kurzen, holprigen Weg La Sikwi (z. Z. fehlt hier ein Hinweisschild, man muss sich eventuell durchfragen). La Sikwi heißt in der Kreolsprache von St. Lucia **Zuckermühle.** Sie wurde 1860 gebaut und befindet sich inmitten eines wunderschönen **Tropengartens.** Hier stellte man Zucker her, der nach England verschifft wurde. Später wurden Kakao und Zitrusfrüchte angebaut. In den 1960er Jahren wurde die Plantage auf Bananen umgestellt, zwischen den Feldern grasen Kühe, Ziegen und Schafe. Das Wasserrad und das Boilinghouse sind liebevoll restauriert. In einem kleinen **Museum** wird die Herstellung von Zucker anschaulich erklärt.

■ Der Garten und das Museum sind wochentags 9–16 Uhr geöffnet. Eine **Besichtigungstour** kostet 15 EC$ pro Person. Das **Restaurant** mit über 300 Sitzplätzen und ein **Theater** mit 800 Sitzplätzen werden hauptsächlich für kulturelle Veranstaltungen genutzt. Dinner nach Vorbestellung ab 18 US$. Weitere Informationen: Tel. 452 6323, 451 4245, addjodhagi@candw.lc.

Millet Bird Sanctuary Nature Trail

Ebenfalls im Hinterland von Anse la Raye liegt der Millet Bird Sanctuary Nature Trail. Hier hat man die größten Chancen, **Vögel in freier Natur** zu beobachten. Für die Wanderung bezahlt man 25 EC$. Die Führung mit einem vogelkundigen Guide dauert 4 Std. und kostet 75 EC$.

St. Lucia: Die Insel

Canaries

Die Straße führt weiter durch große Bananenplantagen. **Canaries ist wohl der malerischste Ort der ganzen Insel.** Da außerhalb der Touristenrouten gelegen, scheint hier die Zeit stehengeblieben zu sein. Am verwilderten Strand liegen Fischerboote, die Fischer dösen unter den Bäumen im Schatten und trinken Rum. Die Straßen sind schmal und ein Teil des Dorflebens findet auf der Treppe neben dem Rinnstein statt. Hier werden Haare gekämmt und geflochten, Fische gesäubert oder man hält einfach nur ein Schwätzchen. Der Ort hat eine schöne alte Kirche und typisch karibische Holzhäuschen. In dieser verträumten Kulisse findet jeden letzten Samstag im Monat ein typisch karibisches Dorffest statt. Bei diesem „Canaries Creole Pot" kann man nach Herzenslust einheimische Gerichte probieren. Zwischen Canaries und Soufrière liegen die meisten **Wasserfälle** der Insel.

Von Canaries aus kann man schöne **Regenwaldtouren** machen, allerdings nur mit Führer (siehe Kapitel „St. Lucia – Reisetipps, Sport, Wandern").

Die Straße führt in Serpentinen weiter durch den Regenwald nach Soufrière.

Restaurant

■**Anse Jambette**, Canaries, Tel. 452 3399 oder 452 3167, Di, Mi, Sa und So 10.30–16 Uhr, liegt in einer Höhle am Strand, ausgezeichnetes Barbecue und Buffet. Im Green Parrot Hotel in Castries (s. o.) kann man eine Bootsfahrt zum Restaurant mit Essen buchen für großzügige 35 US$

Soufrière

Soufrière (9000 Einwohner) war die **erste französische Siedlung auf der Insel.** Sie liegt malerisch am Fuße der Wahrzeichen St. Lucias, den Pitons. Die Stadt hat sich viel französisches und karibisches Flair erhalten. Es gibt noch einige historische Kirchen und Zuckerbäckerhäuser. Soufrière hat einen schwarzen Strand und ist der Eingang zu St. Lucias Naturwundern.

1713 gab der französische König *Ludwig XVI.* der Familie *Devaux* das Land rings um das heutige Soufrière. Es wurde **Kakao, Kaffee und Tabak** gepflanzt und die Stadt Soufrière gebaut. Die Stadt entwickelte sich wegen ihres Hafenbeckens schnell zu einer bedeutenden Hafenstadt. Heute legen hier hauptsächlich Ausflugsschiffe aus Castries an.

Leider verfügt der Ort nur über sehr wenige Straßenschilder, und da es hier in der Gegend eine **hohe Arbeitslosigkeit** gibt, lassen sich die Einheimischen gern für ihre Auskünfte bezahlen. Wer sich solchen, manchmal etwas stressigen Situationen nicht aussetzen möchte, kann sich im **Tourist Information Centre,** Bay Street, Tel. 459 7200, mit Informationen versorgen oder Ausflüge buchen.

Sehenswert ist der **Marktplatz** mit Stuckverzierungen und farbenfrohen Wandmalereien.

In und um Soufrière gibt es viele Hotels und Gästehäuser. Wer sich hier häuslich niederlassen möchte, sollte sich darauf einstellen, dass es hier häufiger regnet als in den anderen Teilen der Insel. Der Strand ist schwarz, und wenn die Wolken über den Pitons hängen, bekommt das Ganze eine etwas unheimliche Schönheit. Passend dazu soll in der

Soufrière

© REISE KNOW-HOW 2013

0 ▬▬▬ 100 m

Canaries 8 km
Anse La Raye 16 km
Castries 37 km

1 2 3 Anse Chastanet

4

5

*Hummingbird
Beach*

Bridge Street

Soufrière River

WC Queensland St.

Desmond Avenue

6

8

Markt

Maurice Mason St.

Sir Darnley Alexander St.

Victoria Street

Church St.

Boulevard Street

Etienne Street

Delieu St.

Smiths St.

Polizei

7

Henry Belmar St.

★ *Botanischer Garten*

Frederick Clarke St.

Sir Arthur Lewis St.

*Soufrière
Bay*

High Street

Church Street

Baron Drive

9

Choiseul 12 km
Laborie 19 km
Vieux Fort 24 km

■ Übernachtung

1 Anse Chastanet
  Beach Hotel
2 Tree House
4 Hummingbird
  Beach Resort
5 Mago Estate Hotel
9 Stonefield Estate

■ Essen und Trinken

3 The Still
6 Fedo's
8 Gee's Bon Manje

■ Einkaufen

7 Supermarkt

schönen Bucht Mamin unter Wasser „The Thing" leben, etwas ähnlich Geheimnisvolles und noch nie richtig Gesichtetes wie das Ungeheuer von Loch Ness. In Soufrière wurde 1984 der Film „Wasser" mit dem bekannten Schauspieler *Michael Caine* gedreht.

Unterkunft

■**Anse Chastanet Beach Hotel** €€€€, P. O. Box 7000, Anse Chastanet (nördlich von Soufrière), Tel. 454 7000, Fax 459 770, www.ansechastanet.com. Viele Wassersportangebote, die Chalets liegen in der üppigen Vegetation inmitten des Tropenwaldes auf dem Gelände einer ehemaligen Zuckerplantage
■**Chez Camille** €–€€€, Soufrière, Tel. 459 5379, Fax 459 5684, 7 Zimmer
■**La Haut Plantation** €€€, Soufrière, Tel. 459 7008, Fax 459 5975, www.lahaut.com, 13 Zimmer mit Blick auf die Pitons, Pool
■**Home Guest House** €, Soufrière, Tel. 459 7318
■**Hummingbird Beach Resort** €–€€€€, Soufrière, Tel. 459 7232, Fax 459 7033, www.nvo.com/pitonresort; 10 Zimmer, hübsche Holzhäuser im Tropengarten mit Strand und Pool. Das zugehörige Restaurant ist täglich ab 7 Uhr morgens geöffnet; es ist auf französische und kreolische Küche spezialisiert. Die Besitzerin verkauft schöne Batikarbeiten
■**Le Mirage** €–€€, Soufrière, Tel. 459 7010
■**Stonefield Estate** €€€€, Soufrière, Tel. 452 7037, Fax 459 5550, www.stonefieldvillas.com, 18 Villen
■**Sunset Guest House** €–€€, Soufrière, gegenüber der Feuerwehr, sehr einfach, Tel./Fax 459 7100, 4 Zimmer, Restaurant, Essen im Restaurant nebenan
■**Tree House** €€–€€€, Soufrière, Tel. 459 7511, Fax 459 7070, 4 Zimmer
■**Mago Estate Hotel** €€€€, Soufrière, Tel. 459 5880, Fax 459 7352, www.magohotel.com

Restaurants

■Günstig und gut isst man bei **Fedo's,** Church Street, in der Nähe vom Krankenhaus, und bei **Captain Hook's** an der Ortsausfahrt nach Castries
■**Gee's Bon Manje,** Tel. 457 1418, hinter Soufrière, Frühstück, Snacks, kreolische Küche
■**The Still,** Tel. 459 5677, täglich 8–17 Uhr, westindische und kreolische Küche, Fischspezialitäten
■**Trou au Diable Beach Restaurant,** Anse Chastanet (nördlich von Soufrière), Tel. 459 7000, sehr schönes und gutes Strandrestaurant, sehr leckere Rotis, Mango Chutney und Eis sind hausgemacht

Toraille Falls

Oberhalb von Soufrière, nur wenige Meter von der Hauptstraße entfernt, liegen die Toraille-Wasserfälle. Sie fallen 50 m in einen Pool, mitten in einem herrlichen Garten. Die Wasserfälle gehören zu den **Heritage Sites** der Insel und befinden sich in Privatbesitz.

Die Pitons

Die erloschenen Vulkane Petit Piton (738 m) **und Gros Piton** (786 m) steigen hier steil aus dem Meer auf, sind bis hoch hinauf bewaldet und können außerhalb der Regenzeit bestiegen werden. Die Besteigung des Gros Piton dauert 3–4 Stunden, die des Petit Piton ca. 2 Stunden. Man sollte gutes Schuhwerk anziehen, genügend Wasser und Verpflegung mitnehmen sowie an Kopfbedeckung und Sonnenbrille denken.

Am besten beginnt man mit dem Aufstieg noch vor Sonnenaufgang, denn bereits ab 8 Uhr wird es heiß und dann macht es keinen Spaß mehr.

Besteigung des Gros Piton: Der Nature Trail beginnt in Fonds Gens Libre. Das heißt übersetzt „Dorf der freien Menschen". Die schwarzen Freiheitskämfer, *Brigands,* versteckten sich 1748 während des Sklavenaufstandes in dieser Gegend. Im Besucherzentrum findet man eine kleine Ausstellung von seltenen Pflanzen und Vögeln dieser Region. Bei der Wanderung sieht man Höhlen und Tunnel, die von den aufständischen Sklaven benutzt wurden. Den ersten Teil des Weges können auch ungeübte Wanderer bewältigen. Für die zweite Hälfte sollte man gut trainiert sein, denn der Weg ist teilweise sehr steil.

■ **Informationen:** Gros Piton Tour Guides Association, Tel. 489 0136. Das Visitors Centre ist täglich 8–15 Uhr geöffnet. Gebühr (mit Guide) 30 US$.

Diamond Baths

Weniger anstrengend ist es, sich den **Botanischen Garten** anzusehen. Er ist sehr schön angelegt (Eintritt 4,50 EC$, Kinder 2,25 EC$, täglich 10–17 Uhr geöffnet), die meisten Bäume und Pflanzen sind beschriftet.

Hier befinden sich auch die Diamond Baths, natürliche **heiße Quellen,** die 1785 von König *Ludwig XVI.* von Frankreich angelegt wurden. Damals hatte die Insel einen französischen Gouverneur, *Baron de Laborie.* Er schickte Wasserproben an seinen König. Als dieser herausfand, dass die Quelle mehr Mineralien hatte als die im französischen Aix-les-Bains, ließ er die Bäder für seine Soldaten bauen. Von den alten Bädern ist nicht mehr viel zu sehen, dafür gibt es zwei neue Becken, in denen man herr-

lich im warmen Wasser baden kann. Das Wasser soll heilende Wirkung haben, und besonders bei Regen ist ein Bad sehr angenehm.

Parken ist normalerweise kostenlos, allerdings versuchen viele Einheimische, fürs Bewachen der Autos zu kassieren. Die Bäder sind täglich von 10–17 Uhr geöffnet. Außerhalb der Saison werden sie sukzessive restauriert und ausgebaut. Eintritt 10 EC$.

Von hier führt ein kleiner Weg zu den **Diamond Waterfalls.** Sie sind zwar nicht groß, tragen ihren Namen aber zu Recht, denn die Steine haben durch die unterschiedlichen Mineralien wunderschöne Farben. Für die Reinheit des Wassers wird allerdings keine Garantie übernommen, darauf wird schriftlich hingewiesen.

Vulkankrater

Ein Stück außerhalb von Soufrière liegt ein Vulkankrater mit Schwefelquellen, der gern als der einziger „Drive-in-Krater" der Karibik bezeichnet wird. Er ist nicht zu verfehlen, stinkt er doch kilometerweit wie faule Eier. Der Krater sieht aus wie eine Mondlandschaft. Überall brodeln und blubbern die Schlammlöcher und stoßen stinkenden gelben Dampf aus. Sie sind bis zu 12 m tief, bis zu 380° C heiß und ca. 300.000 Jahre alt.

▷ Diamond Waterfalls

Der Begriff Drive-in-Krater scheint ein bisschen hochgegriffen, denn erstens muss man vom Parkplatz aus laufen und zweitens kann man auch nicht mehr wie früher zwischen den brodelnden Kraterlöchern umherlaufen: Vor einigen Jahren ist nämlich der Führer einer Gruppe in einem neu entstandenen Krater eingesunken. Die deutsche Reisegruppe bekam einen fürchterlichen Schreck, der Führer hatte Glück im Unglück und kam mit einem dreimonatigen Krankenhausaufenthalt davon, seinen Job hängte er allerdings an den Nagel. Seitdem ist die Besichtigung nur noch von einer **Aussichtsplattform** möglich, und natürlich brät sich auch kein Führer mehr ein Ei über den dampfenden Löchern, wie man in älteren Reiseführern liest. Dafür kann man links vom Eingangshäuschen zum Schwefelkrater kostenlos an eine **Schwefelwasserbadestelle** hinuntersteigen.

Das Projekt, mit der Energie des Vulkans Strom zu erzeugen, wurde wegen Geldmangels wieder aufgegeben.

■ **Geöffnet** täglich 9–17 Uhr, **Eintritt** 5 EC$.

Soufrière Estate

Soufrière Estate ist ein Stück eines 8 km² großen Landsitzes aus dem Jahre 1713 und gehörte der Familie von König **Ludwig IV.** Hier werden auch heute noch Kopra und Kakao produziert.

Die alte Zuckermühle mit dem großen **Wasserrad** wurde 1765 gebaut. Teile des alten Gebäudes wurden als **Restaurant** umgebaut. Bei einem guten Essen hat man hier den Blick aufs Wasserrad und im Restaurant selbst Relikte aus der alten Zeit des Mühlenbetriebes. Für diese hervorragende Restaurierung bekam „Old Mill" 1996 den **American Express Caribbean Preservation Award.**

Hier trägt die Bedienung noch die **traditionelle Kopfbedeckung** von St. Lucia, ein wie zu einer Bergspitze gefaltetes kariertes, ins Haar gestecktes Tuch. Eine Spitze bedeutet frei, zwei gebunden, drei Spitzen glücklich verheiratet, vier bereit für einen Wechsel – was heute nicht mehr so ernst genommen wird.

■ **Führungen** durch die Soufrière Estate Factory können arrangiert werden bei *Mrs. Devaux*, Tel. 452 4759.

Morne Coubaril Estate

Oberhalb von Soufrière liegt die **älteste Plantage St. Lucias,** das Morne Coubaril Estate. Sie wurde komplett restauriert, und die Besucher werden anschaulich in den Alltag von damals versetzt. Auch hier kann man viel über die **Kakao- und Kopraproduktion** lernen. Außerdem gibt es einen Reitstall, der Plantagenbesichtigung zu Pferde anbietet. Dabei werden die alten Wege benutzt, die ehemals für Eselskarren angelegt wurden. Man kann eine Arbeitersiedlung besichtigen, eine Zuckermühle, ein Maniok- und ein Kakaohaus. Tel. Voranmeldung: 459 7340, Eintritt 18 EC$.

Einen schönen Einblick in die Pflanzenwelt der Insel bekommt man im **West Indies Tree Garden** beim Anse Chastanet Hotel. Hier befindet sich auch ein **Zipling-Parcours** (www.stluciazipling.com). Mit Gurten und Karabinerhaken gesichert schwebt man durch die Baumwipfel mit tollem Blick auf Soufrière und die Pitons.

St. Lucia: Die Insel

Fond Doux Holiday Plantation

Eine **250 Jahre alte Plantage,** die noch immer in Betrieb ist. Das Plantagenhaus von 1864 steht in einem wunderschönen Tropengarten (Unterkunft ab 170 US$). Es gibt ein kleines Restaurant, das täglich geöffnet ist, Tel. 459 7545, Fax 459 7882, www.fonddouxestate.com.

En Bas Saut Waterfall Trail

Der herrliche **Wanderweg,** der übersetzt schlicht und einfach „Weg unter den Wasserfällen" heißt, befindet sich 9 km östlich von Soufrière am Fuß des Mt. Gimie und führt am Fluss Troumasse entlang. Der Weg ist 4 km lang und führt an zwei Wasserfällen mit herrlichen Badebecken vorbei.

Edmont Rainforest Trail

Ein zweiter Wanderweg in der Nähe von Soufrière ist die **Rundwanderung** (dauert knapp 4 Stunden) im Edmond Forest Reserve, dem wohl ursprünglichsten Teil der Insel.

■ Beide Wanderungen 25 EC$ oder 10 US$.

La Pointe Caraïbe

In La Pointe Caraïbe an der Küste zwischen Soufrière und Choiseul lag früher eine große **Karibensiedlung.** Als 1770 das Land verteilt wurde und man erste Besitzurkunden ausstellte, bekamen auch drei Indianerfrauen Land: *Rabacca, Zabeth* und *Marianne.* Sie übten damals das Töpferhandwerk aus. Diese Tradition hat sich bis heute erhalten. Die schönsten Arbeiten gibt es im Livity Art Studio.

Choiseul

Der nächste interessante Ort auf der Strecke ist Choiseul. Hier kann man das schönste **Kunsthandwerk** der Insel kaufen. Das **Choiseul Craft Center** wird übrigens von der chinesischen Regierung unterstützt. In China gibt es eine lange Tradition in der Herstellung von Bambusmöbeln. Chinesische Fachleute unterrichten hier die Einheimischen, denn die Verarbeitung von Bambus erfordert fachliches Wissen. Außerdem gibt es Töpfer- und Flechtarbeiten, deren Technik noch auf die Zeit der Indianer zurückgeht.

Es gibt einen **Petroglyphen,** einen Felsen mit Gravierungen der Indianer – die Einheimischen zeigen gern den Weg.

Am nördlichen Ende des Ortes hat man von der **Aussichtsplattform** von Laybye einen spektakulären Rundblick. Ungefähr 10 Minuten zu Fuß den Berg am südlichen Ortsausgang hinauf gelangt man zu einer einzelnen Kanone, dem Rest des ehemaligen **Fort Citreon.** Der Weg lohnt sich wegen der ebenfalls guten Aussicht.

An der Grenze zwischen Choiseul und Laborie fließt der **River Doree** durch ein spektakuläres Felsental mit herrlichen Bademöglichkeiten.

Zwischen Choiseul und Laborie liegt das **Balenbouche Estate.** Hier war im 18. Jh. eine Zuckerfabrik – die Ruinen stehen noch immer, und bis 1993 wurden Kokosnüsse verarbeitet. Die Plantage gehört zu den **Heritage Sites** von St. Lucia, Archälogie-Studenten machen hier Ausgrabungen. Der Besuch lohnt sich vor allem für Leute, die sich für die Plantagenzeit interessieren. Für ca. 110 US$ pro Zimmer kann man in wildromatischen Bungalows übernachten.

■ **Deutschsprachige Führungen** für 15 EC$. Nur nach telefonischer Absprache: *Uta Lawaetz,* Tel. 455 1244, Fax 455 1342, www.balenbouche.com.

Laborie

Laborie ist ein **malerisches Fischerdorf** auf dem Weg von Choiseul nach Vieux Fort. Unterkünfte sind:

■ **Loretta's Place** €€€, Laborie, Tel. 455 1710, 6 Zimmer
■ **Mirage Beach Hotel** €€€, Laborie, Tel. 455 9237, www.miragestlucia.com, 5 Zimmer

Vieux Fort

Die ehemalige Hauptstadt hat 14.000 Einwohner, einen für den Bananenexport bedeutenden Hafen und ist das **touristische Zentrum der Südküste.**

Unterkunft

■ **Charlery's Inn** €–€€, Clarke Street, Vieux Fort, Tel. 454 7420, Fax 454 5899, 12 Zimmer
■ **Juliette's Lodge** €€€, Beanfield, Vieux Fort, Tel. 454 5300, Fax 454 5305, www.julietteslodge.com, 21 Zimmer
■ **Kabran** €€€, New Dock Road, Vieux Fort, Tel. 454 3331, Fax 454 334, www.slucia.com/kabran, 14 Zimmer

■ **Skyway Inn Hotel** €€€–€€€€, Beanfield, Vieux Fort, Tel. 454 3330, Fax 454 5535, www.skywaystlucia.com, 46 Zimmer
■ **Villa Caribbean Dream** €€, Moule-à-Chique, Tel./Fax 454 6846, www.caribdreams.net, deutschsprachig

Restaurants

■ **Panorama Restaurant & Bar,** Beanfield, in Juliette's Lodge, Tel. 454 5300, täglich geöffnet, europäische und internationale Küche
■ **The Reef Restaurant & Bar,** direkt am Strand, gegenüber Maria Island, Tel. 454 3418, www.slucia.com/reef, Meeresfrüchte, super Cocktails, Internet-Café und Leihbücherei. Hier befindet sich außerdem das Kite & Windsurf Centre. Außerdem werden 4 kleine Hütten €€ direkt am Strand vermietet (mit Frühstück, 2 Pers.)

Moule-à-Chique

Am südlichsten Punkt der Insel erhebt sich malerisch ein Leuchtturm, die verschiedenfarbigen Wasser des Atlantiks und des karibischen Meeres fließen hier zusammen, und bei klarem Wetter kann man das 32 km entfernte St. Vincent sehen. Für Naturfreunde empfiehlt sich ein Bootsausflug zu den **Maria Islands.** Hier leben seltene Eidechsenarten, und es nisten viele Seevögel. Ein kleines **Museum** bietet Einblicke in die Kulturgeschichte. Vorher den **National Trust** kontaktieren, Tel. 452 5005.

Nationalpark Pointe Sables

Der **700 ha große Nationalpark** beginnt bei Moule-à-Chique und zieht sich bis

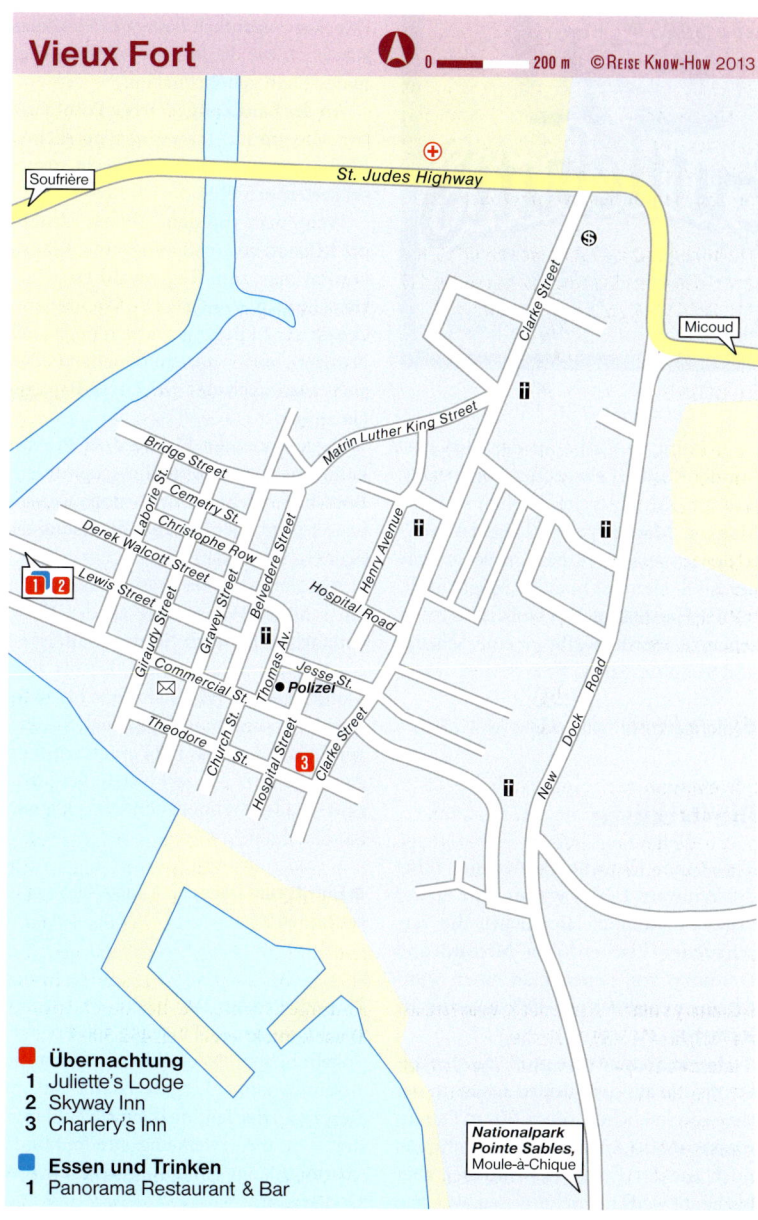

Vieux Fort

0 ▬▬▬ 200 m　© Reise Know-How 2013

Soufrière

St. Judes Highway

Clarke Street

Micoud

Matrin Luther King Street

Bridge Street

Laborie St.
Cemetry St.

Derek Walcott Street
Christophe Row

Lewis Street

Henry Avenue

Belvedere Street

Hospital Road

1 **2**

Giraudy Street

Gravey Street

Commercial St.

Thomas Av.

Jesse St.

● **Polizei**

Theodore St.

Church St.

Hospital Street

Clarke Street

New Dock Road

3

■ Übernachtung
1 Juliette's Lodge
2 Skyway Inn
3 Charlery's Inn

■ Essen und Trinken
1 Panorama Restaurant & Bar

Nationalpark
Pointe Sables,
Moule-à-Chique

nach Point de Caille an der Ostküste. Vor der Küste ist ein großes Korallenriff, und am Küstenstreifen ziehen sich die Mankote **Mangroven** entlang, das größte der insgesamt 14 Mangrovengebiete der Insel. Hier hat man die Möglichkeit, bei der Herstellung von Holzkohle zuzusehen. Außerdem gibt es eine Seaegg- und Seamoss-Farm.

■ **Informationen:** National Trust, Tel. 452 5005

Die Ostküste

Vorbei am **Hewanorra Airport** führt der Winward Highway nun nahe an der Ostküste entlang. Hier liegen die verschlafenen Fischerdörfer **Micoud** und **Dennery,** von denen man einen wunderbaren Ausblick auf die klippenreiche Küste hat.

Hier kann man eine große rechteckige Steinplatte auf dem Boden sehen, in der viele runde Löcher von ca. 20 cm Durchmesser sind **(Anse Ger).** Sie stammen noch aus den Zeiten der Indianer, aber bis heute weiß niemand genau, welchen Zweck sie eigentlich hatten. Ein weiteres Rätsel ist, wie die Indianer diese Löcher in den Stein gebohrt haben.

An der **Landzunge Vierge Point** kurz vor Micoud hat man einen herrlichen Blick über die Küste. Die Gischt spritzt oft meterhoch über die Uferfelsen.

Wenn man von dem kleinen Küstenort Micoud aus ins Landesinnere fährt, kommt man zum **Regenwald Des Cartier** (Eintritt 25 EC$). Die Wanderstrecke ist ca. 2 km lang und ein herrliches Naturerlebnis – mit ein bisschen Glück sieht man auch den **St.-Lucia-Papagei (Jacquot).**

In dem kleinen **Fischerdorf Praslin** kann man den Einheimischen beim Bootsbau zusehen. Immer noch werden wie zu Zeiten der Indianer die Kanus aus dem Holz des Gommierbaumes gebaut.

Am Nordende der Praslin Bay beginnt ein schöner Wanderweg an der Küste entlang, der **Eastern Nature Trail.** Er ist ca. 3,5 Meilen lang und führt bis zum Mandele Point. Hier sieht man bis zu 38 Vogelarten und manchmal auch Schlangen. Außerdem hat man einen schönen Ausblick über die zerklüftete Felsküste und Bademöglichkeiten in kleinen Sandbuchten.

■ **Eintritt zum Trail:** 10 EC$, Führer für bis zu 15 Personen 60 EC$.

Vor der **Praslin Bay** liegen zwei kleine Inseln, auf denen Tausende von Fregattvögeln brüten. Nach ihnen wurden die Inseln benannt: **Fregate Island Nature Reserve.** Hier lebt die kleinste Schlange der Welt, die „zweifachgestreifte blinde Wurmschlange", und die größte, die Boa Constrictor.

St. Lucia: Die Insel

■ Außer während der Brutzeit (Mai bis Juli) werden **vom National Trust geführte Touren** angeboten. Tel. 452 5005, Eintritt 10 EC$.

Bei Praslin, oberhalb der Bay, liegen die **Mamiku Gardens,** ein botanisches Wunderland, das aus vier verschiedenen Gärten besteht: dem **Mystic Garden** mit einem nachgebauten Plantagenhaus; dem englischen Garten namens **Secret Garden;** dem Kräutergarten **Grandpa's House** und dem **Cassé Garden.** 1766 gehörte das Estate dem französischen *Colonel Baron de Micoud,* einem ehemaligen Gouverneur der Insel. Die Einheimischen nannten es nach seiner Frau, *Madame de Micoud,* Ma Micoud's Estate. Daraus entstand der Name Mamiku.

■ Täglich 9–17 Uhr **geöffnet, Eintritt** 15 EC$, Tel. 455 3729, www.mamiku.com.

Unterkunft
■ **Fox Grove Inn** €€–€€€, Mon Repos, Micoud, Tel. 455 3800, Fax 455 3271, www.foxgroveinn.com, 12 Zimmer in sehr schöner Lage, aber weit vom Meer entfernt, unter schweizerischer Leitung

Als nächsten Ort auf der Küstenstraße erreicht man **Dennery.** Mit japanischer Hilfe von über 5 Mio. US$ wurden hier der Hafen ausgebaut und Kühlhallen für die Bananenverschiffung errichtet. In vorgeschichtlicher Zeit war die Gegend um Dennery das Zentrum vulkanischer Aktivitäten, und man sieht überall **abenteuerlich geformte Felsen** und Tuffgestein. Hier befindet sich auch ein Zipling-Parcours.
   Die Küstenlinie der Fond d'Or Bay bei Dennery ist die spektakulärste der Insel. Die Wellen brechen sich an den Klippen und haben daraus ihre eigenen

Skulpturen geschaffen. Wegen des rauen Meeres kann man nicht schwimmen. Es gibt einen weißen Strand, die Ruinen einer Zuckerfabrik und Reste der Indianerkultur, weiterhin Picknickplätze und ein kleines kreolisches Restaurant. Hier finden auch Jazz- und Folklorefeste statt.

■ **Informationen über Heritage Tours,** Tel. 451 6058/458 1587

Kurz hinter Dennery biegt die Hauptstraße ab ins Landesinnere und führt nun quer über die Insel nach Castries an der Westküste. Fast in der Mitte der Insel befindet sich der **Barre de L'Isle Trail.** Die Wanderung dauert ca. zwei Stunden einschließlich der *La Coube Ridge.* Von hier aus hat man einen herrlichen Panoramablick auf den Mt. Gimie, das Meer und das Cul-de-Sac-Tal (Tel. 450 2231, 25 EC$).
   Wer möchte, kann vorher noch einen Abstecher nach **La Caye** machen, einer weiteren großen Bananenplantage, oder zur **Errard Plantation,** wo man bei der Kakaoproduktion zusehen kann.

■ **Voranmeldung:** Tel. 453 1260, Eintritt: 10 US$ oder 25 EC$.

sfl3-013 mi

St. Vincent

St. Vincent ist so fruchtbar und dicht bewachsen, dass es der Insel den Beinamen „Smaragdinsel" einbrachte. Als die Engländer auf der Insel landeten, hieß sie Hairoun, „Land der Gesegneten". Das sind doch vielversprechende Vorzeichen für einen großartigen Urlaub!

◁ Segelurlaub in der Karibik – ein Hochgenuss

LANDESKUNDE

Der älteste bekannte Name für St. Vincent ist Youraumei, was in der Sprache der Kariben-Indianer so viel heißt wie „die Schönheit der Regenbögen in den Tälern". Damit ist auch schon viel gesagt über die Beschaffenheit der Insel; vor allem der Vulkan Soufrière und der dichte Regenwald mit seinen vielen Naturtrails machen ihre Schönheit aus.

St. Vincent und die Grenadinen sind zwar eine staatliche und administrative Einheit, haben aber einen unterschiedlichen Charakter. Die kleinen, von Korallenriffen umgebenen Inseln der Grenadinen sind der karibische Bilderbuchtraum schlechthin. Ihnen ist im Anschluss an das Kapitel zur Hauptinsel St. Vincent ein eigenes Kapitel gewidmet. Bemerkenswert an St. Vincent sind die fast ausschließlich schwarzsandigen, von Palmen umsäumten Strände, die einen ganz eigenen Charme haben. Da der schwarze Sand das Sonnenlicht absorbiert, werden Bakterien vernichtet. Der Sand soll einen therapeutischen Effekt bei Rheuma und Arthritis haben. Wenn man sich im Sand eingräbt, sollen die Schmerzen verschwinden. Ob, wie es heißt, der Anblick der schwarzen Strände auch glücklicher macht, muss jeder für sich entscheiden.

◁ Princess Margaret Beach auf Bequia

Staatssymbole St. Vincent und Grenadinen

Die **Nationalflagge** wurde am 27.10.1979 eingeführt und am 21.10.1985 geändert. Sie ist blau-gelb-grün gestreift und zeigt auf dem gelben Feld ein durch drei grüne Diamanten gebildetes „V".

Das **Staatswappen** wurde am 12.11. 1912 verliehen. Es zeigt zwei klassisch gekleidete Frauengestalten als Verkörperungen von Friede und Gerechtigkeit. Sie opfern an einem Altar. Über dem Schild ist eine Baumwollpflanze, darunter der Wahlspruch „Friede und Gerechtigkeit".

Die **Nationalhymne** wurde am 27.10. 1979 bei der Erlangung der Unabhängigkeit offiziell angenommen. Der Text stammt von *Phyllis Joyce Mc Clean Punnett*, die Melodie von *Joel Bertram Miguel:*

Saint Vincent! Land so beautiful,
*   with joyful hearts we pledge to thee*
Our loyalty and love,
*   and vow to keep you ever free.*
Whate'er the future brings,
*   our faith will see us through.*
May peace reign from shore to shore,
*   and God bless and keep us true.*

(Saint Vincent, herrliches Land,
    fröhlich weihen wir dir
unsere Treue und Liebe und schwören,
    allzeit deine Freiheit zu hüten.
Was auch die Zukunft bringt,
    unser Glaube wird uns stützen.
Möge von Küste zu Küste Frieden herrschen
    und Gott uns segnen und bewahren.)

Geschichte

Entdeckung

1498 entdeckte zwar **Kolumbus die Insel** auf seiner dritten Reise am 22. Januar (daher St. Vincent Tag), aber die Europäer machten noch lange einen Bogen um sie. Wegen der kriegerischen Kariben, die sie bewohnten, galt St. Vincent als die wildeste der damals oft **Cannibal Islands** (Kannibaleninseln) genannten Inseln.

1675 sank das holländische Sklavenschiff **Palmira** vor der Ostküste der Nachbarinsel Bequia. Die Schwarzen, die sich an Land retten konnten, versteckten sich bei den Karibenstämmen im Norden und vermischten sich mit diesen zu den sogenannten **Black Caribs.** Die Black Caribs entwickelten verständlicherweise einen besonderen Hass auf die Weißen und waren fest entschlossen, St. Vincent und Bequia zu verteidigen. Bald gerieten sie allerdings auch in einen Bürgerkrieg gegen die „reinrassigen" **Yellow Caribs.** Diese baten in ihrer Verzweiflung die Franzosen um Hilfe.

1719 landeten die Franzosen auf St. Vincent und verdrängten die Black Caribs in den Norden. Mit den französischen Soldaten kamen auch die ersten Siedler und ihre Sklaven.

Kolonialzeit

1763 fiel die Insel an die Engländer, die verschärft militärisch gegen die Indianer vorgingen, um sich deren Land für die Plantagenwirtschaft anzueignen. Der **erste karibische Krieg** brach aus.

1773 schlossen die Engländer Frieden mit den Kariben und fühlten sich nun auf der Insel sicher.

1779 überfielen die Franzosen die Insel. Erst 1783 gelang es des Engländern, wieder Herr über die Insel zu werden. Daraufhin taten sich die Franzosen mit den Black Caribs zusammen und brannten englische Plantagen nieder. Der zweite karibische Krieg brach aus.

1778–1783 kurzzeitige Übernahme durch die Franzosen.

1795 Die Kariben tun sich mit den Franzosen zusammen und zünden englische Plantagen an. Die Engländer holen Militär zu Hilfe und bringen 5000 Kariben nach Honduras auf die Insel Roatan.

1797 marschierten die Franzosen und die Black Caribs mit zwei Armeen auf Kingstown vor, um die Engländer zu vertreiben. Auf dem **Dorsethshire Hill** kurz vor der Hauptstadt kam es zu der entscheidenden Schlacht. Der Karibenhäuptling *Chatoyer* fiel durch einen Schwertstreich des englischen Kommandanten *Alexander Leith*. Die Black Caribs kapitulierten, und die Briten deportierten einen Großteil von ihnen auf die Insel Roatan vor der Küste von Honduras. Nun konnten die Briten, nur noch von Naturkatastrophen gestört, ihre Plantagenwirtschaft aufbauen.

1812 Eruption des Soufrière.

Nach **Abschaffung der Sklaverei 1838** kamen Arbeiter aus Madeira und aus Indien auf die Insel.

1852 Gelbfieberepidemie.

1854 Choleraepidemie.

1861 Indische Landarbeiter kommen. Die letzten Kariben erhalten ein Reservat im Norden der Insel.

1875, 1886 und 1898 verheeren Hurrikans und Sturmfluten. Den vernichtenden Schlag erhielt die Plantagenwirtschaft 1902 durch den Ausbruch des Soufrière.

1958 Eintritt in die später wieder aufgelöste Westindische Föderation. 1969 Assoziation mit England.

▷ Palm Island (Grenadinen)

Politik

St. Vincent und die Grenadinen wurden 1979 politische unabhängig und sind Mitglied des Commonwealth. Staatsoberhaupt ist Königin *Elizabeth II,* die durch einen Generalgouverneur vertreten wird. Die **Verfassung** enthält

Das Ende der Kapitäns-Herrlichkeit

Auf See hat der Kapitän das letzte Wort, er ist nicht nur der Chef, sondern zugleich oberster Richter – so zumindest kennt man es aus unzähligen Berichten und Erzählungen. Doch das hat sich inzwischen geändert: **Seit 1996 gibt es den Internationalen Seegerichtshof, die oberste Instanz für Streitfälle auf den Weltmeeren.**

Und was hat das mit St. Vincent zu tun? Nachdem das Gericht vereidigt war, musste es über ein Jahr warten, bis es im November 1997 erstmals angerufen wurde – vom Karibikstaat St. Vincent, der den afrikanischen Staat Guinea beschuldigte, einen unter der Flagge St. Vincents fahrenden Tanker gekapert zu haben, Staatspiraterie sozusagen. Das Argument der Gegenseite, das Schiff habe gegen Zollbestimmungen verstoßen, schien die Richter bei der Verhandlung, die übrigens in Hamburg stattfand, nicht zu überzeugen, und so kann **St. Vincent** auch **als erster Gewinner vor dem Internationalen Seegerichtshof** gelten.

Grund- und Menschenrechte nach englischem Vorbild.

1984 Machtwechsel von der *Unity Labour Party (ULP)* zur *New Democratic Party (NDP).*

1989 bekommt die NDP alle Parlamentssitze.

1994 verliert die NDP 3 der 15 Parlamentssitze an die vereinigte Opposition.

1997 ruft St. Vincent als erster Staat der Welt den Internationalen Seegerichtshof an (siehe Exkurs).

2001 wird der Sozialdemokrat *Ralph Gonsalves* (ULP) zum neuen Premierminister gewählt.

2005 Erneuter Wahlsieg der ULP; Gonsalves bleibt Premierminster.

2010 Zum dritten Mal in Folge gewinnt Gonsalves die Wahlen, allerdings nur mit einer Stimme Mehrheit bei 15 gewählten Parlamentsabgeordneten. Im Parlament, dem **St. Vincent House of Assembly,** sitzen insgesamt 21 Abgeordnete: Zu den 15 gewählten gesellen sich sechs vom Generalgouverneur auf Vorschlag des Premierministers (4) und Oppositionsführers (2) ernannte.

▷ Kommt Zeit, kommt Fisch…

Wirtschaft

St. Vincent gehört zu den Karibikländern mit dem geringsten Pro-Kopf-Einkommen. Die Wirtschaft ist **wenig diversifiziert,** natürliche Ressourcen sind Mangelware.

Ein Hauptwirtschaftszweig der Insel ist die **Landwirtschaft,** insbesondere der Bananenanbau. Jede Woche läuft ein Frachter der Geest Industries in den Hafen ein, um die wöchentliche Bananenernte abzuholen.

Die Insel ist weltweit der größte Exporteur der Pfeilwurzpflanze *(Arrowroots),* die bei der Herstellung von Computerpapier benutzt wird.

Im Tal des Rabacca Dry River gibt es **Kokosnussplantagen.** Die Nüsse werden z.T. zu Öl verarbeitet.

Auch in der **Industrie** spielt neben der Montage von elektronischen Bauteilen und derTextilherstellung die Verarbeitung landwirtschaftlicher Produkte eine wichtige Rolle.

Der **Tourismus** als Wirtschaftszweig wird stetig ausgebaut; noch 1975 betrugen die Deviseneinnahmen nur 4,6 Mio. US$, 1995 bereis 47,2 Mio. US$. Nach der Jahrtausendwende kamen 200.000 Touristen jährlich auf die Inseln. Im Zuge der weltweiten Wirtschafts- und Finanzkrise ist allerdings ein starker Einbruch zu verzeichnen.

REISETIPPS

Die reisepraktischen Tipps in diesem Kapitel gelten sowohl für St. Vincent als auch für die Grenadinen, deren wichtigste Inseln im Anschluss an das Kapitel zur Hauptinsel St. Vincent vorgestellt werden.

Anreise

St. Vincent, Canouan und Bequia verfügen über Flughäfen, die für Nachtlandungen geeignet sind. Auf den Grenadineninseln Mustique, Union Island und Palm Island können nur kleine (Propeller-)Maschinen starten und landen.

Airlines

- **American Eagle,** Tel. 456 5555
- **Grenadines Airways,** Tel. 456 6793
- **LIAT,** E. T. Joshua Airport, Tel. 458 4841; Kingstown, Tel. 457 1821; Union Island Airport, Tel. 458 8230
- **Mustique Airways,** Tel. 458 4380
- **SVG Air,** Tel. 457 5124

Botschaften und Konsulate

- **Honorary Consul of the Federal Republic of Germany,** *Dr. Andreas Reymann* (Honorarkonsul), c/o Kingstown Medical College, Ratho Mill, P. O. Box 885, St. Vincent, Tel. 001784 456 8450, Fax 457 5124, germanconsul.vc@gmail. com.

◁ Traumstrand auf der Insel Bequia (Grenadinen)

■ Für **Schweizer und Österreicher** sind die jeweiligen Botschaften in Venezuela zuständig, siehe dazu Kapitel „Reisetipps A–Z: Notfall-Tipps".

Einkaufen

Geschäftszeiten sind Mo–Fr 8–16 Uhr und Sa 8–12 Uhr, auf Bequia 8–12 und 14–18 Uhr.

Typische einheimische Souvenirs sind wie auf den anderen Inseln Batikarbeiten, Ledersachen, Holzschnitzereien, handgearbeitete karibische Puppen und Stroharbeiten. Man erhält diese Sachen in vielen Geschäften oder auch direkt am Strand.

Feste und Feiertage

■ **Neujahr**
■ **St.-Vincent-Tag** (22. Januar)
■ **Bequia Regatta** (März)
■ **Karfreitag**
■ **Ostermontag**
■ **Tag der Arbeit**
■ **Pfingstmontag**
■ **Karneval** (Ende Juni, Anfang Juli)
■ **Tag der Sklavenbefreiung** (3. August)
■ **Unabhängigkeitstag** (27. Oktober)
■ **Nine Mornings** (weihnachtliche Paraden und Tänze vom 16. bis 24. Dez.)

Geld und Preise

Währung und Wechselkurse siehe Kapitel „Reisetipps A–Z: Geld".

Banken

Die Banken haben **geöffnet** Mo–Fr 8–13/15 Uhr sowie Fr 8–15/17 Uhr; die Bank am Flughafen von St. Vincent hat Mo–Sa 7–17 Uhr geöffnet.

Preise

Die Inseln der Grenadinen, ausgenommen Bequia und St. Vincent, sind mit das Teuerste, was diese Ecke der Karibik zu bieten hat. So zahlt man für eine Übernachtung auf Palm Island an die 200 US$. Die Preise für Villen auf Mustique sind exorbitant und können bis zu 15.000 US$ in der Woche betragen.

Vor diesem Hintergrund empfiehlt sich eher ein Tagesausflug mit Flugzeug oder Segelboot in die fantastische Welt der Grenadinen. Von allen beschriebenen Inseln werden Ausflüge durch örtliche Reiseveranstalter angeboten, Kosten ca. 250 US$ pro Person. Die abenteuerlichste und billigste Art ist aber, sich in irgendeinem Hafen ein Schiff zu suchen, das einen auf einer Fahrt zu den Inseln mitnimmt, der Preis ist dann reine Verhandlungssache.

Achtung: St. Vincent plant zukünftig Eintritt für alle Sehenswürdigkeiten zu verlangen.

☑ Fährschiff zu den Grenadinen

Gesundheit

Krankenhäuser

■ **Milton Cato Memorial Hospital,** Kingstown, St. Vincent, Tel. 456 1185.

■ **Kleinere Krankenhäuser** gibt es in **Georgetown** an der Ostküste und in **Chateaubelair** an der Westküste (beides St. Vincent).

■ **Bequia Casualty Hospital Port Elizabeth,** Backstreet, Port Elizabeth, Bequia, Tel. 458 3294.

■ Das Hospital von **Mustique** liegt gegenüber vom Flughafen, Tel. 458 4621.

■ Das Krankenhaus von **Canouan** liegt in Retreat Village, Tel. 458 8305.

■ **Caribbean Medical Imaging Centre** (privat), Kingstown, St. Vincent, Tel. 457 0317.

■ **Maryfield Hospital** (privat), Gun Hill, St. Vincent, Tel. 457 8991, 457 1300.

Zahnärzte

■ **Seventh Day Adventists Dental Clinic,** Kingstown, St. Vincent, Tel. 457 9117 (im Milton Cato Memorial Hospital, s. o.).

▽ An Internetcafés herrscht kein Mangel

St. Vincent: Reisetipps

Informationen

■ **Ministry of Tourism and Culture,** Cruise Ship Terminal, Kingstown, St. Vincent, Tel. 457 1502, Fax 451 2425, tourism@caribsurf.com, Mo–Fr 8–12 und 13–16.15 Uhr
■ **E. T. Joshua Airport Tourist Office,** St. Vincent, Tel. 458 685
■ **Bequia Tourist Office,** am Hafen, Tel. 458 3286, Fax 458 3964, www.bequiatourism.com, So–Fr 9–12.30 und 13.30–16 Uhr, Sa 9–12.30 Uhr
■ **Bequia-Inselkarten** gibt es in Boutiquen und bei Taxifahrern.
■ **Union Island Tourist Office,** Tel. 458 8350, Mo–So 8–12 und 13–16 Uhr

048lu sm

Inselrundfahrten und Ausflüge

■ **Baleine Tours,** Villa, Tel. 457 4089, Fax 457 2432, www.baleinetours.com. Hier kann man außer den üblichen Land- und Wasserausflügen auch eine Tour zu den Filmsets von „Pirates of the Caribbean" buchen.
■ **Corea & Co. Ltd.,** Kingstown, Bay Str., Tel. 456 2158, Fax 456 2204, www.coreascaribbeanadventures.com
■ **Grenadines Tours,** Arnos Vale, Tel. 458 3795, Fax 456 4586, gtv/14@hotmail.com
■ **Haz Eco Tours,** Kingstown, Tel. 457 8634, Fax 4567 8105, www.hazetours.com. U. a. kann man eine lohnenswerte Jeep-Safari buchen
■ **Indigo Tours,** Suite K067, Ratho Mill, Tel. 493 9494, www.indigodive.com

Post und Telefon

Post

Es gibt in jedem kleinen Ort ein Postamt. Das **Hauptpostamt** befindet sich in Kingstown (St. Vincent) in der Halifax Street und ist geöffnet Mo–Fr 8.30–15 und Sa 8.30–11.30 Uhr, Tel. 456 1111.

Das **Post Office** in Port Elizabeth, Bequia ist Mo–Fr 9–12 und 13–15 Uhr geöffnet, Sa 9–11.30 Uhr.

1762 gab es das erste Post Office in Kingstown, 1861 die erste **Briefmarke.** Die Marken stellen meist Motive aus Flora und Fauna dar und sind bei den Sammlern in aller Welt beliebt.

In der Lower Bay Street in Kingstown gibt es eine **Briefmarkenausstellung** im Bay 43 Building.

■ **St. Vincent Philatelic Services Ltd.,** General Post Office, St. Vincent, Tel. 476 1911

Telefonieren

Ferngespräche erledigt man am besten bei einer Filiale der Telefongesellschaft **Digicel,** die es in vielen Orten gibt. Man findet auch überall Telefonzellen, die oft nur mit **Telefonkarten** zu benutzen sind. Karten gibt es für 10, 20, 40 EC$.

Außerdem kann man **Boatphones** kaufen, mieten oder das eigene anschließen; Information: Boatphone in St. Vincent, Tel. 456 2800.

Viele der gängigen europäischen **Handys** funktionieren auf der Insel (siehe Kapitel „Praktische Reisetipps A–Z: Handys"). Es gibt aber auch günstige Leihhandys. Nähere Informationen bei:

■ **Digicel SVG Ltd.,** Tel. 453 3000
■ **Karib Cable,** Tel. 457 1600
■ **LIME,** Tel. 457 1901

Die **internationale Telefonvorwahl** von Europa für St. Vincent und die Grenadinen ist 001 784.

Von St. Vincent und den Grenadinen **nach Europa** nur über die Telefongesellschaften (s. o.).

■ **Notruf:** 999
■ **Polizei:** 1211
■ **Feuerwehr, Notarzt, Krankenwagen:** 611 85
■ **Seerettung:** 457 1211

Sport und Aktivitäten

St. Vincent und die Grenadinen sind hauptsächlich interessant für alle Arten von Wassersport.

Fischen

Das Angeln zum eigenen Vergnügen ist **ohne speziellen Angelschein** erlaubt. Einheimische Fischer stehen auch gern mit Rat und Tat zur Verfügung, besonders in dem kleinen Fischerdorf **Barrouaillie** an der Westküste.

■ **Crystal Blue Sportfishing,** Tel. 457 4532, Fax 456 2232, wefishin@caribsurf.com, für Hochseeangelausflüge

Segelyachten

St. Vincent:
■ **Barefoot Yacht Charters,** Tel. 456 9526, Fax 456 9238, www.barefootyachts.com
■ **TMM Ltd.,** Tel. 456 9608, Fax 456 9917, www.sailtmm.com, Grenadinen-Ausflüge

Bequia:
In Bequia gibt es eine Reihe von Segelyachten, die man für kurze oder längere Ausflüge zu den verschiedenen Inseln der Grenadinen buchen kann.

■ **Day & Term Charters,** Tel. 526 8554 oder 539 3165, www.islandtimeholydays.com. Mayreau und Tobago Cays mit Übernachtung all incl. 275 US$ p. P. 6 Personen nach Mustique 600 US$
■ **Calliope of Arne,** Tel. 518 0272, www.calliope-yachtcharters.com

■**Jambala 73,** ein traditioneller einheimischer Holzschoner, Tel. 417 0773, www.windwardschooner.com. Hier kann man Ausflüge mit zwei Übernachtungen für 550 US$ buchen

■**Tradewinds Cruise Club,** Tel. 457 3407, www.tradewindscruiseclub.com

■**The Lagoon Marina & Hotel,** Blue Lagoon, Tel. 458 4308, Fax 456 8928, www.lagoonmarina.com; Hotel, Bar, voller Marina Service

■**Friendship Rose,** Tel. 457 3739, 529 8046, www.friendshiprose.com. Die wohl spektakulärste Art, die Insel zu erkunden, sind die Tagesausflüge mit dem 100-Fuß-Segelschoner „Friendship Rose". 1967 wurde das Boot in Bequia gebaut. Von 1971 an verkehrte es täglich als Fährschiff zwischen St. Vincent und Bequia, bis es zum Ausflugsboot für Touristen wurde

■**Fantasea Tours,** Tel. 457 4477, 457 5577, 457 5555, www.fantaseatours.com

Union Island:

■**Anchorage Yacht Club,** Tel. 458 8221

■**Captain Yannis,** Tel. 458 8513, palm@vincysurf.com

■**Scaramouche,** Tel. 458 8418. Dieser Nachbau eines alten Schiffes war im Film „Fluch der Karibik" zu sehen.

Canouan:

■**The Moorings,** Tel. 458 8044, www.moorings.com

Bequia:

■**Dive Bequia,** Tel. 458 3504, Friendship Divers, Friendship Bay, Tel./Fax 458 3422, www.friendshipdivers.de, täglich 9–18 Uhr geöffnet

■**Bequia Dive Adventures,** Tel. 458 3826, www.bequiadiveadventures.com

■**Indigo Dive,** Tel. 493 9494, www.indigodive.com, an der Westseite der Insel gelegen, bei der Ottley Hall & Marina

Mustique:

■**Mustique Watersports,** Tel. 488 8486, Fax 488 9000, watersports@mustique-island.com

Canouan:

■**Canouan Dive Centre,** Tamarind Beach Hotel, Tel. 482 0370, 528 8030, Fax 872 1732, www.canouandivecenter.com

Mayreau:

■**Salt Whistle Bay,** Tel. 458 844

Union Island:

■**Grenadines Dive,** Tel. 458 8138, Fax 458 8122, www.grenadinesdive.com

Palm Island:

■**Palm Island Beach Club,** Tel. 458 8824

Petit St. Vincent:

■**Petit St. Vincent Resort,** Tel. 458 8801

Tauchschulen

St. Vincent:

■**Dive St. Vincent,** Tel. 457 4714, Fax 457 4948, www.divestvincent.com; Tauchpakete mit 10 Tauchgängen, Nachttauchen, Ausflüge zu Nachbarinseln

■**Dive Fantasea,** Villa Beach, Tel. 457 4477, Fax 457 5577, www.fantaseatours.com

Reiten

■**Cotton House Hotel,** Mustique, www.cottonhouse.net

■**Emerald Equestrian Centre** in Queensberry bei Penniston/Vermont, Tel. 488 8316, Reitausflüge für Anfänger und Fortgeschrittene, Strand und Regenwald

Squash

- **Cecil Cyrus Squash Complex,** Grand View
- **Beach Hotel,** Prospect Racquet Club

Tennis

- **St. Vincent:** Kingstown Tennis Club, Grand View Beach Hotel; Prospect Racquet Club, Emerald Valley Resort; Casino, Young Island Resort
- **Bequia:** Friendship Bay Hotel; Frangipani Hotel
- **Südliche Grenadinen:** Cotton House Hotel, Mustique; Petit St. Vincent Resort; Palm Island Beach Club; Trump International Golf Club, Mayreau, Tel. 432 0840

Wassersport

- **Aqua Fun Watersport Rental,** Lower Bay, Bequia, Tel. 533 9292, 532 6691, www.aquafun.com

Wandern

- **Firefly Plantation,** Spring, Bequia, Tel. 458 3414, www.fireflyhotels.com. Wer sich für einheimische Früchte und alte Ruinen interessiert, sollte unbedingt an dieser Tour teilnehmen: eine 45-minütige Wanderung über eine alte Plantage, auf der heute Früchte angebaut werden (10 EC$)

> Ein schöner Flecken:
die Admiralty Bay auf Bequia

Die **Highlights** erkennt man im Buch an der gelben Hinterlegung im Kapitel.

⌂ Zurück vom Schnorcheln

DIE INSEL

St. Vincent ist **29 km lang und 17 km breit;** die Insel ist vulkanischen Ursprungs, gebirgig und teilweise mit sehr dichtem Regenwald bewachsen. Im Norden liegt der immer noch tätige, 1234 m hohe Vulkan Soufrière, sein letzter Ausbruch war 1979. Am Fuße des Vulkans leben die letzten Nachfahren der schwarzen Kariben. An der windgeschützten Westküste bei Layou, Questelles, Barrouallie und Chateaubelair gibt es schöne Strände mit schwarzem Sand.

Fortbewegung

Laut Karte besitzt St. Vincent drei Highways. Es handelt sich dabei allerdings keineswegs um das, was wir unter „Highway" verstehen, sondern lediglich um Straßen, die zumindest um die Hauptstadt herum relativ gut ausgebaut sind. Unter dem Rest der Highways hat man sich eine kurvenreiche Berg- und Talstrecke vorzustellen, die in der Carib Community immer schlechter wird.

Für Selbstfahrer ist daher ein **Jeep empfehlenswert,** besonders wenn man bis nach Owia will.

Im Südosten ist wegen des Baus des Argyle International Airport mit Verkehrsbehinderungen zu rechnen.

Flughafen St. Vincent

Der ehemalige Arnos Vale Airport heißt heute **E. T. Joshua Airport** und liegt ca. 4 km südöstlich von Kingstown. Im Flughafen ist ein Büro des **Tourist Office** sowie ein ein Duty-Free-Shop.

Direkt vor dem Flughafen warten **Busse** und fahren regelmäßig **für 1 EC$ in die Hauptstadt.**

Die meisten **Hotels** liegen an der Südküste zwischen Airport und Südostspitze, in der Nähe von Kingstown.

Taxis warten vor dem Flughafen. Es
empfiehlt sich, den Fahrpreis zum Ziel-
ort im Tourist-Office zu erfragen und
vorher mit dem Fahrer abzusprechen. So
kostet die Fahrt vom Flughafen nach
Kingstown ca. 15 EC$ und nach Stubbs
ca. 35 EC$.

Gegenüber dem Flughafengebäude
gibt es eine empfehlenswerte **Autover-
mietung** (s. u.)

Die **Flughafengebühr bei der Ausreise** beträgt 40 EC$.

☑ Gemüse und Obst auf dem Markt in Kingstown

Busse

Am Market Square in Kingstown ist die
**Hauptbushaltestelle am New Kings-
town Fishmarket.** Von hier aus erreicht
man nahezu jeden Punkt der Insel. Für
diese Fahrten braucht man allerdings
starke Nerven. Die Fahrer hier rasen
nach dem Motto „time is money" über
die Insel.

Wenn man in den **Norden** der Insel
will, muss man meist umsteigen, denn
direkte Verbindungen sind selten. So
kann man z. B. mit dem ersten Bus nach
Georgetown fahren, von dort verkehren
Vans nach Fancy. Um nach Richmond
zu gelangen, muss man in Barrouallie
umsteigen. Zum Busfahren braucht man
Zeit. Ein **Tagesausflug nach Mesopota-**

mia kostet 2,50 EC$ und ist ein unvergessliches Erlebnis. Die Minibusse haben Namen, z. B. „Nevah scared" oder „Don't worry".

Taxis

Taxis sind an festgelegte Preise gebunden. Aktuelle Preislisten sind bei der Tourist Information erhältlich. Ein Taxi kostet 40–50 EC$ pro Stunde, wenn man es für Ausflüge mietet.

Mietwagen

Eine **Fahrerlaubnis** für die Insel bekommt man gegen Vorlage des nationalen oder internationalen Führerscheins und eine Gebühr von 65 EC$ am Airport, bei der Polizei in der Bay Street (Kingstown) oder im **Licensing Office** in der Halifax Street (Kingstown), geöffnet Mo–Fr 9–15 Uhr.

Wenn die rasenden Busfahrer zu sehr drängen, einfach am Straßenrand anhalten und sie vorbei lassen.

Auffallend sind die **schönen Ortsschilder,** teilweise stehen alte und neue direkt nebeneinander. Der größte Teil der Sehenswürdigkeiten ist gut ausgeschildert und leicht zu finden.

■ **Avis,** am Flughafen, Tel. 456 6861
■ **Car Rentals Taxi & Tours,** Tel. 526 2621, www.nicholsrentalandtaxi.com
■ **Greg's Rental Services,** Tel. 457 9814, www.gregsrental.com
■ **Lewis Auto World,** Tel. 456 2244, www.lewisautoworld.com
■ **Rent & Drive,** Tel. 457 5601, www.rentanddrivesvg.com

■ **Motorroller: S&T Enterprises,** Tel. 456 4564
■ **Fahrräder: Sailors Cycle Centre,** St. Vincent, Tel. 457 1712

Fähren

Vom Hafen in Kingstown gibt es Fährverbindungen **zu den einzelnen Inseln der Grenadinen.** Die Boote legen am Grenadines-Dock ab.

■ Der Fährverkehr von und nach Bequia wird von den Schiffen **„M/V Bequia Express"** und **„M/V Admiral"** abgewickelt (Tel. 458 3286). Das Ticket kostet 20 EC$ für eine Strecke, hin und zurück 35 EC$. Die Fahrzeit beträgt 1 Stunde.
■ Die **„M/V Jaden Sun"** ist eine Schnellfähre, die nur 25 Min. von St. Vincent nach Bequia braucht. Ticket für die einfache Fahrt 30 EC$, Tel. 451 2192, 493 7177.
■ **„MV Barracouda",** das Postboot, fährt zweimal wöchentlich über Canouan und Mayreau nach Union Island.
■ Die **„MV Gem Star"** (Tel. 526 1158, 493 6500, 457 4157) fährt Di und Fr über Canouan nach Union Island sowie Mi und Sa von Union Island über Canouan nach Kingstown.
■ **„MV Canouan Bay",** Tel. 457 2619, das Segelschiff verkehrt zweimal wöchentlich zwischen St. Vincent und Canouan. Segelzeit 3 Stunden. Ticketpreis 20 EC$ pro Person.
■ Nach Mustique fährt die **„M/V Endeavour",** Tel. 457 1531, Fahrzeit 2 Std.

Die Abfahrtszeiten und Routen der Schiffe ändern sich häufig, also sollte man vor Ort noch einmal nachfragen.

Kingstown (City of Arches)

Am Hafen

Die Hauptstadt von St. Vincent hat über 34.000 Einwohner und liegt malerisch in einer grünen Bucht zu Füßen des 736 m hohen Mount St. Andrew und des Dorsetshire Hill. Im Hafen herrscht jeden Tag Hochbetrieb. Am östlichen Ende legen die **Kreuzfahrtschiffe** an und die Touristen starten von hier ihre Stadtbesichtigung. Direkt nebenan ankern die **Fährschiffe** nach Bequia und das **Postboot** für die Grenadinen.

Folgt man von dort der Upper Bay Street in westlicher Richtung, gelangt man zum **Fischmarkt** und zur **Minibushaltestelle.**

Gegenüber befindet sich einer der Eingänge zu dem großen, dreistöckigen, hellorange gestrichenen **Marktgebäude.** Unten werden Obst und Gemüse verkauft, oben Kleidung und Andenken. Imbissstände bieten preiswerte einheimische Mahlzeiten an, wie z. B. *breadfruit* und *saltfish* oder *fishcake*. Besonders empfehlenswert sind die frischen Fruchtsäfte.

Die **Hauptgeschäftsstraße** von Kingstown zieht sich von der Tyrell Street über die Greenville St. bis zur Halifax St. Hier findet man auch die meisten Banken und die Büros der Fluggesellschaften. Der größte Teil der Gebäude stammt noch aus dem 17. und 18. Jh. Die vielen **Rundbögen** dieser Häuser gaben Kingstown den Beinamen „City of Arches". Leider sind viele heute in einem erbarmungswürdigen Zustand.

Kirchen

Wer gern alte Kirchen besichtigt, kommt in Kings-town voll auf seine Kosten. Gleich drei sehenswerte Kirchengebäude liegen in der Nähe der Grenville Street dicht beisammen. Östlich des Victoria-Parkes liegt die **Anglican Cathedral of St. George.** Sie ist nicht sehr groß, heißt aber Kathedrale, da St. Vincent der Sitz des Bischofs der Windward-Islands ist. Die erste Kirche, die hier stand, stammte aus dem Jahr 1720, und sie ereilte das Schicksal der meisten karibischen Kirchen: Sie wurde 1780 von einem Hurrikan zerstört. Die heutige Kirche baute man 1820 in klassischer Schönheit wie-

der auf, zwischen 1880 und 1887 fügte man noch Teile hinzu. Im Zentrum der Kirche befinden sich Gedenksteine im Fußboden, die an die Kriege zwischen den Black Caribs und den Engländern 1795–97 erinnern. An den Wänden der Kirche sind weiße Gedenktafeln für gefallene Soldaten angebracht. So erinnert eine Tafel an den britischen Kommandanten *Alexander Leith,* der 1795 den Karibenhäuptling *Chatoyer* tötete.

Nicht weit davon entfernt befindet sich die römisch-katholische **St. Mary's Cathedral.** Der belgische Priester *Dom Charles Verbeke* errichtete sie zwischen 1877 und 1882 in verschiedenen Stilen. Die Kirche ist maurisch, hat gotische Türme, romanische Torbögen und eine barocke Ausschmückung. Dieses Stilgemisch gibt ihr ein dramatisches Aussehen. Über einem Torbogen im Innenhof hängt das steinerne Antlitz des Erbauers.

Die dritte Kirche ist die **Methodistenkirche.** Von außen ist sie aus massivem Stein und ziemlich schmucklos, innen ist sie azurblau und weiß gestrichen, und das Licht, das durch die kunstvollen bunten Glasfenster fällt, tut ein Übriges. Als Beleuchtung hängen riesige Kronleuchter an der Decke.

⌂ Im Botanischen Garten

Kingstown

0 ▬▬ 100 m © REISE KNOW-HOW 2013

1 Maryfield Hospital
Botanischer Garten
Dr. Cecil Cyrus Museum

Victoria Park
Milton Cato Memorial Hospital
St. Mary's Cathedral
St. George's Cathedral
Fort Charlotte und St. Vincent-Museum
Methodistenkirche
Grenville Street
Higginson
Bibliothek
2
Gerichts-gebäude
Fischmarkt
Markt
Zentrum
Hillsboro
Halifax St.
Egmont
3 Flughafen
Long Lane
Upper
Upper Bay St.
South River
Granby St.
Vigie Hwy.
St. Vincent Craftsmen-Centre
Kingstown Hafen
James St.
Adventist Kirche
Hafen-bezirk
Grenadines Wharf
Sharpe
Schiffsanlegestelle
Deep Water Wharf
Bedford

■ Übernachtung
1 New Montrose Hotel
3 Adams Apartments
6 Cobblestone Inn
8 Heron Heritage Hotel
9 Bridge House Hotel

■ Einkaufen/Sonstiges
4 LIAT (Airline)
7 Noah's Arcade

Fort Charlotte

Das Wahrzeichen der Insel ist das auf dem 180 m hohen **Berkshire Hill** gele-gene Fort Charlotte im Westen der Kingstown Bay. Das Fort stammt aus dem Jahre 1806 und wurde nach der Frau des englischen Königs *Georg III.* benannt. Anders als bei den anderen In-seln, wo alle Kanonen stets aufs Meer ge-richtet sind, zeigen die meisten Kanonen von Fort Charlotte ins Landesinnere, denn zur Zeit der Erbauung kam die größte Bedrohung von den Carib-Indianern im Urwald der Insel.

In den ehemaligen Offiziersunter-künften ist auch das **St. Vincent Mu-seum** untergebracht. Es zeigt eine schö-

St. Vincent: Die Insel

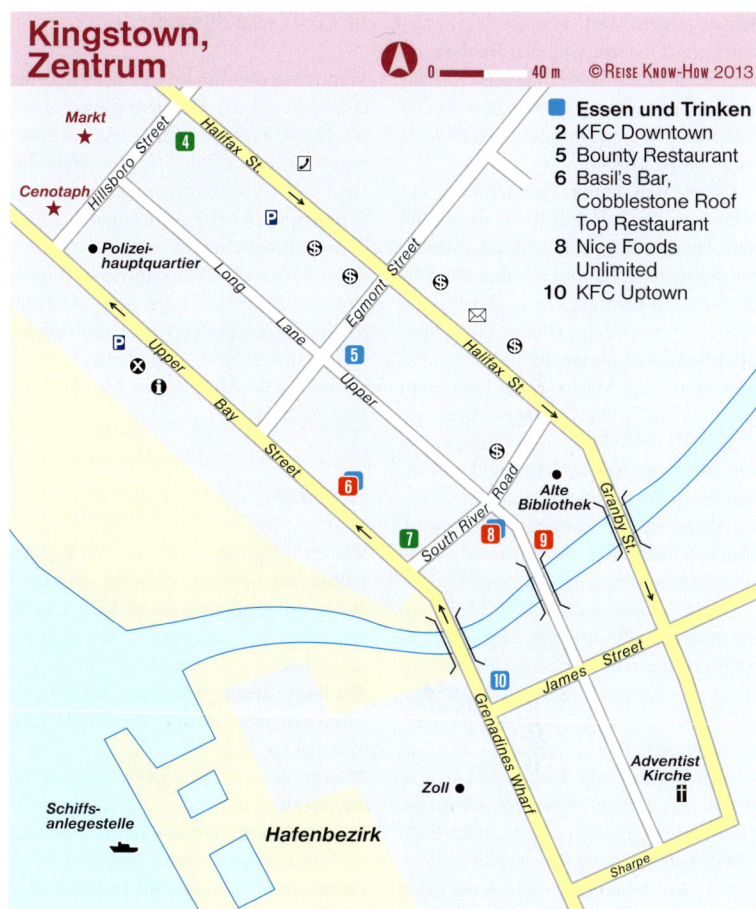

Kingstown, Zentrum

0 ——— 40 m © REISE KNOW-HOW 2013

Markt ★

Cenotaph ★

● *Polizei-hauptquartier*

Hillsboro Street

Halifax St.

Long Lane

Egmont Street

Upper Bay Street

Upper

Halifax St.

Granby St.

South River Road

● *Alte Bibliothek*

James Street

Grenadines Wharf

Zoll ●

Adventist Kirche

Schiffs-anlegestelle

Hafenbezirk

Sharpe

■ Essen und Trinken

2 KFC Downtown
5 Bounty Restaurant
6 Basil's Bar, Cobblestone Roof Top Restaurant
8 Nice Foods Unlimited
10 KFC Uptown

4 **5** **6** **7** **8** **9** **10**

---

ne Gemäldesammlung, auf der man die Geschichte der Black Caribs verfolgen kann. Gemalt hat die Bilder der einheimische Künstler *Lindsay Prescott.* Man erreicht Fort Charlotte zu Fuß von der Stadtmitte in ca. 20 Min. Eintritt frei.

Botanischer Garten

Östlich von Fort Charlotte liegt am Nordrand von Kingstown der Botanische Garten. Hier wurden schon 1765 Heilpflanzen angebaut, und es ist der älteste botanische Garten der westlichen Welt. Man betritt ihn durch ein verziertes Tor über eine Brücke und fühlt sich in eine andere Welt versetzt. Es gibt riesige Gummibäume und den **Baobab,** einen der größten und langlebigsten Bäume der Welt. Dieser Baobab hier ist 227 Jahre alt, und sein Stamm hat einen Umfang von ca. 15 m.

Es gibt den **Ylang-Ylang-Baum,** der sehr exotisch duftet und aus dessen Öl man Parfüm herstellt, und die **Honduras-Mahagoni,** Bäume die über 100 Jahre wachsen, einmal blühen, ihre Samen verstreuen und dann sterben. Im **Papageienhaus** sind einige der buntesten Papageien untergebracht, die es überhaupt gibt. Der St.-Vincent-Papagei *(Amazona Guildingi)* ist eine seltene, vom Aussterben bedrohte Art, und nur 800 von ihnen leben noch in freier Wildbahn. Dieser Vogel ist der Nationalvogel von St. Vincent und den Grenadinen (siehe auch Exkurs „St.-Lucia-Papagei").

Der Nationalbaum von St. Vincent, der **Soufrière-Baum** *(Spacheaperforata),* ist hier ebenfalls vertreten. Er kommt sonst nur an den Hügeln des Soufrière vor. Außerdem steht hier der legendärste **Brotfruchtbaum;** auf einer Tafel an seinem Stamm steht: *Breadfruit (Artocupos lncisa): A sucker from one of the Original plants introduced by Captain Bligh 1783 on H. M. S. Providence to St. Vincent.* Es handelte sich dabei um die Fahrt mit der berühmten „Bounty".

Avocado-, Mango-, Teak- und Roseapple-Bäume geben einem das Gefühl von *Alice im Wunderland.* Das immer noch auf dem Wegweiser verzeichnete Museum gibt es nicht mehr. Angeblich ist alles gestohlen worden.

■ Der Botanische Garten ist täglich 6–18 Uhr **geöffnet,** Eintritt frei.

Dr. Cecil Cyrus Museum

Wenn man den Botanischen Garten verlässt und auf der Hauptstraße rechts in nördlicher Richtung fährt, liegt nach wenigen Metern auf der rechten Seite das Dr. Cecil Cyrus Museum. Hier hat ein **Chirurg** in den 40 Jahren seiner Tätigkeit alle möglichen Kuriositäten aus seinem Berufsleben zusammengetragen: alte medizinische Geräte, Fotos und 700 pathologische Seltenheiten, die in Gläsern eingelegt sind – ein kleines Gruselkabinett. Das Museum ist Mo–Fr 9–15 Uhr geöffnet.

Einkaufen

■ In der Halifax Street kann man **bei Voyager zollfrei** Parfum, Kameras, Uhren usw. einkaufen.

■ Wer Schmuck erwerben möchte, ist bei **Y. De Lima,** Ecke Upper Bay und Egmont Street, am besten aufgehoben.

■ In **Noah's Arcade** in der Upper Bay Street bekommt man schöne Souvenirs, einheimische Batik, Postkarten und Bücher.

■ Das größte Buchangebot der Insel findet sich im **Wayfarer Bookstore** in der Upper Bay Street.

■ Im **St. Vincent Craftsmen Centre** in der Nähe des Busbahnhofs hat man die größte Auswahl an einheimischem Kunsthandwerk. Ein Besuch lohnt sich in jedem Fall, schon allein zum Ansehen.

Banken

■ **First Caribbean International Bank,** Halifax Street, Tel. 456 1706

■ **National Commercial Bank of St. Vincent,** Bedford Street, Tel. 457 1844; Halifax Street, Tel. 457 1622; Airport (mit verlängerten Öffnungszeiten), Tel. 458 4943

St. Vincent: Die Insel

■ **RBTT Bank,** 81 South River Road, Tel. 456 1501, www.rbtt.com

■ **Scotiabank,** Halifax Street, Tel. 457 1601

Unterkunft

■ **Cobblestone Inn** €€€–€€€€, Bay Street, Tel. 456 1937, Fax 456 1938, www.thecobblestoneinn.com, 26 Zimmer. Das alte Steingebäude stammt aus dem Jahr 1914 und war früher ein Lagerhaus für Zucker und Arrowroots. Alle Zimmer liegen an der Wasserseite und haben ein Bad. Es gibt einen Dachgarten mit Restaurant, und der Bootsanleger ist nur wenige Minuten entfernt. Gemütlich und ruhig, nur morgens manchmal zuviel Straßenlärm

■ **The Heron Heritage Hotel** €€€–€€€€, Banana Dock, Tel. 457 1631, www.svghotels.net/member/heron-heritage-hotel, 15 Zimmer, einfach, sauber, viel Flair, alle mit Bad, Restaurant im Haus

■ **New Montrose Hotel** €€€–€€€€, Tel. 457 0172, Fax 457 0213, www.newmontrosehotel.com, oberhalb von Kingstown nahe des Botanischen Gartens, schöne Aussicht, Zimmer z. T. mit Küche, Balkon, TV

■ **Bridge House** €€, Heritage Square, zwischen James Street und South River Road, Tel. 457 1631

■ **Adams Apartments** €€, nahe Flughafen, Tel. 458 4656, Fax 456 4728, www.adamsapts.com, 6 Zimmer, 3 Apartments für Selbstverpfleger, alle Zimmer mit AC, TV, Internet und Ventilator

Unterkunft nahe Kingstown

■ **Bay Hill Apartments** €€, Sion Hill, Tel. 456 5419, www.bayhillapts.com, 23 Apartments

☑ Wenige Kilometer südlich der Hauptstadt liegt der Strand der Indian Bay

St. Vincent Südküste

0 ▬▬ 200 m © Reise Know-How 2013

Belmont

Kingstown

1
2

E. T. Joshua
Airport

Upper Villa

Arnos Vale

Rose
Cottage

3

4

Villa
Point

Indian
Bay

5

6

Glen

V i l l a

7

Villa
Beach

8

9 10
11
@

12

Polizei

Brighton Village

Young
Island

Rookers
Point

Windward Highway

Calliaqua

13

Calliaqua
Bay

Blue
Lagoon

Johnson Point

■ **Übernachtung**
1 Adams Apartments
3 Villa Lodge Hotel
4 Grand View Beach
  Hotel & Grill
5 Skyblue Beach
  Apartments
6 Rosewood Apartments
7 Beachcombers Inn
9 Mariners Hotel
10 Paradise Beach Hotel

■ **Essen und Trinken**
11 French Veranda
   Restaurant
12 Marcomay

■ **Wassersport**
8 Dive St. Vincent
13 Barefoot Yachtcharters

■ **Sonstiges**
2 System Car Rentals

■ **Crystal Heights** €, Cane Garden, Tel. 456 4386,
Fax 456 6389, 9 Zimmer
■ **Tropic Breeze Hotel** €–€€€, Queens Drive, Tel.
458 4618, Fax 456 4592, www.tropicbreezesvg.
com, 12 Zimmer

Restaurants

In Kingstown gibt es eine Reihe von Restaurants,
die **teilweise sehr preiswert** sind, die meisten
davon liegen in der Grenville Street.

■**Aggie's Restaurant & Bar,** Grenville Street, Tel. 456 2110, Lunch Mo–Fr 11–14 Uhr, Dinner Mo–Sa ab 20 Uhr

■**The Attic Sports Bar & Restaurant,** Grenville Street, Tel. 457 2558, Lunch Mo–Fr 11–14 Uhr, Dinner Mo–Sa ab 20 Uhr

■Internationale Küche serviert man in **Basil's Bar & Restaurant,** Bay Street, Tel. 457 2713

■**Bounty Restaurant,** Halifax Street, Tel. 456 1776, 456 2915, westindisches Essen und Fastfood, aber sehr gut

■**Cobblestone Roof Top Restaurant** (siehe „Unterkunft"), Tel. 456 1937

■**J. Bee's,** Grenville Street, besonders preiswert

■**KFC Downtown,** Ecke Grenville und Melville Street, Tel. 457 2612, So 11–22 Uhr, Mo–Fr 10–23 Uhr, So 10–00 Uhr, Lieferservice Mo–Fr 10–18 Uhr; **KFC Uptown,** Ecke James Street und Grenadines Wharf, Tel. 457 2013, So 6–9 und 9.30–22 Uhr, Mo–Do 9.30–21 Uhr (beide Kentucky Fried Chicken haben Lieferservice)

■**Nice Foods Unlimited,** The Heron Heritage Hotel (s. o.), Tel. 456 1391

■**Vee-Jay's,** Tel. 457 1395, Lower Bay Street

Die Südküste

Die einzigen weißen Strände auf St. Vincent sind Villa Beach und Indian Bay. In der Mitte nur durch einen kleinen Hügel getrennt, spielt sich hier das touristische Leben der Insel ab. Hier finden sich die meisten Hotels, Restaurants und Geschäfte. Der Blick auf Young Island und die anderen Grenadinen ist traumhaft. Am östlichen Ende der Südküste liegt die Blue Lagoon mit dem Barefoot-Yachtanleger und der Lagoon Marina.

Unterkunft Villa Beach

■**Beachcombers Hotel** €€€, Villa Beach, Tel. 458 4283, Fax 458 4385, www.beachcombershotel. com; 14 Zimmer, liegt am Strand, mit Verwöhnprogramm: Aromatherapie, Sauna, Reflexzonenmassage, türkisches Bad

■**Hillside Apartments** €€–€€€, Tel. 457 5134, www.hillsideapartmentssvg.com

■**Paradise Beach Hotel** €€€€, Villa Beach, Tel. 457 4795, www.paradiseinnsvg.com, mit Bar und Restaurant, Gruppenermäßigung für Rentner und große Familien

Unterkunft Indian Bay

■**Grand View Beach Hotel** €€€€, Indian Bay, Tel. 458 4811, www.grandviewhotel.com; 19 Zimmer, das Hotel liegt auf einem Hügel, inmitten eines üppigen Gartens mit Pool und bietet einen schönen Ausblick aufs Meer und die anderen Inseln. Restaurant, Bar, Tennisplatz, Squash Court und ein ruhiger Strand unterhalb des Hotels gehören zu den weiteren Annehmlichkeiten

■**Sea Splash Apartments** €€€–€€€€, Indian Bay, Tel. 431 1085, www.seasplashapartments.com, 7 Zimmer, nur wenige Meter vom Strand entfernt, alle Zimmer mit Balkon

■**Skyblue Beach Apartments** €€, Indian Bay, Tel. 457 4394, Fax 457 5232, www.skybluebeach.com, 7 Zimmer

■**Mariners Hotel** €€€€, Villa Bay Beach, Tel. 457 4000, Fax 457 4333, www.marinershotel.com, 20 Zimmer mit toller Aussicht, Restaurant French Verandah, Pool, Internetcafé

■**Villa Lodge Hotel** €€€€, Tel. 458 4641 Fax 457 4468, www.villalodge.com, 10 Zimmer, auf Wunsch mit Verpflegung; liegt nahe der Indian Bay inmitten eines Tropengartens; mit Restaurant und Bar

Unterkunft Rose Cottage

■**Rosewood Apartment Hotel** €€€, Rose Cottage, Tel. 457 5051, Fax 457 5141, www.rosewood-svg.com, 10 Zimmer und Apartments, von Babysitting bis zur Inselrundfahrt wird alles arrangiert

Unterkunft Arnos Vale

■ **Adams Apartments** €, Arnos Vale, Tel. 458 4656, Fax 456 4728, abel@caribsurf.com, mit Bar und Restaurant

■ **Riverside Apartments** €, Arnos Vale, Tel. 456 6319, www.riverapt.com

Restaurants und Nightlife

■ **Beachcombers,** Villa Beach, im gleichnamigen Hotel (s. o.), westindisch/international, Open-Air-Restaurant am Strand, täglich 7–22 Uhr geöffnet, Karneval-, Halloween- und Weihnachtspartys

■ **Grand View Grill,** Indian Bay, Steaks, Pizza & Pasta, Snacks, Di–So ab 14 Uhr geöffnet

■ **Marcomay** und **Ivana,** die beiden z. Z. angesagtesten Spots der Insel liegen am Windward Highway in Villa, BBQ, Karaoke, Take Away Food – für jeden etwas

Young Island

Die 10 ha große Insel südöstlich von Kingstown ist eine einzige **luxuriöse Ferienanlage** mit 29 Bungalows zwischen Palmen, anderen tropischen Pflanzen und 40 Hibiskusarten (www.youngisland.com). Man kann auch Ausflüge zu dem vor der Küste auf einem 900 Fuß hohen Felsen gelegenen **Fort Duvernette** aus dem 18. Jh. unternehmen.

Calliaqua

In dem kleinen Ort südöstlich von Kingstown findet jeden Freitagabend ab 8 Uhr der „Culture Pot" statt, ein **Kulturfest** mit Musik, Tanz, einheimischer Küche und Kunsthandwerk.

Brighton Salt Point

An der Südostspitze der Insel zwischen Pembroke und Brighton liegt ein pitoresker Salt Point: eine schwarze **Felsformation** mit kleinen Badepools und einer spektakulären Aussicht auf die Grenadinen. Ein beliebtes Ausflugsziel zum Baden, Picknicken oder Fischen. Bar, WC und Parkplätze sind vorhanden.

Die Westküste

Der Leeward Highway an St. Vincents Westküste ist eine kurvenreiche, berg- und talwärts führende Küstenstraße. Der Regenwald fällt manchmal steil bis zum Strand ab. Dazwischen kleine malerische Dörfer und schwarzsandige Buchten – eine pittoreske Landschaft. Vor der Küste sind hervorragende Tauch- und Schnorchelmöglichkeiten. Besonders am Dinosaur Head, einer mit Korallen und Schwämmen bewachsenen Steilwand, beim Byahaut Point.

■ Nur 4 km von Kingstown entfernt liegt an einer versteckten Bucht das **Petit Byahaut Resort** €€€€ – Ende 2012 war es nicht in Betrieb und stand zum Verkauf.

Buccament Valley

Die Straße führt an der Westküste entlang von Kingstown nach Chateaubelair. Die erste Bucht nach Kingstown, an der die Straße wieder das Meer erreicht, ist Buccament Bay. Buccament Valley liegt **inmitten von üppigem Regenwald** und ist das beste **Vogelbeobachtungsgebiet** der Insel. In der Gegend gibt es viele schöne Wanderwege. Sie sind von unterschiedlicher Länge und nicht so anstrengend wie die Vulkanbesteigung.

Vermont Nature Trails

Eines der schönsten Wandergebiete St. Vincents sind die 45 km² Regenwald im unteren Teil des Buccament Valley, wo sich die Vermont Nature Trails befinden. Betrieben von der Forestry Division und unterstützt vom **WWF (World Wildlife Fund)** entstand hier ein Naturschutzgebiet, dessen Wanderpfade noch aus der Zeit der Arawak und Karibenindianer stammen.

Heute ist hier gleichzeitig das **St. Vincent Parrot Reserve,** denn auch der im Volksmund „**Vincie**" genannte St.-Vincent-Papagei ist vom Aussterben bedroht. Ca. 100 von ihnen leben hier und können von einem speziellen Aussichtspunkt beobachtet werden. Das ganze Gebiet ist gut ausgeschildert, es gibt Treppen, Brücken und Aussichtspunkte, alles schön in die Landschaft eingepasst.

Von hier aus kann man auch **andere Sehenswürdigkeiten** der Insel wandernd erreichen, unter anderem die Wallilabou Falls, Richmond Beach, Trinity Falls, Falls of Baleine, Owia Salt Point und den Vulkan Soufrière. Nähere Informationen gibt es bei der Forestry Division oder dem Touristenbüro in Kingstown.

Layou

Bei Layou, 12 km von Kingstown entfernt, liegt der **Layou Petroglyph Park,** in dem sich große Steine mit indianischen Gravuren finden. Besonders beeindruckend ist ein Stein mit dem Gesicht des Arawak-Gottes *Yocahu.* Am Ortsausgang weist rechts ein Wegweiser zum Park (täglich 9–17 Uhr geöffnet).

■ **Hamilton House Motel** €, Layou, Tel. 456 0124, 12 Zimmer

Mt. Wynne Beach

In der Mt. Wynne Bay liegt **eine der schönsten schwarzsandigen Badebuchten** der Insel. Picknickplätze sind vorhanden.

Barrouallie

Ein weiterer **Petroglyph** steht nur wenige Kilometer entfernt am Ortsausgang von Barrouallie (sprich: Bar-Relly). Er zeigt ein Gesicht, das von 13 Strahlen umgeben ist. Nur mit Hilfe Einheimischer zu finden.

▷ Steingravur im Layou Petroglyph Park

Barrouallie ist besonders bekannt als **Walfangort.** Bis heute werden hier *Black Fish* gefangen; am Strand sieht man zahlreiche farbenfrohe Boote.

Nördlich von Barrouallie liegen die 20 m hohen **Wallilabou Falls,** wo das Wasser in einen kühlen Naturpool fällt. Toiletten, Umkleideräume und ein Picknickplatz sind vorhanden. Auf der anderen Straßenseite ist eine **Muskatnussplantage.** Man erreicht die Wasserfälle mit dem Bus in Richtung Barrouallie, Abfahrt Kingstown, Little Tokyo Fishmarket.

Der nächste herrliche schwarze Strand ist **Keartons Bay** mit idealen Schnorchelmöglichkeiten.

Wallilabou Bay

War die Wallilabou Bay bisher nur eine geschützte Bucht mit Yachtanleger und einem kleinen Hotel, ist sie seit den **Dreharbeiten zu dem Film „Fluch der Karibik"** St. Vincents Touristenattraktion Nr. 1. Hier wurden die Kulissen von Port Royal aufgebaut und ein großer Teil des Films gedreht. Der Besitzer ließ die Kulissen stehen und integrierte sie in sein Hotel. In dem Open-Air-Restaurant kann man noch jede Menge Filmrequisiten bewundern. Einziger Wermutstropfen: Die Kulissen wurden natürlich nicht für die Ewigkeit gebaut und der Besitzer hat Schwierigkeiten, sie zu erhalten. An einigen Stellen bröckelt es bereits.

◼ Gegenüber der Einfahrt zum Strand werden an der Straße **Getränke und Kunsthandwerk** verkauft. Das eigentliche **Craft Centre** liegt oberhalb der Bucht.

◼ **Wallilabou Anchorage Hotel** €€€, Tel. 458 7270, www.wallilabou.com; mit Restaurant

Hinter Wallilabou wird die Straße immer schlechter und kurvenreicher. Es gibt auch keine Tankstelle mehr. Die traumhafte Landschaft entschädigt allerdings mehr als genug.

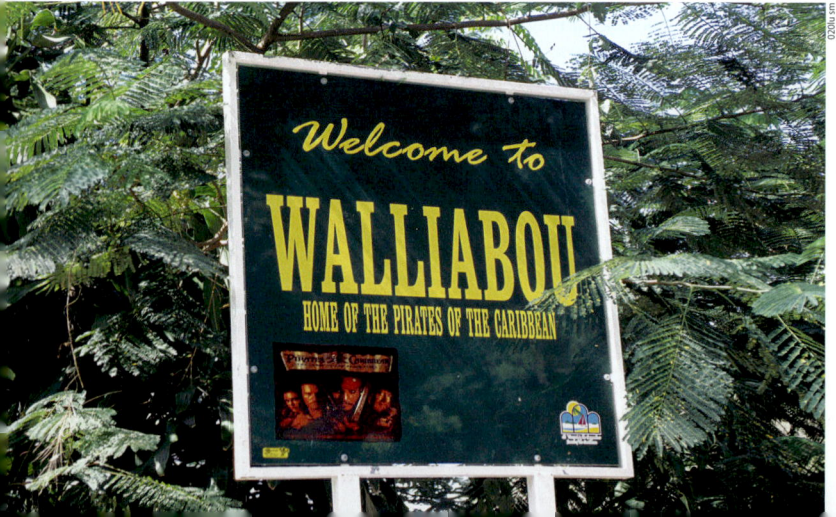

Cumberland Bay

Die Cumberland Bay ist die tiefste und wildeste Bucht an der Westküste. Hier treten oft große Thunfischschwärme auf. Die Kokospalmen stehen bis dicht an den dunklen Strand. Von dem etwas höher gelegenen Ort Cumberland hat man einen sagenhaften Ausblick.

Trumaca Bay

Eine schmale, geschützte Bucht mit Ankermöglichkeiten und einer **schönen Schnorchelstelle** am nördlichen Ende.

Chateaubelair

Das **malerische Fischerdorf** mit seinen zwei Kirchen und der Polizeistation liegt direkt am Meer. Hier spielt sich noch ein Großteil des Dorflebens auf der Straße ab. Die Landschaft ist geradezu dramatisch mit ihren Bergen und Klippen. **Super Schnorchelmöglichkeiten,** Anlegestelle für Yachten sowie ein kleines Zollamt. Mit einem einheimischen Führer kann man einen 40-minütigen Fußmarsch zu den Darveo Falls unternehmen oder eine Tageswanderung zum Soufrière machen oder mit dem Boot zu den Falls of Balleine bzw. den Tauchstellen bei der vorgelagerten Chateaubelair-Insel fahren.

Richmond Beach

Kurz bevor man den Richmond Beach erreicht, kann man einen Abstecher zu den **Dark View Falls** machen. Zwei

Wasserfälle stürzen in einen herrlichen Badepool. Der Fußweg vom Parkplatz dauert nur 10–15 Minuten. Für den Besuch der einige Kilometer weiter gelegenen **Trinity Falls** sollte man einen halben Tag einplanen. Beide Wasserfälle liegen sehr einsam, deswegen sollte man sich einen ortskundigen Führer nehmen.

Am Ende der Hauptstraße erreicht man den Richmond Beach, einen von Palmen gesäumten, **schwarzsandigen Badestrand.** Am Südende des Strandes werden die für die Insel so typischen schwarzen Steine für verschiedene Bauprojekte sortiert.

■ **Richmond Vale Nature & Hiking Centre,** Tel. 492 4058, www.richmondvalehiking.com, ideal für Natur- und Pferdeliebhaber und junge Leute. Hier kann man einfache Zimmer mieten (bis zu 3 Pers., 25 US$, Frühstück 5 US$, Mittag- und Abendessen jeweils 10 US$). Es werden auch Wandertouren angeboten, z. B. eine Tagestour zum Gipfel des Soufrière-Vulkans: 85 US$ für eine Person, ab drei Teilnehmer 50 US$ pro Pers. Zudem gibt es Touren zu Wasserfällen, Ausflüge mit Pferd, Reitstunden etc.

Osten und Norden

Man verlässt Kingstown auf dem Vigie Highway Richtung Osten. Die Hauptstraße nach Georgetown ist schmal, unbefestigt und windet sich durch Berge und Täler. Die Kurven sind so atemberaubend wie der Anblick der grünen, fruchtbaren Landschaft mit kleinen Farmen und Bananenplantagen.

Die Ostküste ist wegen der starken Strömung zum Baden nicht geeignet!

St. Vincent: Die Insel

Argyle

Der **bekannteste Strand** ist der Argyle Beach. Hier in der Nähe wird gerade der internationale Airport von St. Vincent gebaut. Vermutlich wird er 2012 fertig gestellt sein. Bei den Bauarbeiten wurden Tonscherben und Überreste eines prähistorischen Longhouses der Ureinwohner gefunden.

■ **P'Tani Resort** €–€€, Argyle, Tel. 458 6118, 9 Zimmer, für Rollstuhlfahrer geeignet

Mesopotamia Valley

Eines der schönsten und fruchtbarsten Täler der ganzen Karibik ist das Mesopotamia oder Marriaqua Valley. Hier gibt es Bananen-, Kakao-, Muskatnuss-, Pfeilwurz- und Brotfruchtbaumplantagen. Die Flüsse Yambou, Zenga und Teviot fließen zusammen durch die **Yambou-Schlucht** in den Atlantik. Überragt wird diese Idylle vom 970 m hohen **Grand Peak** oder **Grand Bonhomme.**

Nördlich von Mesopotamia liegt das alte **Montreal-Plantagenhaus** in einem riesigen Garten gleichen Namens. Zu Füßen des majestätischen Grand Bonhomme erstrecken sich diese schönen Gärten über ein Gebiet von 7,5 ha. *Douglas Brisbane* begann hier in den 1970er Jahren, **rote Anthurien** zu pflanzen. Als *Timothy Vaughan* die Gärten 1994 übernahm, setzte er diese Tradition fort und gestaltete den Garten auf seine eigenwillige Art. Heute gehören die Montreal Gardens zu den schönsten und artenreichsten der gesamten Karibik. Tel. 458 1198, montreal @caribsurf.com, 1.12.–31.8. Mo–Fr 9–16 Uhr, Eintritt: 5 EC$.

Colonaire

In Colonarie (sprich: Con-a-ree), am Ende des gleichnamigen Strandes, kann man eine **Pfeilwurz-Plantage und -Fabrik** besichtigen.

Georgetown

Georgetown, die **zweitgrößte Stadt der Insel,** lebte einst vom Zuckerrohranbau und ist seit dem Verfall des Zuckerpreises ziemlich heruntergekommen.

Ein Stück hinter Georgetown liegt das tiefe, meist ausgetrocknete Flusstal des

Rabacca Dry River. Hier kann man noch Reste der Lavaströme vergangener Soufrière-Ausbrüche sehen.

Hinter der Brücke breiten sich die **Orange Hill Estates** aus, mit einer Fläche von 1295 ha die größte Kokosnussplantage der West Indies.

In dem Dorf **Sandy Bay** leben heute die meisten Nachkommen der Black Caribs. In der Carifuna Bakery (direkt an der Hauptstraße) gibt es die besten *coconut tartes* der ganzen Insel!

■ **Ferdies Footstep Guest House** €–€€, einfaches Guest House am Strand bei Georgetown, 6 Zimmer, Tel. 458 6433

2 km hinter Georgetown endet der Highway und die Straße wird schmal und holprig. Nach weiteren 2 km beginnt hinter Waterloo das Gebiet der schwarzen Kariben *(Carib Community).*

Owia

Einige Fahrminuten hinter Sandy Bay erreicht man Owia. Die Straße führt durch den **Black Point Tunnel,** der

△ Wohnhäuser in Owia

Grand Sable mit Byera Bay verbindet. Nach dem zweiten Krieg mit den Karibenindianern 1796 wurde das Land nördlich von Byera in Zuckerrohrplantagen umgewandelt. 1815 ließen die Engländer den Tunnel mit Hilfe von Sklaven bauen, um den Weg für den Zuckertransport zu vereinfachen. Der Tunnelbau war für die damalige Zeit eine Glanzleistung. Bis heute ist er die einzige Straßenverbindung vom Süden der Insel in den Norden. Er ist so schmal, dass immer nur ein Auto durchfahren kann. Auch dieser Tunnel war einer der Drehorte von „Fluch der Karibik".

Nicht weit von hier kann man noch eine Pfeilwurz-Fabrik besichtigen und anschließend ein erfrischendes Bad im **Owia Salt Pond** nehmen. Ein gepflegter Park mit Picknickplätzen und Waschräumen. Eine Treppe führt zum Meer, wo man zwischen den Felsen herrlich baden kann. Auch für Nichtschwimmer geeignet. Hier ist es sehr einsam, wochentags ist man oft ganz allein.

Falls of Baleine

Wenige Kilometer hinter Fancy, bereits auf der Westseite der Insel, liegen unmittelbar an der Küste die Falls of Baleine. **Aus 20 m Höhe fällt das Wasser senkrecht in einen klaren, tiefen Pool.** Die Wasserfälle sind nur per Boot zu erreichen oder über einen schmalen Fußpfad von Fancy. Diese Wanderung dauert ca. 1½ Stunden.

Von Kingstown kann man **Tagesausflüge** mit dem Boot zu den Fällen unternehmen. Entweder mietet man über Hotels bzw. Reisebüros, oder man chartert ein eigenes Boot im Hafen.

Soufrière

Die wohl größte Sehenswürdigkeit von St. Vincent ist der noch tätige Vulkan Soufrière, auch „Schlafender Vulkan" genannt. Sein letzter Ausbruch war im Jahr 1979.

Der Soufrière hängt unterirdisch mit dem Mt. Pelée auf Martinique zusammen. 1902 brach zuerst der Mt. Pelée aus, tötete 32.000 Menschen und vernichtete das Dort St. Pierre. Keine 24 Stunden später brach der Soufrière aus und tötete 2000 Menschen. Dabei wurde jegliche Vegetation am Kraterrand zerstört. Der **Ausbruch 1979** vernichtete viele Bananenplantagen. Er begann am 13. April 1979, einem Karfreitag, und dauerte in 20 Eruptionen bis zum 25. April. 17.000 Menschen mussten evakuiert werden, und auf der ganzen Insel war der Feuer- und Ascheregen zu sehen. Die Lavaasche macht aber auch den Boden der Insel so fruchtbar, dass die Menschen hier bleiben, obwohl keiner weiß, wann der Vulkan das nächste Mal ausbricht. Aber jeder weiß, dass er die Kraft hat, St. Vincent in zwei Teile zu zerreißen. Gut, dass der Soufrière einer der am besten überwachten Vulkane der Welt ist!

[>] Typisches Anwesen auf St. Vincent

Aufstieg

Der Vulkanrand ist durch einen Fuß-marsch von der Ost- wie von der West-küste zu erreichen. Für die **Anfahrt zu den Fußwegen** braucht man allerdings einen Allrad-Wagen. Am einfachsten ist es, an der **Ostseite** aufzusteigen und an der Westseite hinab. Die **Westseite** ist landschaftlich schöner, aber der Aufstieg sehr beschwerlich. Für diesen Aufstieg sollte man, wenn man nicht gerade ein geübter Sportler ist, 3 Stunden kalkulie-ren. Der Weg führt zuerst durch dichten Regenwald, später durch Gestrüpp. Zwi-schen September und Dezember kann es hier oben ziemlich kühl sein.

Der **Krater** hat einen Durchmesser von 1,2 km. Der Rand fällt 600 m steil ab, bevor er sich zu einem Kegel erhebt. Vom Kraterrand in 1230 m Höhe hat man bei klarem Wetter einen wunder-schönen Rundblick.

Touren

Geführte Tagestouren finden Di und Do statt (35 US$). Wer das nicht möch-te, kann in Georgetown immer genug Ortskundige finden, mit denen man ei-nen Preis aushandeln kann.

Vom Aufstieg ohne Guide wird ab-geraten!

Die von Koral-
lenriffen um-
gebenen In-
seln der Gre-
nadinen sind

Die Gre-
nadinen

der Inbegriff der Karibik: Türkisblaues Wasser,
weiße Strände, eine faszinierende Unterwasserwelt und der strahlend blaue Himmel lassen Tropenträume wahr werden!

◁ Sonnenuntergang wie aus dem Bilderbuch

HIGHLIGHTS

Die **Highlights** erkennt man im Buch an der gelben Hinterlegung im Kapitel.

⌃ Blick auf die Luxusinsel Mustique

PARADIESISCHE INSELN

Die 32 teilweise unbewohnten Inseln der Grenadinen zählen zweifellos zu den schönsten Plätzen unserer Erde. Segel-, Tauch- und Schnorchelfreunde werden kaum etwas Schöneres finden: Klares, türkisblaues Wasser, schneeweiße Palmenstrände, die schönsten Korallenriffe der Karibik, und über allem strahlt die Sonne von einem azurblauen Himmel – kurz: ein tropisches Paradies!

sI3-005 sc

Die Inselkette der Grenadinen gehört zum Bogen der Inseln unter dem Wind und erstreckt sich auf ca. 61° westlicher Länge etwa vom 13. zum 12. Breitengrad. Weil die Grenadinen so abgeschieden liegen und schwer zu erreichen sind, wird man hier auch selten zu viele Touristen finden. Höchstens Weihnachten sind mal alle Ankerplätze der Tobago Cays belegt.

Einige der Inseln befinden sich in Privatbesitz. Oft ist auch die ganze Insel eine traumhafte Ferienanlage, natürlich zum entsprechenden Preis.

Bequia

15 km südlich von St. Vincent liegt Bequia (sprich Beckwey), die größte Insel der zu St. Vincent gehörenden Grenadinen. Der Name stammt noch von den Kariben und bedeutet **„Insel der Wolken".** Bequia ist 18 km² groß und hat zur Zeit 5000 Einwohner.

Seit jeher gehören **Fischfang und Bootsbau** zu den Haupteinnahmequellen der Einheimischen. Seit 1940 verkauft man Fisch nach Martinique, der dann weiter nach Frankreich exportiert wird. Für die Landwirtschaft ist Bequia weniger geeignet, denn die Insel ist sehr zerklüftet und auch der Boden ist nicht so fruchtbar wie auf St. Vincent.

Der Bootsbau umfasst nicht nur große Schiffe, sondern wirkt sich auch aufs **Kunsthandwerk** aus. Man kann auf der Insel nicht nur kleine Holzboote in verschiedenen Ausführungen kaufen und den Kunsthandwerkern bei der Arbeit zusehen, sondern sich auch ein naturgetreues Modell seiner Yacht nachbauen lassen.

Bequia bekam erst 1969 Strom und 1970 Telefon. Bis dahin war die Insel nur per Boot mit der Außenwelt verbunden. Heute liegen zwar mehr Segelschiffe als Lastschiffe im Hafen, aber immer noch ist Bequia eine kleine, eher **verschlafene Insel,** und ihre Einwohner sind sehr stolz auf sie. Das kann man unter Anderem daran sehen, dass sie aus dem „tweet, tweet, tweet" des *Black Birds* hören: „Bequia, sweet, sweet".

Geschichte

Auch auf dieser Insel lebten zuerst die **Arawak** und später die **Karibenindianer.** Offensichtlich war Bequia noch vor St. Vincent in der westlichen Welt bekannt, denn auf einer 1631 in Amsterdam hergestellten Karte war Bequia verzeichnet, nicht jedoch St. Vincent.

Zwischen dem 16. und 18. Jh. waren **Spanier, Holländer, Engländer** und auch **Franzosen** auf der Insel.

1664 versuchten die Franzosen erfolglos, sich auf Bequia niederzulassen. 1675 sank das holländische Sklavenschiff „Palmira" vor der Ostküste Bequias. Die

Schwarzen, die sich an Land retten konnten, versteckten sich bei den Karibenstämmen im Norden und vermischten sich mit diesen zu den sogenannten **Black Caribs.**

Zwischen 1719 und 1763 bauten die Franzosen **Indigo, Limonen und Zuckerrohr** an.

1776 war die Insel bereits wieder englisch. Nun baute man hauptsächlich Zucker und **Baumwolle** an.

Auf manchen Inseln, wie z. B. auf Barbados, wurden **arme weiße Arbeiter aus England** von den noch billigeren schwarzen Sklaven verdrängt. Von diesen Weißen kamen viele nach Bequia und versuchten dort ihr Glück.

1860 unterstand die Insel dem **französischen Gouverneur von Jamaica.** Dieser gab seinem Landsmann *Joseph Ollivierre* ein Stück Land auf Bequia. Heute ist der Name Ollivierre der meistverbreitete Name auf der Insel.

Aus Schottland kamen **William Thomas Wallace** und sein gleichnamiger Sohn auf die Insel und führten den Walfang ein. 1870 baute *Bill Wallace* seine erste Walfangstation vor der Friendship Bay. Die Ollivierres bauten sechs Jahre später eine Walfangstation auf der kleinen Grenadineninsel Petit Nevis. Damals war **Walfleisch** das Hauptnahrungsmittel der Inselbevölkerung. Zu seinen Vorzügen gehörte die Tatsache, dass man es ohne Kühlung für längere Zeit haltbar machen konnte, was zu dieser Zeit sehr wichtig war. Man konnte es im eigenen Öl einlegen, einsalzen oder trocknen. Das Öl nahm man auch zum Kochen oder für Lampen. Im 19. Jh. kreuzten noch große Walfängerschiffe vor Bequias Küste. Zu dieser Zeit kamen die Crews der englischen Walfangboote aus Bequia. Leider ist bei den Menschen hier bis heute ein gewisser Stolz auf die alte, aber so blutige Tradition geblieben.

Indigo wird noch heute in kleinen Mengen in Park und in Ansele Coite verarbeitet und wächst inzwischen sogar wild auf der Insel.

1934, nach dem Ende der Sklaverei, verlegten sich die Menschen auf den **Walfang** und den Bootsbau. Das erste Walfangboot, die „Iron Duke", wurde nach amerikanischem Vorbild gebaut und bis heute findet man einen Nachbau auf der Insel. Der traditionelle Bootsbau der Insel kommt eigentlich von Canouan. Die Tochter des englischen Schiffsbauers *Benjamin George Compton* heiratete *Butch Mitchell* aus St. Vincent. Dieser hatte in Canouan **Bootsbau** gelernt. Seit dieser Zeit wurden von der Familie Mitchell in langer Familientradition Boote gebaut. Das bekannteste Boot war zweifellos die von *Reginald Mitchell* 1939 gebaute „Gloria Colita". Sie war mit 165 feet der größte Schoner, der jemals auf den kleinen Antillen registriert war. Den Namen bekam das Schiff von der Schwester des Premierministers *James Fitzallen Mitchell*. Das Schiff war so schwer, dass es über zwei Wochen dauerte, bis es mit Hilfe aller Inselbewohner vom Strand (beim heutigen Frangipani Hotel) ins Wasser befördert werden konnte. Das Schiff wurde nach mehreren Fahrten nach Kuba, Südamerika und die USA eines Tages menschenleer im Bermuda-Dreieck gefunden. Mit an Bord war damals der Vater von *Mitch* und *Gloria Mitchell*.

Ein weiteres bekanntes Schiff der Insel ist der Segler „Friendship Rose", ein ehemaliges Fährschiff, das umgebaut nun Touristen zu den Tobago Cays bringt.

James F. Mitchell Airport

Früher war Bequia nur mit dem Fährschiff von St. Vincent aus zu erreichen. Das war für Touristen nicht gerade attraktiv. Da die Insel nicht über viel flaches Land verfügt, blieb nur die Gegend um **Paget Farm** für den Bau eines Flughafens. Dabei gab man sich viel Mühe, benutzte heimische Steine und strich den Tower gelb, der Check-in ist in orange gehalten, die Stühle sind grün. Karibisch schön am Meer gelegen, wurde der Flughafen von Premierminister *Mitchell* am 15. Mai 1992 eröffnet. Doch schon jetzt zahlt Bequia einen hohen Preis für das Projekt: Am Airport entstand zwar ein neuer Strand, schön anzusehen und mit vielen Muscheln und Korallen, er zeigt aber eigentlich nur, dass hier das Korallenriff stirbt.

Die **Flughafengebühr bei der Ausreise** beträgt 30 EC$, und man sollte sich mindestens eine Stunde vor Abflug am Airport einfinden.

Port Elizabeth

In der traumhaft schönen **Admiralty Bay** liegt der **Hauptort der Insel.** Früher einfach nur Harbour (Hafen) genannt, bekam er 1936 zu Ehren der britischen Prinzessin den Namen Port Elizabeth. Erst 1985, als Königin, besuchte *Elizabeth* zum ersten Mal die nach ihr benannte Stadt. Dabei pflanzte sie zusammen mit Prinz *Philipp* zwei Flamboyantbäume in den Garten am Jetty.

Heute ist Port Elizabeth ein **kleiner Ort mit viel karibischem Flair.** Der **Hafen** ist nach wie vor der Mittelpunkt des

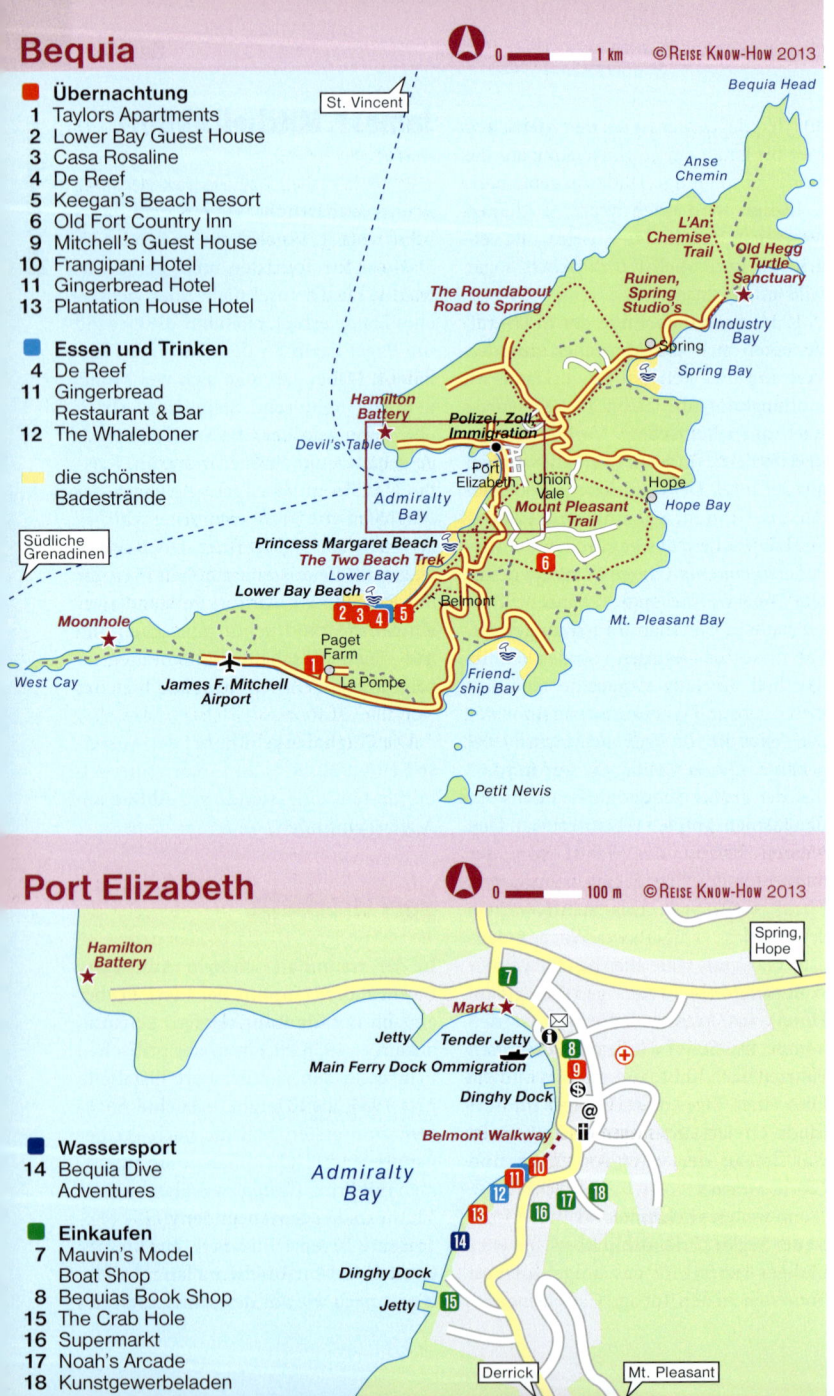

Bequia

0 — 1 km   © Reise Know-How 2013

Übernachtung
1 Taylors Apartments
2 Lower Bay Guest House
3 Casa Rosaline
4 De Reef
5 Keegan's Beach Resort
6 Old Fort Country Inn
9 Mitchell's Guest House
10 Frangipani Hotel
11 Gingerbread Hotel
13 Plantation House Hotel

Essen und Trinken
4 De Reef
11 Gingerbread
   Restaurant & Bar
12 The Whaleboner

die schönsten
Badestände

St. Vincent

Bequia Head

Anse
Chemin

L'An
Chemise
Trail

Old Hegg
Turtle
Sanctuary

Ruinen,
Spring
Studio's

The Roundabout
Road to Spring

Industry
Bay

Spring

Spring Bay

Hamilton
Battery

Polizei, Zoll,
Immigration

Devil's Table

Port
Elizabeth

Union
Vale

Hope

Admiralty
Bay

Mount Pleasant
Trail

Hope Bay

Südliche
Grenadinen

Princess Margaret Beach
The Two Beach Trek
Lower Bay
Lower Bay Beach

Belmont

Mt. Pleasant Bay

Moonhole

2 3 4 5

Paget
Farm

James F. Mitchell
Airport

1

La Pompe

Friend-
ship Bay

West Cay

Petit Nevis

Port Elizabeth

0 — 100 m   © Reise Know-How 2013

Spring,
Hope

Hamilton
Battery

7

Markt

Jetty

Tender Jetty

8

Main Ferry Dock Ommigration

9

Dinghy Dock

@

Belmont Walkway

Wassersport
14 Bequia Dive
   Adventures

Admiralty
Bay

11 10

12

Einkaufen
7 Mauvin's Model
   Boat Shop
8 Bequias Book Shop
15 The Crab Hole
16 Supermarkt
17 Noah's Arcade
18 Kunstgewerbeladen

13

18

16 17

14

Dinghy Dock

Jetty

15

Derrick

Mt. Pleasant

Ortes, ja sogar der ganzen Insel. Denn alles, was auf Bequia gebraucht wird, von Lebensmitteln über Baumaterial bis hin zu Baggern für den Straßenbau, muss bis heute mit dem Schiff von St. Vincent nach Bequia gebracht werden. Früher erledigten das Segelschiffe wie die „Friendship Rose", heute fahren vier **Fährschiffe,** die zwei Familien aus Bequia gehören. *Elvis Gooding* ist der Besitzer der „Admiral I" und „II". Er fährt bereits seit seinem 18. Lebensjahr zur See. *Ashley Ollivierre,* der Besitzer der „Bequia Express I" und „II", sogar schon seit seinem 16. Lebensjahr. Beide fahren selbst als Kapitäne auf ihren Fähren.

Port Elizabeth erwacht morgens um halb sieben. Das ist die einzige Zeit des Tages, an der eine Admiral und eine Bequia Express gleichzeitig im Hafen liegen. Beide Schiffe müssen beladen werden, und die Menschen nutzen diese Zeit gern für Klatsch und Tratsch und versammeln sich zahlreich am Hafen.

Der Ort ist klein und überschaubar. Es gibt einige Läden und Restaurants. **Polizei, Immigrations- und Touristenbüro** liegen nah beieinander. Außerdem hat Port Elizabeth ein kleines **Krankenhaus** und ein **Privathospital.**

■ **Wassertaxis** fahren vom Frangipani-, Whaleboner- und vom Gingerbread-Jetty.

■ Außerdem gibt es noch **Sammeltaxen** *(Dollar Vans),* die für 1–4 EC$ zwischen dem Flughafen und Port Elizabeth verkehren und bei denen unterwegs überall ein- und ausgestiegen werden kann. Die Haupthaltestelle ist unter den Almond Tree am Hafen. Man erkennt sie am „H" im Nummernschild. Wer in einer anderen Gegend wohnt und mobil sein will, ist mit einem Leihwagen gut bedient.

■ **Mietwagen:** D & N (Noels Car Rental), Tel. 458 3064, Mobil 593 7222, www.bequiarentalcars.com;

B & G (Gideon) Jeep Rental, Tel. 458 3760, www.bequiajeeprentals.com.

■ Im 19. Jh. war Bequia der Stützpunkt der Walfänger aus New Bedford und das Zentrum des karibischen Walfangs. Dessen Geschichte kann man im **Maritime Museum** nachvollziehen. Mo–Fr 10–15 Uhr, 5 US$ Eintritt.

Einkaufen

■ **Bequias Book Shop,** Belmont Walkaway, große Auswahl an Büchern und Landkarten.

■ **Island Things,** nur wenige Meter weiter, große Auswahl an Kleidung und Souvenirs.

■ **Mauvin's Model Boat Shop,** an der Hauptstraße in Port Elizabeth. Hier kann man Modellbauboote kaufen und den Künstlern bei der Arbeit zusehen.

■ **Noah's Arcade,** Princess Margret Beach, neben dem Frangipani Hotel, ebenfalls schöne Souvenirs.

■ Einige Gehminuten von Port Elizabeth entfernt liegt **The Crab Hole,** eine Boutique und Fabrik für Batik und Seidenmalerei.

Hamilton Battery

Auf der vorgelagerten Landzunge der Admiralty Bay liegen die Überreste der Hamilton Battery. Hier stehen noch einige **Kanonen** mit der französischen „fleur-de-lis". Man genießt von hier einen **herrlichen Rundblick.**

Der Süden Bequias
Paget Farm

Im Süden der Insel liegt der **kleine Walfangort** Paget Farm. Ein Stück weiter südlich haben Amerikaner eine kleine Siedlung in die Cliffs gebaut, **Moonhole** genannt, kurios und sehenswert. Allerdings nur nach Voranmeldung über das Touristenbüro.

Oberhalb des Ortes liegt der Punkt, von dem die Walfänger Ausschau nach ihrer Beute hielten. Von hier und einigen anderen Punkten der Insel gab man den Männern auf dem Meer mit Spiegel- oder Rauchsignalen die Position der Wale an. Auf der unbewohnten vorgelagerten **Insel Petit Nevis** befand sich die eigentliche Walstation. Die Ruinen sind noch zu sehen.

Der berühmteste Walfänger der Insel war Atheal Ollivierre. 1958 erlegte er seinen ersten Wal, insgesamt waren es ca. 70, alle mit einem kleinen Boot und der Handharpune. Man mag den Walfängern von Bequia zugute halten, dass sie die Tiere nur zum Eigenbedarf fangen. Trotzdem freut es die Tierfreunde, dass Bequia sich jetzt mit **Walbeobachtungen** begnügen will, nicht zuletzt nach Intervention von Greenpeace.

Strände

Südlich von Port Elizabeth liegt ein langer weißer Strand in einer grünen Bucht. Dies ist der **Tony Gibbons Beach** oder auch **Prinzessin Margaret Beach.** Die Prinzessin hat auf ihrer Hochzeitsreise von ihrer Yacht aus hier ein Bad genommen – das reichte, um den Strand umzubenennen. Am südlichen Ende der Bucht ist eine kleine Höhle und ein natürlicher Steinbogen. Man kann den

▷ Die Fähre „Admiral II" verkehrt zwischen St. Vincent und Bequia

Strand mit dem Wassertaxi im Westen der Admiralty Bay erreichen.

Der längste und bekannteste Strand ist der Lower Bay Beach. Hier sieht man alle erdenklichen Arten von Booten liegen. Ein Naturpool ist ideal für Kinder. Man kann schnorcheln und tauchen und andere Wassersportarten ausüben. Es gibt Bars und Restaurants. Am Wochenende kann es manchmal voll werden, sonst ist nicht viel los. Samstag Abend ist BBQ bei Keegan's. Sonntag Nachmittag

Live-Musik an der Strandbar des Hotels de Reef (siehe unten).

Den besten Blick auf die Admiralty Bay hat man vom Mt. Pleasant. Auf der Spitze dieses Berges liegt das **Old Fort Country Inn.** Das Hotel (s. u.) wurde auf den Ruinen eines alten Forts erbaut. Alle Fundstücke aus der Bauzeit brachte man in Vitrinen unter, sodass eine kleine, aber durchaus sehenswerte Ausstellung entstanden ist. Die Übernachtung mag sich nicht jeder leisten können/wollen, aber ein Drink an der Bar lohnt sich auf jeden Fall.

Auf der Ostseite liegt der schönste Strand der Insel, die Friendship Bay mit ihrem türkisblauen Wasser. Hier kann man herrlich schwimmen und sieht dabei die Inseln Mustique und Petit Martinique. Am Nordende des Strandes liegen farbenprächtige Fischerboote, oft auch Bequias letztes Walboot „Why Ask". Der **Hillary Point** schützt die Bucht vor den Wellen des Atlantiks.

Die **Hope Bay** ist eine hufeisenförmige Bucht zwischen der Friendship Bay und der Spring Bay. Sie hat einen idealen Surfstrand, der allerdings wegen der Unterwasserströmungen nicht für Anfänger geeignet ist. Proviant bringt man sich am besten selbst mit.

Verlässt man Port Elizabeth in nordöstlicher Richtung, erreicht man die romantische **Spring Bay,** von Palmen umsäumt und mit sehr flachem Wasser. Der Strand grenzt an die Spring Plantation. In der alten Zuckermühle aus dem 19. Jh. ist eine Töpferei untergebracht. Man kann den Töpfern bei der Arbeit zusehen und wunderschöne Arbeiten kaufen: **Spring Pottery and Art Gallery,** Tel. 457 3757, magspottery@vincysurf. com, tägl. geöffnet, Eintritt frei.

Nördlich der Spring Bay liegt die **Industry Bay**. Aber keine Angst, der Strand ist nicht das, was der Name vermuten lässt. Der zweite Name des Strandes, **Crescent Beach** (halbmondförmiger Strand), passt da schon besser. Hier kann man zwar den Wind des Atlantik genießen, aber ein vorgelagertes Riff hält die hohen Wellen fern. Diese Bucht ist ideal zum Schnorcheln und Windsurfen.

Am Ende der **Park Bay** kann man dem **Old Hegg Turtle Sanctuary** einen Besuch abstatten: *Orton G. (Brother) King,* Industry Bay/Park Beach, Tel. 458 3245, 458 3596, täglich geöffnet, Eintritt 10 EC$ oder 5 US$.

Hiking

Bequia lässt sich gut zu Fuß erkunden, wenn man passende Schuhe trägt und die pralle Mittagssonne meidet. Über die Wanderwege gibt das Touristenbüro Auskunft.

Die **erste Wanderung** führt durch die Admiralty Bay und beginnt in der Lower Bay an der Plantation Beach Bar. Zurück kann man den gleichen Weg nehmen oder oberhalb der Bucht entlanggehen (Dauer ca. 1 Stunde).

Kurz hinter dem Plantation House beginnt der **Mt. Pleasant Trail.** Auf ihm gelangt man zu den Resten des alten Forts und hat einen spektakulären Rundblick über die anderen Inseln der Grenadinen (Dauer ca. 2 Stunden).

Für Fortgeschrittene führt ein schöner Weg über die Spring Road von Port Elizabeth nach **Cinnamon Garden.** Von dort aus geht es in einem Bogen auf die andere Seite der Insel zur Spring Bay und vom Spring Hotel zurück nach Port Elizabeth (Dauer ca. 2 Stunden).

Ebenfalls eine Stunde pro Weg dauert die Wanderung von der Park Bay zu dem Strand **L'an Chemise,** der sonst nur per Boot zu erreichen ist. Dort gibt es gute Schnorchelmöglichkeiten.

Easter Regatta

Die Regatta findet seit 1981 statt und ist das **größte Fest der Insel.** Sie ist nicht nur etwas für Segelfreunde, sondern ein Spaß für die ganze Familie.

Es gibt große Rennen und kleine, z. B. das **Gum Boat Race.** Die Jungen der Insel schnitzen kleine Boote aus einheimischen Gummibaumholz. Die Boote wer-

▷ De Bistro: täglich geöffnet für Frühstück, Lunch und Dinner

den liebevoll bemalt und mit Segeln versehen, ganz wie die großen. Ebenso baut man kleine Boote aus Kokosnüssen. Bei beiden Rennen schwimmen die Besitzer neben den Booten her

Am lustigsten aber ist der Wettbewerb der **„crazy craft boats".** Hier kann sich jedes Gefährt, ob Boot oder Floß beteiligen, das auf dem Wasser schwimmen kann. Dabei gehen die abenteuerlichsten Gebilde an den Start.

Unterkunft

■ **De Reef** €€–€€€, Lower Bay, Tel. 458 3412, Fax 457 3103, 5 Apartments

■ **Frangipani Hotel** €€€–€€€€, Port Elizabeth, Tel. 458 3255, Fax 458 3824, www.frangipanibequia. com; 14 Zimmer. Das Hotel liegt in der Admirality Bay und ist Treffpunkt von Seglern aus aller Welt.

Das Haus gehört seit 1920 der Familie *Mitchell*, Premierminister James „Son" Mitchell wurde in Raum 1 im 1. Stock geboren. Der Großvater baute damals unten Boote, u. a. den großen Schoner „Gloria Colita"; „Son" Mitchells Vater verschwand 1942 auf dem Meer, später fand man nur das leere Boot. Im Hotel befindet sich auch „Noahs Arcade". Mo und Di Live-Musik, Di Barbecue; schöner Ausblick über die Bucht und ein sehr gutes Restaurant

■ **Bequia Beach Hotel** €€€€, Friendship, Tel. 458 1600, Fax 458 1700, www.bequiabeach.com, 14 Suiten

■ **Casa Rosaline,** Lower Bay, Tel. 713 8324, www. casarosaline.com. Ein kleines Häuschen direkt am Meer mit 2 Schlafzimmern und jeweils 3 Betten. Preis auf Anfrage, richtet sich nach Personenzahl und Aufenthaltsdauer

■ **Pink House Apartments,** Belmont, Mobil 44 208 940, www.thepinkhousebequia.com. Das Haus besteht aus 2 Apartments, die getrennt oder auch zusammen vermietet werden. Das obere für 4 Pers.

kostet im Sommer 600 US$, im Winter 800 US$ pro Woche, das untere für 2 Pers. im Sommer 300 US$, im Winter 400 US$ pro Woche, das ganze Haus für 6–8 Pers. im Sommer 800 US$, im Winter 1100 US$ pro Woche

■**Gingerbread Hotel & Apartments** €€€–€€€€, Admiralty Bay, Tel. 458 3800, Fax 458 3907, www. gingerbread hotel.com; Das Haus ist im traditionellen westindischen Gingerbreadstil gebaut. Es gibt Zimmer und Apartments mit Küche und Balkon, teilweise mit Himmelbetten, ein Restaurant (s. u.) und eine Bar

■**Keegan's Beach Resort** €€€, Lower Admiralty Bay, Tel. 458 3530, www.keegans-bequia.com, 9 Zimmer

■**Kingsville Apartments** €€€, Lower Admiralty Bay, Tel. 458 3932, Fax 458 3000, www.kingsville-apartments.net; 10 Apartments, alle modern und freundlich eingerichtet, der Besitzer ist sehr hilfsbereit

■**Lower Bay Guest House** €€, Lower Admiralty Bay, Tel./Fax 458 3675, 8 Zimmer

■**Mitchell's Guest House** €, Port Elizabeth, oberhalb des Hafens über dem Buchgeschäft; sehr einfach, aber gut und sauber

■**Old Fort Country Inn** €€€€, Mt. Pleasant, Tel. 458 3440, www.theoldfort.com; deutsche Besitzer, liegt auf dem Gelände einer Zuckerrohrplantage aus dem 18. Jh. mit Blick aufs Meer, 6 Zimmer.

■**Plantation House Hotel** €€€€, Admiralty Bay, Tel. 458 3425, Fax 458 3612, 25 Zimmer, erstklassiges Restaurant und 17 Cottages am Strand, Swimmingpool mit Bar. Di Jump-up-Nacht mit Live-Band

■**Taylors Apartments** €€€, La Pompe, Tel. 458 3458, noelina.taylor@yahoo.com, liegt in einem kleinen Fischerdorf 5 Min. vom Strand; 6 komplett eingerichtete Apartments

Restaurants

■**Dawn's Creole Beach Café,** Lower Bay, Tel. 492 6508, kreolische Küche und Fischspezialitäten

■**De Bistro,** Belmont Walkaway, Port Elizabeth, Tel. 457 3482, täglich geöffnet für Breakfast, Lunch, Dinner, große Auswahl, moderate Preise, freundliche Bedienung

■**De Reef,** Lower Bay, im gleichnamigen Hotel, Tel. 458 3958, westindische Küche

■**Gingerbread Restaurant & Bar,** Admiralty Bay, Tel. 458 3800, Kuchen und kleiner Imbiss, im Restaurant gibt es Fischgerichte und einheimische Küche; gleichnamiges Hotel s. o.

■**Mac's Pizzeria & Bake Shop,** Admiralty Bay, Tel. 458 3474, für Pizza und Imbiss zwischendurch, täglich 11–23 Uhr

■**The Whaleboner,** Lower Admiralty Bay, Tel. 458 3233 und 458 3232

Mustique

In den nördlichen Grenadinen liegt die wohl exklusivste lnsel der südlichen Karibik. Mustique (sprich: Mus-Tiik) hat nur ca. 1200 Einwohner. Die 5 km² große lnsel ist hügelig, bewaldet und hat traumhafte Strände und Riffe. (Achtung, das Fischen mit Harpunen ist nicht erlaubt.) Wegen der günstigen Lage zum Wind herrscht auf Mustique immer eine leichte Brise, und die Temperaturen liegen das ganze Jahr zwischen 24 und 29° C. Der meiste Regen fällt in den Monaten von August bis November.

Geschichte

Mustique wurde erst von Arawakindianern bewohnt und später von Kariben. Um 1740 wurde die Insel von den Engländern besiedelt und bald gab es sieben **Zuckerrohrplantagen.** Drei Forts wurden zum Schutz gegen die häufigen Übergriffe der Franzosen errichtet.

Nach dem Verfall der Zuckerpreise teilten die Engländer 1835 die Insel in zwei Plantagen. 1865 machte die Familie *Hazel* aus St. Vincent ein Estate daraus, wo **Baumwolle,** Mais und Erbsen angebaut wurden. Von der Glanzzeit der Insel blieben nur Überreste der drei Forts, das alte Cotton House und eine alte Zuckermühle bei Endeavour übrig.

1958 kaufte **Colin Tennant** die Insel. Die 100 Einwohner lebten damals alle noch in dem ziemlich verfallenen Ort Cheltenham. Mr. Tennants Estate produzierte wieder Baumwolle. Kokospalmen wurden gepflanzt. 1964 wurde der Ort Lovell gebaut.

1968 entstand die Mustique Company, ein Jahr später wurde aus dem alten Cotton House das erste Hotel. **Exklusive Villen** kamen dazu, und Mustique wurde zum Urlaubsziel der oberen Zehntausend. Prinzessin *Margaret, Mick Jagger* und *David Bowie* machten hier Urlaub in ihren Privatvillen. Eine ganze Reihe wunderschöner Prominentenvillen ist zu mieten (s. u. bei „Unterkunft").

Die Insel ist im Besitz der **Mustique Company,** Tel. 488 8000.

Anreise

Mustique hat einen kleinen **Flughafen,** der von Barbados, Union Island, Martinique und auch direkt aus Miami, New York und London angeflogen wird. Von St. Vincent gehen zweimal täglich Flüge mit Air Mustique (Mustique Airport, Tel. 488 8336); Flugzeit: 12 Minuten.

Das **Postboot** benötigt ca. 2½ Stunden von St. Vincent. Der kleine **Hafen** befindet sich in der Britannia Bay.

Das **Immigration Office** ist am Flughafen.

Fortbewegung

◾Es gibt einige wenige **Taxis** auf Mustique: Inga's Taxi, Tel. 488 8606; Lovell Taxi, Tel. 488 8872; Michael's Taxi, Tel. 488 8448; Basil's Beach Bar Taxi, Tel. 488 8350.

> Erinnerung an den Nationalhelden Chief Chatoyer

Mustique

0 ━━━━━━ 800 m   © REISE KNOW-HOW 2013

North Point

Honor Bay

Ramier Bay

L'Ansecoy Bay

Endevour Bay

1

Cricket-Platz ★

Vogel-schutzgebiet ★

Lovell Village

Plantain Bay

Rutland Bay

Pferdeställe ●

✉

2 **3**

Schule ●

✚

● **Tennisplatz**

4 **5**

T

Britannia Bay

Marconi Bay

6

Old Plantation

Lagune

Pasture Bay

Lagoon Bay

Rabbit Island

★ **Plantation House Villa**

Black Sand Bay

Gellieaux Bay

Deep Bay

Obsidian Bay

South Point

🔴 **Übernachtung**
1 Cotton House Hotel
6 Firefly Guest House

🔵 **Essen und Trinken**
4 Basil's Bar

🟢 **Einkaufen/ Sonstiges**
2 Mustique
  Company Offices
3 House Rental Offices
5 Great General Store

🟡 Die schönsten
  Badestrände

🔴 **Mechanicel Services,** Tel. 488 8555, vermietet **Motorräder** und eine besondere Art von Golfkarren: *mules.*

🔴 **Pferde und Ponys** mietet man im **Equestrian Centre,** Tel. 488 8316.

🔴 **Bootsausflüge, Segeln** und **Yachtcharter** werden von der **Mustique Company** angeboten, Tel. 488 8000.

🔴 Man kann die Insel leicht **zu Fuß** erkunden.

Lowell Village

Dieses Fischerdorf ist das Zentrum der Insel. Hier befinden sich der General Store, Corea's Food Store, eine französische Bäckerei, Basil's Bar und Restaurant, Basil's Boutique, The Treasure Boutique und das Joanna Banana Café.

Strände

Mustique hat sieben Buchten mit traumhaften weißen Stränden:

An der Westküste liegt die **Gellieaux Bay,** eines der zehn Unterwasserschutzgebiete von St. Vincent und den Grenadinen. Die **Lagoon Bay** mit schneeweißem Sand ist ideal zum Schwimmen. **Britannia Bay,** zugleich der Yachthafen, hat kristallklares Wasser und bietet gute Schwimm- und Schnorchelmöglichkeiten. Hier sieht man noch oft die einheimischen Fischer mit ihren Booten und Netzen. Die **Endeavour Bay** ist ebenfalls herrlich zum Schwimmen und Schnorcheln. L'Ansecoy Bay, dieser lange Strand am Nordende der Insel, ist ein karibischer Traum. Nahe der Küste liegt ein 1971 gesunkenes Schiff.

An der Ostküste liegen die **Marconi Bay,** einer der populärsten Strände mit typisch karibischen Picknickhütten, und die **Pasture Bay** mit ebenfalls weißem Sand und kristallklarem Wasser.

Unterkunft

🔴 Mustique hat zwei Hotels. Eins ist das auf einem 200 m hohen Hügel gelegene **Cotton House Hotel** €€€€, P. O. Box 349, Mustique, Tel. 456 4777, Fax 456 5887, 24 Zimmer, www.cottonhouse.net; Eine aus dem 18. Jh. stammende Zuckermühle mit Plantagenhaus, erbaut aus Steinen, Muscheln und Korallen, die liebevoll restauriert und zum Luxushotel umgebaut wurde. Exklusives Restaurant

🔴 Das zweite ist **Firefly Guest House** €€€€, Tel. 488 8414, Fax 488 8514, www.fireflymustique.com, mit Blick auf die Britannia Bay, 4 Zimmer

🔴 Eine ganze Reihe **wunderschöner Prominentenvillen** ist zu mieten. Die Architektur reicht von japanisch über britisch-kolonial bis hin zu italienisch und indisch. Viele Villen entstanden unter Leitung des englischen Designers *Oliver Messe.* Billig ist es nicht, in einem dieser Traumdomizile zu wohnen: 2500–15.000 US$ pro Woche muss man schon auf den Tisch legen. **Mustique Villas,** Mustique Company, Tel. 488 8000, villarentals@mustique-island.com

Restaurant

🔴 Auf Stelzen am Hafen steht das wohl bekannteste Restaurant der Grenadinen. Viele sagen, dass der Hummer hier der Beste in der ganzen Karibik sei (Vorbestellung erforderlich): **Basil's Bar,** Britannia Bay, Tel. 488 8350

Canouan

Die wunderschöne sichelförmige Insel mit herrlichen Stränden und Tauchrevieren ist 8 km² groß. Der Name kommt aus der Indianersprache und bedeutet **Schildkröte.** Hier leben ca. 350 Menschen, die ihren Lebensunterhalt durch **Fischerei** und **Landwirtschaft** verdienen.

Canouan (sprich: Can-No-Wan) liegt 40 km südlich von St. Vincent und ist noch ziemlich unerschlossen. Höchste Erhebung ist der **Mt. Royal** mit 267 m, der schönste Strand die **Grand Bay** und die größte Sehenswürdigkeit die Ruine einer anglikanischen Kirche in einem verlassenen Dorf, das 1927 von einem Hurrikan zerstört wurde. Auf der Insel wächst Sesam, hier Benna genannt.

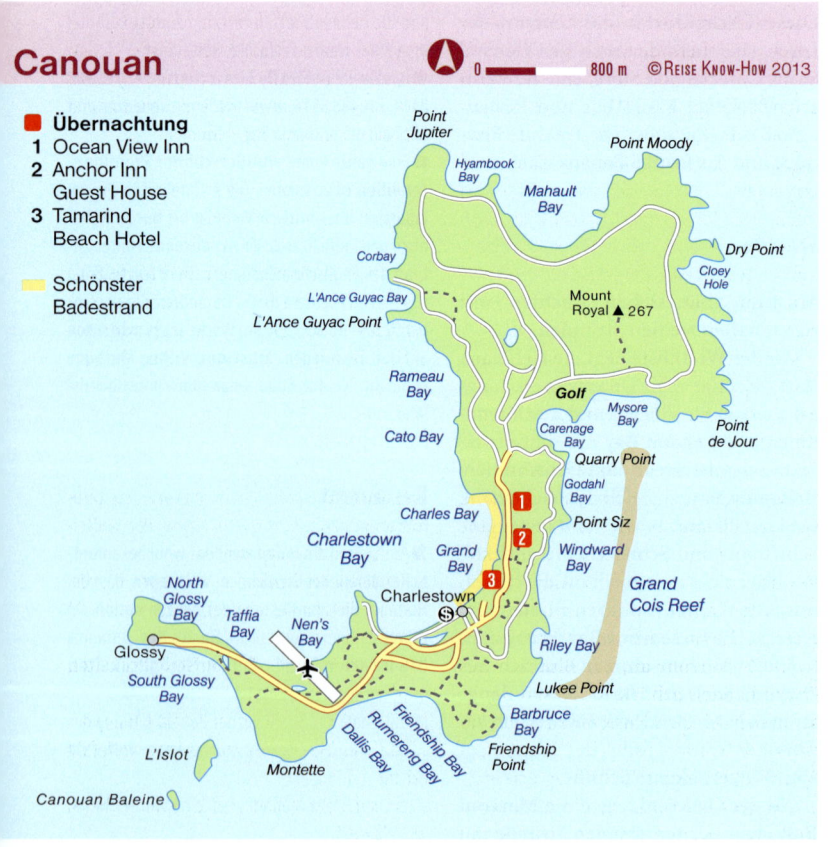

Canouan

0 ———— 800 m © REISE KNOW-HOW 2013

■ **Übernachtung**
1 Ocean View Inn
2 Anchor Inn Guest House
3 Tamarind Beach Hotel

▨ Schönster Badestrand

Point Jupiter
Point Moody
Hyambook Bay
Mahault Bay
Corbay
Dry Point
Cloey Hole
L'Ance Guyac Bay
Mount Royal ▲ 267
L'Ance Guyac Point
Rameau Bay
Golf
Mysore Bay
Cato Bay
Carenage Bay
Point de Jour
Quarry Point
Godahl Bay
Charles Bay
1 Point Siz
Charlestown Bay
Grand Bay
2 Windward Bay
3 Charlestown
Grand Cois Reef
North Glossy Bay
Taffia Bay
Nen's Bay
Glossy
Riley Bay
South Glossy Bay
Lukee Point
Barbruce Bay
L'Islot
Friendship Point
Friendship Bay
Rumereng Bay
Dallis Bay
Montette
Canouan Baleine

Das **Zentrum** der Insel liegt in der Grand Bay zwischen dem Tamarind Hotel und Charlestown. Hier ist der Anleger für die **Fährschiffe,** die täglich von St. Vincent kommen. Am Tamarind Hotel ist der Yachtanleger.

Geschichte

Canouan war schon 3000 v. Chr. von den **Chiboney** bevölkert. Diese Indianer waren noch Sammler und Jäger. Sie fingen in erster Linie die Riesenmuschel Lambie, auch Conch genannt. Das Muschelfleisch wurde gegessen und aus den Schalen fertigte man Werkzeuge.

250 vor Chr. kamen die **Arawak-Indianer.** Sie betrieben Ackerbau und pflanzten Cassava und Mais an. Nach mehr als 1500 Jahren wurden sie von den kriegerischen **Kariben** vertrieben, die der Insel den Namen Schildkröte gaben, weil es hier sehr viele von ihnen gab.

Lange Zeit verteidigten die Kariben die Insel gegen die Besiedlungsversuche der Europäer und lieferten sich erbitterte Kämpfe mit ihnen. 1770, nachdem die **Engländer** die Insel in Besitz genommen hatten, sandte der britische König *George III.* die ersten Landvermesser nach Canouan. Die Insel wurde in **sechs Plantagen** aufgeteilt und war nun im Besitz der Familien *Brisbane, Decato, De Cazeau, Patrice* und *Snagg.* Mr. Snagg baute Zuckerrohr an, zur Blütezeit des Zuckerhandels gehörte ihm fast die ganze Insel. Nach dem Zusammenbruch der Zuckerindustrie wurde die Plantage auf Baumwolle umgestellt. Windgetriebene *cotton gins* (Maschinen, die die Baumwolle vom Samen trennen) wurden in Carenage, Barbruce und Rameau gebaut. Einer der Snagg-Söhne etablierte den Schiffbau auf der Insel. Später kamen noch zwei Walfangstationen nach Canouan.

Die Arbeiter auf dem Snagg Estate durften nur Lehm- oder Flechthütten bauen. Ein Hurrikan im Jahre 1921 zerstörte fast alles auf der Insel. Die meisten Bewohner zogen nun an eine windgeschützte Stelle und gründeten **Charlestown.** Die Baumwollplantage arbeitete noch bis 1946 und wurde dann an die Regierung von St. Vincent verkauft.

1990 wurde das erste große Stück Land an die Como Resorts Development Ltd. verkauft und damit der Grundstein für den **Tourismus** gelegt.

Anreise

Canouan hat einen kleinen **Flughafen,** der für Nachtlandungen geeignet ist und täglich von St. Vincent und Barbados angeflogen wird.

Infrastruktur

■ Im Tamarind Beach Hotel (s. u.) kann man **telefonieren, faxen und E-Mails** versenden. Außerdem gibt es etliche Telefonzellen.

■ Die **National Bank** in Charlestown, Tel. 458 8595, ist Mo–Fr 8–13 geöffnet, Do auch 14.30–17 Uhr.

■ **Boutiquen und Einkaufsmöglichkeiten** beim Tamarind Beach Hotel.

■ Unterhalb des Mt. Royal hat Donald J. Trump das exklusive **Raffles Resort mir 18-Loch-Golfplatz** gebaut.

■ In Charlestown befindet sich ein **Krankenhaus,** Tel. 458 8305.

■**Taxis** (Wasser und Land): Gypsy Snagga, Wassertaxi, Tel. 458 264; Jus Once Taxi, Tel. 458 8774, 482 06704, 482 0095; Rainbow Travel Taxiservice, Tel. 458 8325; auch Ticketverkauf für Mustique Airways.

Unterkunft

Das Angebot ist klein wie die Insel und **auf die gehobene Kategorie beschränkt:**

■In Strandnähe befindet sich das **Anchor Inn Guest House** €€€€, Tel. 458 8568, 4 Zimmer
■**Ocean View Inn** €€€, Grand Bay, Tel. 482 0477, Fax 482 0306, 6 Zimmer
■**Tamarind Beach Hotel & Yacht Club** €€€€, Tel. 458 8044, www.tamarindbeachhotel.com, 40 urige Apartments am Strand, Restaurant, Bar, Tauchclub

Mayreau

Mayreau (sprich: May-Ro) ist mit 3 km² Fläche und nur 200 Einwohnern **die kleinste der bewohnten Grenadineninseln.** Sie liegt westlich der Tobago Cays und ist 40 km von St. Vincent entfernt. Die Insel kann nur per Boot von Union Island erreicht werden.

Mayreau hat ein **Fischerdorf ohne Namen,** in dem jede Familie ein eigenes Boot besitzt, keine richtigen Straßen, eine Hand voll Autos, keine Bank, nur private Stromgeneratoren und Wasserversorgung mit Regenwasser, aber ein kleines Krankenhaus und eine schnuckelige kleine katholische Kirche.

Das **Kunsthandwerkszentrum** und ein Souvenirshop sind in einem *wattle and daub house,* eine Art karibisches Fachwerkhaus aus Gerten und Lehm,

untergebracht. So sahen vor fünfzig Jahren alle Häuser auf der Insel aus.

Das **Postboot** läuft Mayreau insgesamt sechsmal pro Woche an. Es gibt eine **Taxiverbindung** zwischen den beiden Stränden und dem namenlosen Ort.

Geschichte

Wie die anderen Inseln der Grenadinen war auch Mayreau zuerst von **Indianern** besiedelt. Als die **Engländer und Franzosen** um die einzelnen Inseln kämpften, erreichten die ersten europäischen Siedler auch Mayreau. 1720 nahm der Franzose *Monsieur de l'Isle* die Insel in Besitz. Obwohl 1763 beim Frieden von Paris die Insel den Engländern zugesprochen wurde, durfte er bleiben.

1776 gab es auf der Insel sechs europäische Plantagenbesitzer und 66 Sklaven. Auch auf Mayreau wurde **Baumwolle** angebaut.

Ein Teil der **Familie Saint Hilaire** floh während der Napoleonischen Kriege (1800–15) aus Frankreich und kaufte die Insel. Die letzte Nachfahrin dieser Familie war *Jane Rose de Saint Hilaire.* Die Einwohner der Insel waren alle direkte Nachfahren der Sklaven von Saint Hilaire. *Miss Jane Rose,* wie sie von allen genannt wurde, erlaubte ihnen Häuser zu bauen und so viel Land zu bewirtschaften, wie sie wollten. Sie starb 1915. Durch Heirat kam die Insel in den Besitz der Familie *Eustace* aus St. Vincent. Das ist bis heute so geblieben, bis auf zwei Grundstücke: Eins gehört einer kanadischen Familie und eins der Regierung von St. Vincent und den Grenadinen.

Die Grenadinen

Strände

Salt Whistle Bay hat eine traumhafte, halbmondförmige Bucht als Ankerplatz für Yachten und einen schneeweißen Badestrand.

Am langen Strand der **Saline Bay** werden regelmäßig die Touristen der **Kreuzfahrtschiffe** zu einem Strandbarbecue an Land gebracht. Dann gibt es Musik, und alle kleinen Shops haben geöffnet. Zu anderen Zeiten ist der Strand sehr verlassen.

Von beiden Stränden führt ein Weg zum Dorf mit der verträumten katholischen Kirche. Auf dem Weg, der im Süden über die Insel führt, kommt man zu einem **Salzsee.** In der Trockenzeit findet man hier *Rock Salt* (Salzklumpen).

Unterkunft

■ **Dennis' Hideaway Hotel** €€, Saline Bay, Tel./Fax 458 8594, www.hideawaydennis.com, 5 Zimmer, Restaurant mit guten westindischen Seafoodspezialitäten

■ **Salt Whistle Beach Club** €€€€, Salt Whistle Bay, Tel. 458 8444, Fax 458 8944, www.saltwhistlebay.com, 27 Zimmer

Restaurants

Die folgenden Restaurants liegen alle in dem namenlosen Fischerdorf und sind nicht zu verfehlen:

■ **Island Paradise Restaurant & Bar,** Tel. 458 8941, einheimische Gerichte, manchmal Discoveranstaltungen

■ **J & C Bar & Restaurant,** einheimische Küche, gleichzeitig Besitzer des Supermarktes. Kostenloser Lieferservice zu Booten, Tel. 458 855

■ **Robert Righteous & the Youth Seafood Restaurant & Bar,** typisch karibisches Haus in Rastafarben. Das Restaurant ist im Gedenken an *Bob Marley* mit Bildern und Andenken dekoriert. *Robert* vermittelt auch ein kleines Cottage für 40 US$ pro Nacht, Tel. 458 8203

Tobago Cays Marine Park

Südlich von Canouan und östlich von Mayreau liegt **der wohl schönste Platz der ganzen Karibik.** Geschützt vom **Horseshoe Reef,** mitten im glasklaren, türkisblauen Wasser, sind das **Petit Rameau, Petit Bateau, Barabal, Jamesby** und **Petit Tobac,** die fünf unbewohnten Inseln der Tobago Cays. Drei Inseln haben tolle Wanderwege und auf Petit Tabac kann man an dem Strand picknicken, an dem Szenen von „Pirates of the Caribbean" gedreht wurden.

Das Wasser ist so klar, dass man selbst vom Boot aus die Unterwasserwelt bewundern kann, für Schnorchelfreunde das absolute Paradies. **Fischen ist nicht erlaubt.**

■ **Informationen:** Tobago Cays Marine Park, Clifton, Union Island, Tel. 485 8191, Fax 485 8192, wwwtobagocays.org

Anreise

Man erreicht die Inseln **nur per Boot,** entweder mit einer auf Union lsland gecharterten **Yacht** oder per **Tagesausflug** von jeder anderen Insel. Bucht man ei-

Mayreau, Tobago Cays Marine Park, Union Island, Palm Island und Petit St. Vincent

🟥 **Übernachtung**
1 Salt Whistle Beach Club
2 Dennis' Hideaway Hotel
3 Amerindi Hotel
4 The Islanders Inn
5 Anchorage Yacht Club
   Hotel & Marina
7 Kings Landing Inn Hotel

🟦 **Essen und Trinken**
5 Roderigo's Pizzeria

🟦 **Wassersport**
6 Erika's Marine Services

▨ Die schönsten Badestrände

MAYREAU

Mount Carbuit 38
Careenage Saltwhistle Bay
79
Lady Rock
63
Grand Col Point
Jetty
Upper Bay
Saline Bay
Windward Bay Jetties
55
Monkey Point

SOUTH MAYREAU CHANNEL

Bloody Head
Bloody Bay
UNION ISLAND
Richmon Bay
Big Sand Beach
Belmont Bay
Rapid Point
Mt. Olympus 194
Fort Hill 122
Red Island
Chatham Bay
Salt Pond
Jetties
Ashton
Mt. Tabor 304
Clifton
Jetties
Green Island
Mt. Cambell 240
Jetty Ashton Harbour
Mangrove Swamp
Pepit Bay
Casuarina Beach
Queensbury Point
Jetties 45
Frigate Island
PALM ISLAND
Petit Martinique Bay

Die Grenadinen

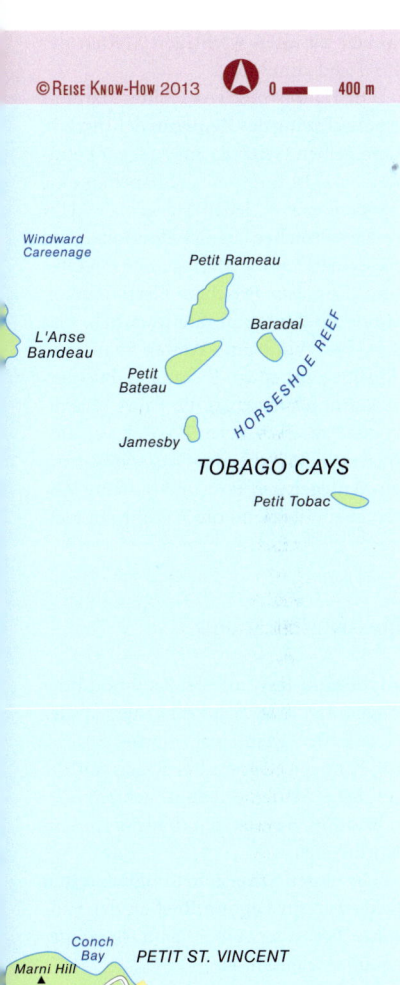

nen Tagesausflug, dann wird mit kleinen 8-Sitzer-Maschinen nach Union lsland geflogen, dort besteigt man ein **Segelschiff** zu den Cays.

Kreuzfahrtschiffe ankern ebenfalls in der Nähe und bringen ihre Passagiere mit kleinen Booten zu den Cays. In der Saison kann es hier also voll werden.

Union Island

64 km südlich von St. Vincent liegt die zweitgrößte lnsel der Grenadinen. Hier leben ungefähr 2000 Einheimische. Wegen der grünen, zerklüfteten Felslandschaft nennt man die Insel auch oft „**Tahiti der Karibik**". Durch den 305 m hohen **Mt. Tabor** bietet sie sowohl vom Wasser als auch aus der Luft einen wahrhaft imposanten Anblick.

Geschichte

Die **erste Besiedlung durch Indianer** fand wahrscheinlich bereits 5400 v. Chr. statt. Da die Insel sehr zentral zwischen St. Vincent, Grenada, Martinique, Barbados und Trinidad liegt, war sie vermutlich oft ein Zwischenstopp auf dem Weg zu den größeren Inseln.

Die ersten Kolonisten waren die beiden **Franzosen** *Jean Augier* und *Antoine Regand,* die 1763 mit 350 Sklaven auf die Insel kamen. Die beiden blieben allerdings nicht lange, und der **Engländer** *Samuel Span,* ein Kaufmann aus Bristol, ließ sich auf der Insel nieder. S&J Span & Company war nicht nur an Warenhandel interessiert, sondern auch am **Skla-**

venhandel. Sie brachten Hunderte von Sklaven, hauptsächlich aus Kamerun und Angola, auf die Insel. 1778 betrug die Bevölkerung der Insel 10 Franzosen, 6 Engländer und 430 Sklaven. Genau wie auf den anderen Grenadinen wurde **Baumwolle** angebaut.

1850, 16 Jahre nach Abschaffung der Sklaverei, verkaufte *Mister Span* Union Island an *Major Collins* aus St. Vincent, der die Insel an den Schotten **Charles Mulzac** verpachtete. 1893 starb *Mulzac* und vererbte seiner Familie den Pachtvertrag. 1940 wurde sein Enkel *Hugh* der erste schwarze Kommandant der US Navy auf der „Booker T. Washington".

1898 richtete ein **Hurrikan** großen Schaden auf der Insel an. Mister Mulzac verkaufte die Insel nun an einen *Mister Richards* aus St. Vincent. Dieser verkaufte die Insel 1910 an die britische Regierung, welche die Insel wiederum in Grundstücke aufteilte und sie an die Einheimischen veräußerte.

Clifton

Die Insel verfügt über eine **Landebahn,** die von kleinen Chartermaschinen angeflogen wird.

Clifton Harbour ist keine 5 Minuten zu Fuß vom Flugfeld entfernt. Direkt im Hafen liegt der Anchorage Yacht Club. Im Pool am Landungssteg kann man Haie aus nächster Nähe bewundern. Ihnen wurden die Zähne gezogen, daher heißen sie im Volksmund **Sleeping Sharks**, also „schlafende Haie".

Die Bucht ist ein beliebter Ankerplatz für Yachten, und überragt wird das Ganze von den malerisch grünen Bergen. Unmittelbar am Anleger steht ein **Weg-**weiser zu allen wichtigen Stellen der Insel und zum Mond.

Die Hauptstraße von Clifton Harbour ist gleichzeitig das **Zentrum** der Insel. In dem gelben Gebäude am Anleger befindet sich ein Internetcafé, daneben eine kleine Bäckerei (jeden Morgen ab 7 Uhr frische Brötchen), einige Boutiquen, ein Supermarkt sowie Marktstände mit Obst und Gemüse. Frischen Fisch gibt es, wenn die Fischer in ihre Muscheln blasen. Bei Wind und Wetter kann man Ausflüge mit einem Katamaran buchen.

Wenn nachmittags die Fähre „Barracouda" aus St. Vincent kommt, versammelt sich die Hälfte der Ortsbevölkerung am **Anleger,** um Post und bestellte Waren abzuholen und die Zeit für ein kleines Schwätzchen zu nutzen.

Die schönsten Strände

Richmond Bay, mit der halbmondförmigen Bucht Big Sand im Osten, an der Nordküste ist ein langer flacher Strand, für Kinder geeignet. Bei Regen auf die (giftigen) Machineelbäume achten!

Bloody Bay ist ein Badestrand im Nordwesten.

Die besten **Schnorchelmöglichkeiten** findet man im **Lagoon Reef** an der Südküste, besonders um Frigate Island, gegenüber von Ashton.

Infrastruktur

■ **Union Island Tourist Office,** Clifton, Tel. 458 8350, täglich 9–16 Uhr geöffnet. Hier werden auch Taxifahrten vermittelt und Jeeps vermietet.
■ **Wassertaxi Seckie,** Tel. 530 5913, am Hafen von Clifton, seckietours@hotmail.com.

■ **D. Rose Tours & Taxi Services** bietet verschiedene Touren in und um Union Island an. Im Einkaufszentrum Me Sa Benjis Mini Mall (s. u.).

■ Die **National Commercial Bank** in Clifton ist Mo–Fr 8–13 Uhr geöffnet, Fr zusätzlich 15–17 Uhr, Geldautomat.

■ **Erika's Marine Services,** Tel. 485 8335, Fax 485 8336, www.erikamarine.com. Hier kann man Yachten chartern, Rundreisen zu Wasser und Land buchen oder sich eine Unterkunft vermitteln lassen.

Einkaufen

■ In der Front Street am Hugh Malzac Square befindet sich das **Grand Union Shopping Centre.** In diesem Einkaufszentrum kann man von Lebensmitteln über Kleidung bis hin zu Geschirr, Möbeln und Fahrrädern alles kaufen.

■ Im Zentrum von Union Island liegt **Me Sa Benjis Mini Mall,** ein kleines Einkaufszentrum mit Friseur, Boutique, Souvenirshop, Restaurant und Internetcafé. Außerdem gibt es hier noch zwei Supermärkte und eine Bäckerei. In der Main Street befindet sich auch die **Rootsmann Boutique.**

Unterkunft

■ **Anchorage Yacht Club Hotel & Marina** €€–€€€€, Tel. 458 8221, www.anchorage-union.com, 15 Zimmer, 8 Cottages, Restaurant, Bar, Boutique, Dockservices

■ **Amerindi Hotel** €€€, Big Sand Beach/Richmond Bay, Tel. 458 8447, Fax 458 8448, www.amerindi.com; 14 Zimmer, direkt an einem schneeweißen Strand gelegen, mit Beachbar und Restaurant, der karibische Traum. Besonders beliebt ist das Zimmer, in dem Johnny Depp geschlafen hat ...

■ **Kings Landing Inn Hotel** €€€€, Clifton, Tel. 485 8823, www.kingslandinginnhotel.com; in Strandnähe, viele Blumen und Bäume, gutes Restaurant, Seglertreffpunkt, 18 Zimmer

■ **Lambie's Guest House & Hilltop Hotel** €€–€€€, Clifton, Tel. 458 8549, Fax 458 9549, 33 Zimmer, mit Seafood-Restaurant

■ **St. Joseph's Apartments** €€–€€€, Clifton, bei der St. Josephs-Kirche, Tel. 458 8405, www.unionisland.com

■ **The Islanders Inn** €€–€€€€, Zion, Belmont Bay, Tel. 458 8745, 527 0944, www.theislandersinn.net, 8 Zimmer, die Frau des Besitzers ist Deutsche

■ In der Main Street befindet sich ein **Guesthouse** mit einfachen Zimmern, Tel. 458 8930; Pizza Hut nahebei, auch Lieferservice

Restaurants

■ **Roderigo's Pizzeria,** Clifton, ein farbenfrohes Gebäude in Flughafen-Nähe. Rasta *Roderigo* serviert großartige Pizza, Rotis und vegetarische Gerichte

■ **West Indies Restaurant,** Bougainvilla, Clifton, Tel. 458 8911, französisches Restaurant, Meeresfrüchte-Spezialitäten

Wandertipps für Union Island

Besonders für Wanderfreunde hat die Insel etwas zu bieten. **Man kann Union Island auf eigene Faust durchwandern,** es gibt keine Giftschlange oder anderes Getier, und verloren geht man auch nicht, dazu ist Union Island zu klein. Feste Schuhe, lange Hose, Badezeug nicht vergessen, ebenso Insektenmittel, Sonnenmilch und Kamera. Beste Wanderzeiten morgens, gegen Abend oder an kühleren, bewölkten Tagen.

Fort Hill

Die Wanderung auf den Fort Hill, direkt hinter dem Airport, dauert **1–1½ Std.** Ein schmaler Weg führt hinter Clifton auf der Ostseite des Hügels hinauf, und man wandert zwischen Buschwerk und Häusern auf die Spitze des Hügels. Hier befinden sich die Reste eines alten Forts, und man hat bei schönem Wetter einen **fantastischen Rundblick.** Im Norden sieht man Mayreau und Canouan, weiter hinten Mustique und Bequia, manchmal sogar St. Vincent. Im Osten liegen die Tobago Cays und Palm Island im Südosten, weiter entfernt Petit St. Vincent und Petit Martinique. Im Süden fällt der Blick auf Grenada und Carriacou. Am einfachsten ist es, den gleichen Weg dann auch wieder zurückgehen.

Ashton

Die zweite Wanderung führt nach Ashton und dauert **2–2½ Std.** Ashton ist ein **niedlicher kleiner Ort** in einem grünen Tal zwischen rauhen Bergen. Es liegt in einer Bucht, hat einen kleinen Hafen und ein großes, flaches Riff. Eine befestigte Straße führt hinter Clifton bergauf und führt links in einen kleinen Weg zu einem großen alten Haus. Hier leben die Leute, die im Krankenhaus nebenan arbeiten. Man hat einen schönen Ausblick auf den Hafen und die südlichen Grenadinen. Von hier kann man entweder auf der Hauptstraße nach Ashton gehen oder einen der kleinen Wege benutzen. Am schönsten ist der untere Weg. Zwischen Häusern und bewaldeten Hügeln hört man viele Vögel und sieht Murray Village und Fort Hill sowie zwei Seen.

Richmond Bay

Auf dem Rückweg kann man einen Abstecher zur Richmond Bay machen. Man verlässt Ashton zwischen kleinen Hügeln Richtung Nordküste. Hier liegen die Fischerboote am Strand. In Richmond Beach gibt es herrlich warmes Wasser, ein Haus und zwei Ruinen. Hält man sich weiter rechts, gelangt man zum weißsandigen **Belmont Beach.** Meistens hat man diese herrlichen Naturparadiese ganz für sich allein.

Weiter die Straße nach rechts geht es südlich ins Inland, vorbei am großen Salzsee **Belmont Salt Pond** zurück nach Clifton, eine gemütliche Wanderung durch eine unvergleichlich schöne Landschaft.

Chatham Bay

Die dritte Wanderung ist länger und **etwas für Trainierte.** Von Clifton geht es quer über die Insel zur Chatham Bay. Dorthin führen viele Wege, die man leicht selbst finden kann, z. B. hinter Ashton über die Berge zwischen **Mt. Olympus** rechts (Norden) und **Mt. Tabor** und **Mt. Cambell** links (Süden).

Palm Island

Der Amerikaner **John Caldwell** hatte ein abenteuerliches Leben. Er schrieb darüber das Buch **„Desperate Voyage – Reise der Verzweiflung".** Er war mit seinem Kutter *Pagan* allein und ohne die nötige Ausbildung zu einer Pazifiküberquerung gestartet, geriet in einen Hurrikan und trieb zwei Monate steuerlos auf dem Meer, bevor er auf einem Riff der Fidji-lnsel Tuvutha landete. Die Bewohner der Insel pflegten ihn gesund. Später mietete er die Karibikinsel **Prune Island** (Fläche: 44 ha) auf 99 Jahre für 1 EC$ pro Jahr. Mit 7000 US$ Kapital startete er und wurde Millionär. Er ließ die sumpfige lnsel roden und trockenlegen, 8000 Palmen pflanzen (daher der Name Palm Island) und eines der exklusivsten Bungalow-Hotels der Karibik bauen. Seit Caldwells Tod wird das Resort von einem Konsortium geleitet.

Palm Island hat ruhige Badebuchten, ein Open-Air-Restaurant und eine kleine Boutique. Der schönste Strand ist **Casuarina Beach** an der Westküste.

■ **Palm Island Beach Resort** €€€€, www.palm-islandresortgrenadines.com, speziell für Taucher

Petit St. Vincent

Petit St. Vincent **(PSV),** die südlichste der St.-Vincent-Grenadinen, hat eine Fläche von 45 ha und ist eine luxuriöse Ferienanlage in Privatbesitz. Das **Petit St. Vincent Resort** besteht aus 22 kleinen Bungalows im Villenstil, für gehobene Ansprüche und gefüllten Geldbeutel. Wer Ruhe und Abgeschiedenheit sucht, ist hier richtig. Es gibt weder Telefon noch Fernsehen auf der lnsel. Kleine Flaggen an den Bungalows signalisieren dem Personal, ob man seine Dienste in Anspruch nehmen oder lieber ungestört bleiben möchte.

■ **Petit St. Vincent Resort** €€€€, Tel. 458 8801, Fax 458 8428, www.psvresort.com

sl13-018.phb

Grenada

Grenada hat 45 weißsandige Strände und neun herrliche schwarzsandige, allesamt gesäumt von Palmen, zum Teil mit vorgelagerten Korallenriffen. St. George's, die Hauptstadt, ist die schönste Stadt der Karibik. Und es gibt noch viel mehr zu entdecken!

◁ Strand bei Sauteurs

LANDESKUNDE

Die **Gewürzinsel Grenada** (sprich Gre-nay-da = die Quelle) mit ihrem bezaubernden Hafen liegt am südlichen Ende der ostkaribischen Inseln, ebenso die beiden verschlafene **Inselchen Carriacou und Petite Martinique,** die gut zum Schnorcheln und Baden geeignet sind.

Die **Amerikaner** sind gegangen, die Parolen stehen aber noch an den Wänden, und man spielt gern Klein-Amerika. Der unverdorbene Charme, der so viele begeistert hat, ist dahin, er ist allenfalls noch auf Carriacou zu spüren. Der US-Dollar ist die zweite Währung geworden, und wenn man eine über hundert Jahre alte Verarbeitungsstation für Muskatnüsse „Nutmegland" nennt, dann kann man nur sagen: Disneyland lässt grüßen.

Aber **das Land ist schön,** die Gewürze verbreiten immer noch ihren betörenden Duft, und die karibisch pulsierende Hauptstadt St. George's, Wasserfälle und Regenwald, Kraterseeen und schwarze wie weiße Sandstrände ziehen die Touristen an. Kreuzfahrttouristen sind gern gesehen, denn sie bleiben nicht lange und geben viel Geld aus.

Geografie

Grenada ist die südlichste der Windward-Inseln und liegt 160 km nördlich von Venezuela.

◁ Engelstrompeten – schön, aber giftig!

Die lnsel ist 33 km lang und 19 km breit. Eine Bergkette vulkanischen Ursprungs durchzieht Grenada. Der höchste Berg ist **Mt. St. Catherine** mit 841 m. Grüne Vulkanberge, steile Klippen, Sandstrände, Kraterseen und 20 Wasserfälle prägen das Gesicht der lnsel.

Grenada wird nicht ohne Grund als **Gewürzinsel** apostrophiert, gedeihen doch auf dem fruchtbaren Vulkanboden Kakao, Zimt, Bananen, Nelken, Muskat, Lorbeer, Ingwer und nicht zuletzt die **Muskatnuss,** wichtigster Exportartikel der Insel.

Als **Kolumbus** 1498 die Insel sichtete, war sie von Indianern bewohnt und hieß **Camerhonge.** Man ist sich nicht ganz einig, ob der Entdecker der lnsel schon da-

Staatssymbole Grenada

Die **Nationalflagge** zeigt zwei gelbe und zwei grüne Dreiecke in einem roten Rahmen sowie sieben Sterne und die Muskatnuss, das wichtigste Exportgut der „Isle of Spice". Die Farbe Rot steht für die Glut, den Mut und die Vitalität der Menschen, der rote Rahmen steht für das Bestreben, Geist und Harmonie zu erhalten. Die Farbe Gelb symbolisiert die Sonne, Grün die üppige Vegetation, die sieben Sterne stehen für die sieben Gemeinden der Insel.

Die **Nationalhymne:**

Hail Grenada, land of ours
*   We pledge ourselves to thee*
Heads, hearts and hands
*   In unity to reach our destiny*
Ever conscious of God
*   Being proud of our heritage*

May we with faith and courage
*   Aspire, build, advance*
As one people, one family
*   God bless our nation.*

(Heil Grenada, unser Land
    wir weihen uns dir
unsere Köpfe, Herzen und Hände
    gemeinsam um unsere
    Bestimmung zu erreichen
immer eingedenk Gottes
    stolz auf unser Erbe
werden wir mit Mut und Glauben
    streben, aufbauen und voranschreiten
als ein Volk, eine Familie
    Gott segne unsere Nation)

Die **Grenada-Taube** *(Grenada Dove, Lepotila wellsi)* ist eine Taubenart, die es nur auf Grenada gibt und hier auch nur sehr selten. Sie hat einen weißen Bauch, einer braunen Rücken, und die Brust ist hellviolett mit einem zimtfarbenen Fleck am Hals. 1987 gab es ganze 100 Exemplare, 1990 nur noch 60. 1991 wurde der Vogel zum **Nationalsymbol der Insel** erklärt, und man hofft, dass der Bestand nicht noch weiter zurückgeht.

mals den Namen der spanischen Stadt Granada gab.

Die Hauptstadt der Insel ist die schönste Stadt der Karibik, Kreuzfahrer legen gern in **St. George's** an.

Zu Grenada gehören die **Inseln Carriacou** und **Petite Martinique,** beide bekannt durch den Bootsbau.

Grenadas weiß- und schwarzsandige **Strände** eignen sich wunderbar zum Baden und Entspannen, im Norden und Süden gibt es Korallenriffe.

Geschichte

Entdeckung

1498 sichtet Kolumbus die Insel auf seiner dritten Reise. Sie ist von Arawak- und Carib-Indianern bewohnt.

1598 versuchen Engländer, die Insel zu besiedeln, sie werden aber von den Carib-Indianern verjagt.

1650 gelingt es dem Franzosen *du Paquet,* die Insel für Schnaps von einem Carib-Häuptling zu kaufen.

Kolonialzeit

1674 Die französische Kolonialherrschaft beginnt.

1705 wird Fort George oberhalb des heutigen St. George's errichtet.

1763 übernehmen die Briten die Insel, **1779** wieder die Franzosen, **1783** geht sie endgültig an die Briten.

1795 Revolution unter dem schwarzen Farmer *Julien Fedon.* Viele Weiße werden ermordet.

1796 beendet der englische General *Ralph Abercomby* die Revolution mit einem Handstreich.

1838 Abschaffung der Sklaverei.

1839–49 Freie Arbeiter aus Malta, Portugal und Afrika ersetzen die Sklaven.

1857 folgen indische Arbeitskräfte. Jetzt wird statt Zucker mehr Kaffee und Kakao angebaut.

1889–95 Bau des Sendall-Tunnels.

1942 landen die ersten Flugzeuge auf der Insel.

1948 Das erste Hotel, „Santa Maria", wird fertiggestellt.

1955 Der Hurrikan *Janet* verwüstet die Insel.

1958 Beitritt zur Westindischen Föderation.

1967 Assoziierter Staat des Commonwealth.

Von der Unabhängigkeit bis zur US-Invasion

1974 Grenada erhält die Unabhängigkeit. Offizielles Staatsoberhaupt ist die englische Königin *Elizabeth II.,* die ein Generalgouverneur vertritt. Die parlamentarische Demokratie organisiert sich nach britischem Vorbild: Das **Zweikammerparlament** besteht aus dem Repräsentantenhaus mit 15 gewählten Vertretern und dem Senat mit 13 vom Generalgouverneur auf Vorschlag des Premiers (10) und des Oppositionsführers (3) ernannten Mitgliedern.

1979 *Maurice Bishop* übernimmt die Regierungsgeschäfte und knüpft diplomatische Beziehungen zu Kuba.

1980 Gescheiterter Putschversuch.

1981 Militärabkommen mit der Sowjetunion.

Die US-Invasion auf Grenada

Der erste Ministerpräsident des selbstständigen Grenada, *Sir Eric Gairy,* machte sich unbeliebt, weil während seiner Amtszeit Korruption und Arbeitslosigkeit stiegen und die Wirtschaft stagnierte. 1979 wurde Gairy, der sich auf einer anderen Insel aufhielt, von **Maurice Bishop** gestürzt. Bishop sorgte für ein funktionierendes Sozialsystem mit Krankenversicherung, Gesundheitsstationen auf dem Land, Hilfe für Alte und Behinderte usw.

Er hatte ein bankrottes Land übernommen und die USA vergeblich um Entwicklungshilfe gebeten. Daraufhin holte sich Bishop Lehrer, Ärzte und Ingenieure aus Kuba. Ebenfalls mit **kubanischer Hilfe** wurde der Flughafen in Point Salines für Großraumjets ausgebaut, denn Grenada brauchte Touristen.

Die USA wurden immer skeptischer, man hielt den Bau des Airports für ein Militärprojekt von Kuba und der UdSSR, was inzwischen widerlegt ist.

Bishop geriet immer mehr ins Kreuzfeuer seiner eigenen Partei. Er wurde aus der Partei ausgeschlossen, inhaftiert und bei einer Befreiungsaktion seiner Anhänger von Mitgliedern des linksgerichteten Flügels erschossen. **Die USA befürchteten ein Abgleiten Grenadas in den Kommunismus.** Am 23.10.1983 landete eine US-Invasionstruppe auf der Insel, und es kam zu erbitterten Kämpfen um Fort George.

Als die letzten US-Soldaten 1985 die Insel verließen, war sie reichlich amerikanisiert. Es gab Kaugummi, *Mickey Mouse, Rocky.* Seitdem baut Grenada die Tourismusindustrie weiter aus und hofft auf Investoren aus dem Ausland.

1983 Invasion durch US-Landungscorps; *Bishop* wird ermordet (siehe Exkurs „Die US-Invasion auf Grenada").

1984 Die *New National Party (NNP)* gewinnt die Wahlen.

1985 Die US-Landungscorps verlassen Grenada.

Politik

1990 Ein großer Brand vernichtet einige Regierungsgebäude in der Carenage. *Nickolas Brathwaite* vom *National Democratic Congress (NDC)* wird Premierminister.

1995 Brathwaite muss zurücktreten, ihm wird Korruption und Misswirtschaft vorgeworfen.

1996 *Daniel Williams* wird neuer Generalgouverneur.

1997 Am 23.8. stirbt *Sir Eric Gairy* (siehe Exkurs „Die US-Invasion auf Grenada") und erhält ein Staatsbegräbnis.

1999 gewinnt die NNP zum 1. Mal seit 1951 alle Mandate.

2000 verlässt der Abgeordnete *Michael Baptiste* die NNP.

2001 Baptiste gründet den *ULC (United Labour Congress).*

2003 Die NNP gewinnt erneut die Wahlen, diesmal knapp.

2004 Hurrikan *Ivan* fegt über Grenada hinweg und richtet erheblichen Schaden an.

2008 Bei den Wahlen gewinnt der NDC mit großer Mehrheit (11 von 15 Sitzen). Premierminister wird *Tillmann Thomas.* Die nächsten Wahlen finden 2013 statt.

Wirtschaft

1650 begannen Franzosen den ersten Tabak auf Grenada anzubauen, 1702 wurde erstmals Zuckerrohr angepflanzt, 1714 kamen Kaffee, Kakao und Baumwolle dazu. 1856 stellte man den Anbau von Zuckerrohr ein, dafür wurden 1865 die ersten **Muskatnussplantagen** angelegt. 1900 stellte man den Tabakanbau ein und zu Beginn des 20. Jh. den Kaffeeanbau. Dafür wuchs der Export von Muskatnüssen. 1985 wuchs auf Grenada ein Drittel der Weltproduktion und die Insel exportierte 1000 t Muskatnüsse. 1993 fielen die Preise für Muskatnüsse auf ein Viertel des alten Preises, da Indonesien zum Muskatnussexporteur Nummer Eins geworden war und die Ware billiger anbot. Inzwischen hat sich die Situation durch ein Kooperationsabkommen beider Länder von 1994 zwar stabilisiert, dennoch befindet sich die Insel nicht gerade in einer rosigen Wirtschaftslage; die **Arbeitslosigkeit** wird auf 40 % geschätzt. Weitere Exportartikel sind Bananen, Ingwer, Kakao, Zimt und Fisch.

Der **Tourismus** stieg nach der Invasion der Amerikaner wieder an, blieb jahrelang relativ konstant, ging aber als Folge von **Hurrikan Ivan** um über die Hälfte zurück. Am 7. September 2004 fegte Ivan mit ungeheurer Macht über Grenada und richtete großen Schaden an. Bäume stürzten um, Baumkronen wurden regelrecht abrasiert, Gebäude zerstört und nahezu alle Dächer abgedeckt. Von den meisten alten Kirchen auf der Insel sind nur die Türme stehen geblieben. Viele Häuser wurden völlig zerstört und mussten abgerissen werden, viele Privatleute und Hotels mussten wieder ganz von vorn anfangen, was inzwischen aber kaum noch sichtbar ist.

Auch Grenada leidet seit 2008 ganz erheblich unter den Folgen der weltweiten Wirtschafts- und Finanzkrise, u. a. sind die Touristenzahlen gesunken.

Grenada: Landeskunde

☑ Schöner studieren: die University of Grenada

076iu sm

Kunst und Kultur

Bildende Kunst

Von den in diesem Buch beschriebenen Inseln hat Grenada die meisten und besten **Maler** aufzuweisen. Man findet ihre Werke in vielen Läden der Stadt, teilweise auch als Drucke oder Postkarten. Wer sich für die karibische Malerei interessiert, geht am besten in **Jim Rudins Yellow Piou Galerie,** am Ausgang des Sendall-Tunnels rechts.

Elinus Cato ist beinahe 70 Jahre alt. Seine naiven Bilder sind von einer leuchtenden Farbenpracht: Menschen bei Arbeit oder Spiel, inmitten einer üppigen Tropenlandschaft. Von ihm beeinflusst wurde der ebenfalls bekannte junge Maler **Michael Paryag** aus Sauteurs.

Der „Altmeister" der grenadinischen Malerei ist der über 80-jährige **Canute Caliste.** Er lebt auf der Insel Carriacou und hat 20 Kinder. Seine Bilder haben fröhliche Motive: Bootsrennen, Szenen aus dem Karneval usw.

Der bedeutendste **Bildhauer** ist **Stanley Coutain.** Er arbeitet nahe an der afri-

kanischen Tradition. Seine Plastiken und Reliefs zeigen Masken, Figuren und Köpfe, manchmal sind sie auch abstrakt. Er benutzt einheimische Hölzer wie Saman, Mahagoni und Blue Mahoe.

Tänze

Auf Grenada sind noch einige alte Tänze überliefert, die aus der Sklavenzeit stammen und von französischen oder afrikanischen Einflüssen geprägt sind. So hat z. B. der **Lancers** zwar seinen Ursprung in Frankreich, wurde aber hier durch afrikanische Elemente verändert. Die Männer tanzen diesen Tanz in Schuhen mit Plateausohlen und im Frack. Die Frauen tragen lange Kleider, flache Schuhe und Rosetten im Haar.

Der **Bele** wurde wahrscheinlich von den Plantagenbesitzern abgeschaut. Die Männer tragen weite, weiße Hosen und rote Bänder um den Kopf. Die Paare sind barfuß, und die Frauen tragen lange, bunte Kleider.

Der **Bongo** ist ein afrikanischer Tanz, der als Totenwache eine ganze Nacht getanzt wurde, um die Seele ins Himmelreich zu begleiten.

Auch der **Big Drum Dance** begleitete früher oft Totenwachen nach afrikanischem Brauch. Er stammt noch aus der Sklavenzeit und konnte sich auf Carriacou halten, da die Insel sehr abgelegen ist. Die Trommeln werden aus großen Rumfässern hergestellt, mit dem Fell von Ziegen oder Widdern bezogen und mit Fäden bespannt. Der Musiker *Winston Thomas Fleary* hat eine Band zusammengestellt, die bereits Auftritte in England und den USA hatte. Das Bauen und Spielen der Big Drums ist inzwischen ein fester Bestandteil der Kultur Carriacous geworden und wird an Schulen gelehrt.

Auf Carriacou hat sich auch eine spezielle Form der **Quadrille** erhalten, die auf die englischen und französischen Kolonialherren zurückgeht.

◁ Kreuzfahrtschiff am Cruise Ship Terminal

REISETIPPS

Auf Grenada sind alle (touristischen) Einrichtungen vorhanden, die einen Aufenthalt angenehm gestalten. Landessprache ist Englisch, sodass die Verständigung kein Problem sein sollte. Ein jährlich wiederkehrendes Highlight ist – wie überall in der Karibik – der Karneval.

Ankunft

Maurice Bishop International Airport

1943 wurde der erste Flughafen auf Grenada eröffnet. Es handelte sich um eine kurze, unbeleuchtete Landebahn, weit von der Hauptstadt entfernt in einem Gebirgstal, die nur tagsüber von kleinen Propellermaschinen angeflogen werden konnte.

1966 entwarf *Ron Smith,* ein Ingenieur aus Grenada, die Pläne für einen neuen **Flughafen bei Point Salines.** 1979 begannen kubanische Konstrukteure mit dem Bau. Die Hauptlandebahn

ist 3000 m lang und verläuft über acht 20 m hohe, mit Gestrüpp bewachsene Hügelkämme. Es war ein schwieriges Unterfangen, aber es war die einzige Stelle der Insel, die für die Landung von Langstreckenfliegern geeignet war.

Den USA war der Flughafen von Anfang an ein Dorn im Auge, denn hier konnten auch Langstreckenbomber aus der UdSSR zum Auftanken landen. Bei der Invasion der USA war der Flughafen zu zwei Dritteln fertig, am 25.10.1984, genau ein Jahr nach der Invasion, wurde er für den ersten Linienflug geöffnet.

◁ Grenada, ein beliebtes Ziel – nicht nur für Kreuzfahrtschiffe

■ **Flughafengebühr** ab 13 Jahren 50 EC$, 2–12 Jahre 25 EC$ (bei Condor im Ticketpreis enthalten).
■ **Taxifahrten** nach St. George's kosten 30 EC$, nach Grand Anse und Lance aux Epines 25 EC$. Fahrten bis 1 Meile (1,6 km) vom Flughafen ca. 7 EC$, nach 18 Uhr wird es 30 % teurer.
■ **Am Flughafen gibt es keine Busse.**

Lauriston Airport

Der **Flughafen auf Carriacou** heißt Lauriston Airport. Die Departure Tax beträgt 10 EC$. Eine **Taxifahrt** nach Hillsborough kostet 15 EC$, nach Windward 25 EC$.

Airlines

■ **British Airways,** Tel. 440 2796
■ **LIAT,** The Carenage, St. George's, Tel. 440 2796, Fax 440 4166; Cargo, Tel. 440 8280, Fax 440 7563; Point Salines Airport, Tel. 444 4121, 444 4122, Fax 444 4835; Carriacou, Tel. 443 7362
■ **SVG Air,** Tel. 444 1475, www.svgair.com

Häfen

St. George's verfügt über einen natürlichen Hafen und ist die Hauptanlegestelle Grenadas mit Liegeplätzen für zwei Ozeanschiffe, einem 75 m langen Pier für Schoner und einem Containerlager. Von hier gibt es zahlreiche regelmäßige Schiffsverbindungen zu internationalen Häfen. Grenville und Prickly Bay (Grenada) werden hauptsächlich von kleineren Schiffen angelaufen.

Auf Carriacou gibt es einen Seehafen in Hillsborough und ein Yachthafen in der Tyrrel Bay.

Yachten

Ankommende Yachten sollten die gelbe „Q"-Flagge und die Flagge von Grenada an der Steuerbordrahe des Hauptmastes setzen. Der Kapitän sollte Folgendes vorbereiten: drei Mannschafts- und Passagierlisten, Immigrationskarten für den Landgang, Schiffs-, Geschäfts- und Gesundheitserklärung, eine Hafenfreigabe des letzten angelaufenen Hafens, Reisedokumente für Mannschaft und Passagiere. Die **Landeerlaubnis** wird von den Grenada Yacht Services in St. George's oder der Spice Island Marina in der Prickly Bay erteilt.

Botschaften und Konsulate

■ **Honorary Consul of the Federal Republic of Germany,** *Mrs. Margit Biebel-Potgieter,* P. O. Box 216, Grandmall, St. George's, Grenada, Tel. 001473 440 7260, Mobil 409 7260, bluebeard@caribsurf. com.
■ Für **Österreicher und Schweizer** sind die Botschaften in Venezuela zuständig, siehe Kapitel „Reisetipps A–Z: Notfalltipps".

Einkaufen

Souvenirs

Die typischen Mitbringsel aus Grenada sind Gewürze und Muskatnussprodukte sowie Rum. **Muskatnussprodukte** kauft man am günstigsten in der Fabrik in Gouyave, **Gewürzkörbe** auf dem Markt oder auf der Straße, und **Rum** in den Duty Free Shops oder ebenfalls direkt in der Fabrik.

■ **Art Fabrik,** Young Street, St. George's, inseltypische Batik.
■ **Grand Anse Craft and Spice Market,** Grand Anse, täglich 8–17.30 Uhr, große Auswahl an Souvenirs.
■ **Arawak Islands,** Frequente Industrial Park, St. George's, www.arawak-islands.com, stellt Parfum, Tee, Seifen, Duftkerzen, Räucherstäbchen und Körperöl her. Die Fabrik kann besichtigt werden, Mo–Fr 8.30–13 Uhr, Tel. 444 3577 oder 444 3566, Fax 444 3577.

Schmuck

■ **Lisa's** ist der z. Z. größte Schmuckanbieter in Grenada mit Filialen in der Spiceland Mall und der Esplanade Mall (St. George's). Lisa besitzt außerdem die größte Privatsammlung von **Artefakten der Ureinwohner** Grenadas. Man kann einen Teil in ihrem Schmuckladen in der Esplanade Mall bewundern, wo sie zu (allerdings sehr schönen) Dekorations- und Werbeobjekten geworden sind. Es besteht die Möglichkeit, Schmuckstücke mit den mystischen Zeichen der Indianer zu kaufen bzw. herstellen zu lassen.

Duty Free Shop

■ **Duty Free Carribbean,** Maurice Bishop Airport, täglich 6–22 Uhr; Esplanade Mall, St. George's, Mo–Fr 8.30–16.30, Sa 9–13 Uhr.

Buchläden

■ **Fedon Books,** Ciboney House, H. A. Blaize Street, St. George's, Mo–Fr 9–17, Sa 9–13 Uhr.
■ **Sea Change Book & Gift Shop,** Point Salines Airport und unter dem Nutmeg-Restaurant in der Carenage in St. George's, internationale Zeitschriften, Bücher aus England, Amerika und von den West Indies.

T-Shirts

■ **Fidel Productions,** Tel. 443 6185, www.fidel-productions.com, Grenadas größte T-Shirt-Produktion. Typisch karibische T-Shirts, von Künstlern entworfen und auf der Insel hergestellt. Die Shirts gibt es in vielen Boutiquen und Einkaufszentren.

Feste und Feiertage

Feiertage

■ **Neujahr**
■ **Unabhängigkeitstag** (7. Februar)
■ **Karfreitag, Ostermontag**
■ **Christi Himmelfahrt**
■ **Pfingstmontag**
■ **Fronleichnam**
■ **Tag der Sklavenbefreiung** (erster Montag im August)

- **Thanksgiving** (25. Oktober)
- **1. und 2. Weihnachtsfeiertag**

Feste

Aktuelle Termine erhält man beim Touristenbüro.

- **Spice Island Billfish Tournament,** im Januar
- **Grenada Sailing Festival,** im Januar, ein einmaliges Erlebnis. Neben Wettsegeln auch Windsurfing, Kite Flying, großes Straßenfestival in der Carenage, St. George's. Nähere Informationen und Anmeldung: Grenada Sailing Festival, Tel. 440 4809, Fax 440 4811, www.grenadasailingfestival.com.
- **Grenada Triathlon,** Januar, 1,5 km Schwimmen, 25 km Fahrradfahren, 5 km Laufen.
- **St. Patrick's Day Fiesta,** Sauteurs, im März, Straßenfest mit Tanz, Musik, Essen, Trinken und Ausstellungen einheimischer Kunst und Kunsthandwerks.
- **National Kite Flying Competition** am Ostermontag.
- Im April: **St. Mark's Day Fiesta,** marktähnliches Straßenfest mit viel Musik in Victoria (Grenada), und im Belair National Park auf Carriacou das dreitägige **Maroon Cultural Festival** mit Musik, Tanz und einheimischen Gerichten.
- **Spice Laugh Festival,** Comedyfestival.
- **Fisherman's Birthday Celebration** wird im Juni gefeiert, hauptsächlich in Gouyave. Die Boote und Netze werden gesegnet, es finden Bootsrennen und an Land ein Minikarneval mit Straßentanz statt.
- **Fish Friday,** wöchentliche Straßenparty in Gouyave.
- **Carib Road Shows,** Vorgeschmack auf den Karneval, Straßenparty und Calypso-Shows.
- **Carriacou Regatta,** ein Wochenende im Juli/August mit Bootsrennen und Kulturshows. Hier kann man auch den für die Insel typischen Big Drum Dance sehen.

- Außerdem finden monatlich **Regatten und Yachtrennen** statt: True Blue Indigo Yacht Race (Februar), Easter Yacht Race (März), Petite Martinique Easter Regatta, Easter Dingy Races, Grenada Electricity Serv. Yacht Race (Mai), Footloose Charters & Outfitters International Yacht Race (Juni), Venezuelan Independence Day Regatta (Juli), La Soucre Yacht Race (Juli), Grenada Yacht Club Race (September/Oktober), End Of Hurricane Season Yacht Race (November). Infos: **Grenada Yacht Club,** Tel. 440 6826.
- Der **Karneval** auf Grenada (s. u.) findet im August statt, der von Carriacou wie bei uns.
- **Rainbow City Festival** im August ist ein Straßenfest, ähnlich wie St. Patrick's Day, und findet in Greenville statt.
- **Carriacou Parang Festival,** weihnachtliches Musikfestival.

Karneval

Der Höhepunkt aller Feste ist in Grenada, wie auf vielen anderen karibischen Inseln, der Karneval. Da aber die Konkurrenz, der Karneval in Trinidad, einfach zu groß ist, hat man das Fest auf Grenada einfach in den **August** verlegt.

Auch hier wurde der Karneval von französischen Siedlern eingeführt und war ursprünglich ein Fest der Oberschicht. Als die Sklaverei abgeschafft wurde, entwickelte sich der Karneval zu einem Fest der schwarzen Bevölkerung. Damals verkleideten sich die Menschen

> Karneval auf Grenada

gern als Teufel. Mit Furcht erregenden **Masken** führten sie wilde Tänze auf. Diese oft mit Schlamm eingeschmierten Teufel findet man bis heute im Karneval. Ansonsten setzt man jetzt mehr auf farbenfrohe und fantasievolle Kostüme.

Inzwischen gibt es ungefähr 15 **Karnevalsbands** auf der Insel, mit bis zu 500 Mitgliedern. Jede Band wird von einer Livegruppe musikalisch begleitet und trägt Kostüme zu einem bestimmten Thema. Jede Band hat einen König und eine Königin, deren Kostüme mehrere Meter hoch und breit sein können.

Am Samstag vor Karneval werden **König und Königin des Jahres** gewählt. Eine Woche vorher werden bereits Juniorking und -queen, Calypsoking und -queen, sowie die beste Steelband erkoren. Am Sonntagabend treten alle Kings und Queens an und nochmals wird gewählt: King of the Kings und Queen of the Queens. Am Montag und Dienstag ziehen alle Gruppen gemeinsam durch die Straßen.

Man kann auch **als Tourist am Umzug teilnehmen.** Zeichnungen der Kostüme werden in den Wochen vor Karneval in den Mas Camps ausgestellt; hier kann man sich das Passende aussuchen (die Preise beginnen bei 50 US$).

Geld

Die **Währung** von Grenada ist der **EC$** (East Caribbean Dollar, siehe Kapitel „Reisetipps A–Z: Geld"), aber seit der amerikanischen Invasion ist der **US-Dollar** (US$) sozusagen die zweite Landeswährung. Alle Preise, auch in den meisten Geschäften, sind in beiden Währungen angegeben, und man kann mit beiden bezahlen. Zahlt man in US$,

so bekommt man das Wechselgeld wahlweise in US$ oder EC$ zurück.

Fast überall werden die gängigen **Kreditkarten** wie VISA, MasterCard, Diners und American Express akzeptiert. Letztere ist wegen langer Überweisungszeiten manchmal nicht so beliebt. American Express hat ein Büro in St. George's, Christ Church Street, Tel. 440 2945.

Reiseschecks nimmt man am besten in US$ oder Euro mit.

Banken

■ **Scotia Bank,** Halifax Street, St. George's; Grand Anse und Grenville
■ **First International Caribbean Bank,** Church Street, St. George's; Grenville und Grand Anse
■ **Grenada Cooperative Bank,** Church Street, St. George's, Tel. 440 2111
Öffnungszeiten: Mo–Do 8–14 Uhr, Fr 8–16 Uhr.

Gesundheit

Für alle Hotels stehen Ärzte abrufbereit zur Verfügung. Ein Besuch beim Arzt kostet ca. 80 EC$, eine Arztvisite im Hotel 150–180 EC$.

Zu den **Notrufnummern** für Feuerwehr und Krankenwagen siehe unten: „Post und Telefon".

Krankenhäuser

■ **General Hospital,** St. George's, unterhalb von Fort George, Tel. 440 2051
■ **Old Trafford Medical Centre,** Tanteen Road, St. George's, Tel. 440 7780

■ **St. Augustine Medical Services,** Tel. 440 6173 und Fax 440 6176, www.samsgrenada.com. Kleines Privatkrankenhaus in St. Paul's, etwa 10 Autominuten von St. George's entfernt, unter deutscher Leitung. Die Ambulanz ist Mo–Fr 8–16 Uhr und Sa 8–12 Uhr geöffnet.
■ **St. George's University,** True Blue Bay, Grenada, Tel. 444 4271
■ **Mirabeau Hospital,** Mirabeau, St. Andrew, Grenada, Tel. 442 7251
■ **Brooke-Smith-Lowe Institute,** Calivigny, Grenada, Tel. 443 5693
■ **In Hillsborough,** Second Avenue, Tel. 443 7400

Zahnärzte

■ **Dr. Julie Dubois,** Adventist Clinic, St. George's, Tel. 440 1503
■ **Dr. Albert Fletcher,** Dental Clinic, St. George's, Tel. 440 2051
■ **Dr. John Watts,** St. George's, Tel. 440 2606
■ **Dr. Victoria Mc Millian-Rennie,** Grenville, Tel. 442 6556

Informationen

Touristenbüros

■ **Grenada Board of Tourism,** Burns Point, St. George's, Grenada, Tel. 440 2279, 440 2001, 440 3377, Fax 440 6637, www.grenadines.com
■ **Grenada Board of Tourism,** Main Street, Hillsborough, Carriacou, Tel. 443 7948, Fax 443 6127, carrgbt@spiceisle.com
■ **Cruise Ship Office,** Esplanade, St. George's, Tel. 440 2872
■ **Maurice Bishop International Airport,** Tel. 444 4140

Inselrundfahrten und Ausflüge

Tourveranstalter auf Grenada

■ **Adventure Jeep Tours,** Tel. 444 5337, Fax 444 5681, www.adventuregrenada.com. Hier kann man „River Tubing" buchen. In einem runden Schlauchboot von der Größe eines Treckerreifens fährt man den Balthazar River hinunter. Nur nach Voranmeldung. Im Mai/Juni kann man auch Schildkröten-Beobachtungstouren buchen, www.turtlewatch.com.

■ **Caribbean Horizon Tours,** Tel. 444 1555, Fax 444 2899, www.caribbeanhorizons.com

■ **Eco Trek,** Grand Anse, Tel. 444 7777, Fax 444 4808, www.ecodiveandtrek.com

■ Der meiner Meinung nach beste Anbieter für Regenwaldtouren ist **Henry's Safari Tours,** Tel. 444 5313, Fax 444 4460, www.spiceisle.com/safari.

■ **Rhum Runner,** Tel. 440 2198, Fax 440 4149, renthom@caribsurf.com

■ **Sunsation Tours** ist ein deutschsprachiges Reisebüro, bei dem man sehr freundlich betreut wird. Es werden Halbtages- und Ganztagestouren inkl. Getränken sowie Tagestouren nach Carriacou und Segeltörns in die Grenadinen angeboten. Otway Building, Grand Anse, Tel. 444 1594, Fax 444 1103, Mo–Fr 8–16.30 Uhr, www.grenada sunsation.com.

■ **Sunshine Tours,** Tel. 444 2831, Fax 444 4296, suntours@spiceisle.com

■ **Mandoo Tours,** Tel. 444 1482, Fax 440 1428, www.grenadatours.com

Tourveranstalter auf Carriacou

■ **Vera Bullen & Sons,** Tel. 443 7468, Fax 444 3330

Medien

Presse

Die **Zeitungen** auf Grenada erscheinen wöchentlich. Im Inhalt findet sich viel Lokales und kaum Internationales. Die meistgelesene Zeitung ist *The Grenada Voice*, außerdem gibt es *The Informer*.

Kostenlose Zeitschriften für die Touristen gibt es in den Touristenbüros: *Spicy Grenada*, *Discover Grenada* und *The Greating*. Außerdem bekommt man auf der Insel die Zeitschriften *Times* und *Newsweek*.

Fernsehen

Grenada verfügt über **drei Fernsehstationen und zwei Kabelstationen,** Kanal 7 und 11. Es können außerdem die Programme von Trinidad & Tobago Television (TTT) empfangen werden. Viele Hotels haben Satelliten- oder Kabelfernsehen (US-amerikanische Programme).

Radio

Es gibt **acht Radiostationen** auf Grenada: AM 1400 und 535 kHz, FM 89,5; 90; 95,7; 96,3; 98,5; 101,7; 103; 105,5 kHz.

Europäische Kurzwellenprogramme kann man auf 15,045 kHz empfangen (11.45–13.15 Uhr), US-amerikanische von 13.30–16.30 Uhr.

Post und Telefon

Post

Das **General Post Office** von St. George's befindet sich in der Lagoon Road beim Hafen. Es ist Mo–Fr von 8–15.30 Uhr geöffnet, Tel. 440 2731. In allen Städten und Dörfern gibt es ebenfalls Poststellen.

Telefonieren

Das Büro der Telefongesellschaft *Cable & Wireless* befindet sich in der Carenage, St. George's. Es bietet u. a. **Mobilfunk, Fax** und **Internetzugang.** Öffnungszeiten: Mo–Fr 7.30–16 Uhr, Sa 7.30–13 Uhr, So 10–12 Uhr. Das Büro in Grand Anse ist Mo–Fr 9–15 Uhr, Sa 10–13 Uhr.

Es gibt viele **Telefonzellen** mit Phonecard-System. Telefonkarten gibt es bei Grentel, in einigen Geschäften und in den Touristenbüros. Wenn man mit Kreditkarte telefonieren will, wählt man die Nummer 1800 877800.

Bei Davids Car Rentals (Tel. 444 4091) am Flughafen Point Salines bekommt man **Handys.**

Die **internationalen Vorwahlen** lauten: von Europa nach Grenada: 001 473; von Grenada nach Deutschland: 0049, Österreich: 0043, in die Schweiz: 0041.

▷ Lake Antoine auf Grenada

Wichtige Telefonnummern auf Grenada
- **Polizei, Feuerwehr:** 911
- **Krankenwagen (St. Andrew):** 724
- **Krankenwagen (St. George's):** 434
- **Küstenwache:** 339

Wichtige Telefonnummern auf Carriacou
- **Polizei, Feuerwehr:** 7482
- **Krankenwagen:** 7400
- **Flughafen:** 7362
- **Apotheke:** 7933

Sport und Aktivitäten

Sportfischen

- Tiefseefischfreunde können Boote mieten bei **Grenada Marine,** Lagoon Road, St. George's, Mo–Sa 8–17 Uhr, Tel. 443 1667, Fax 443 1668, www.grenadamarine.com.
- **True Blue Sportfishing,** Tel./Fax 444 2048, www.yesaye.com
- **Captain Peters,** Tel. 444 1349

Fitness-Center

- **Body Image Health Club,** Tel. 444 3254, Exel Centre, Mo–Fr 6–19 Uhr, Sa 8–16 Uhr, So 8–12 Uhr

Golf

Der **Grenada Golf und Country Club** befindet sich in der Nähe des Grand Anse Beach. Der Platz hat 9 Löcher und wird am besten über ein Hotel gebucht. Der Club ist Mo–Sa 8–18 Uhr geöffnet,

So 8–12 Uhr (einschließlich der Bar), Tel. 444 4128, Fax 444 4129. Green fees: 40 EC$ (9 Löcher).

Hash

Hash ist eine Mischung aus Sport und Vergnügen und wurde seit 1985 schon über 500 Mal auf Grenada veranstaltet. Kurz beschrieben ist es eine **Schnitzeljagd,** von einem **Rumshop** als Ausgangspunkt über einen markierten Weg querfeldein, bei der man nach 1–2 Stunden wieder beim Rumshop landet. Dieser beliebte Funsport findet jeden zweiten Samstag um 16 Uhr in einem anderen Rumshop der Insel statt. *Hash* wurde 1938 von drei Briten in Malaysia erfunden, um sich Bewegung zwischen den Bieren zu verschaffen. Die Briten waren

Mitglieder des extravaganten *Selangor Clubs,* und der Name kommt von *Hash House,* einem Gebäude des Clubs.

■ **Informationen** unter www.grenadahash.com

Mountainbiking

■ **Trailblazer Tours,** Lance Aux Epines, Grenada, Tel. 444 5337, Fax 444 4567, www.adventuregrenada.com

Tubing

■ **Adventure River Tubing,** Balthazaar Estate, Tel. 444 5337, Fax 435 3949, www.adventuregrenada.com; gesichert mit Schwimmweste und Helm geht es in einem großen Schwimmring den Fluss hinunter – ein Riesenspaß!

Schnorcheln

■ **Aquanauts Snorkel Grenada,** in der True Blue Bay und in Grand Anse, deutschsprachig, Tel. 439 2500, 444 1126, www.aquanautsgrenada.com; hier wird auch *scooter snorkeling* angeboten, ein Trip für 30 US$.

Tauchen

Die Riffe um Grenada und Carriacou sind wie geschaffen für Taucher. Anfängern wie Fortgeschrittenen bietet sich eine faszinierende Unterwasserwelt. Nicht nur die Fisch- und Pflanzenwelt ist beeindruckend, auch einige **Wracks** laden zu einem Tauchabenteuer ein. So liegt in der Nähe des Moliniere-Riffs in 20 m Tiefe seit 18 Jahren der versunkene Zweimaster „Buccaneer".

Für erfahrene Taucher gibt es die Möglichkeit, an der Ostküste vor Sagesse das Wrack der 1900 gesunkenen „**SS Orinoco**" zu ertauchen. Allerdings ist hier das Meer sehr rau. Die SS Orinoco sank, weil der Kapitän die Kerzen, die in der Nacht zum 1. November auf die Gräber gestellt wurden, irrtümlich für die Hafenlichter von St. George's hielt. Das Schiff lief auf ein Riff und zerbarst.

Am 22. Oktober 1961 lag das 18.000 t schwere Kreuzfahrtschiff „**Bianca**" im Hafen von St. George's, als es beim Start zu einer großen Explosion kam. Die meisten der 700 Passagiere konnten gerettet werden. Die stark beschädigte Bianca sollte dann zu einem außenliegenden Riff geschleppt werden, weil sie die Hafeneinfahrt blockierte. Der Versuch misslang, und die Bianca sank kurz vor dem Grand Anse. Heute ist sie die **größte Tauchattraktion Grenadas.** Wegen ihrer Größe hat sie den Spitznamen

⌄ Verschlafen und romantisch: Gouyave auf Grenada

„Titanic der Karibik" erhalten. Eine Gedenktafel im Hafen erinnert an das Unglück.

Die besten Tauchstellen Grenadas befinden sich im Südwesten der Insel, zwischen der Dragon Bay und dem Pink Gin Beach, sowie im Süden bei Glover Island. Detaillierte Beschreibungen der folgenden Tauchstellen unter www.grenadagrenadines.com.

■ Zum Tauchen für Anfänger ebenso wie zum Schnorcheln geeignet ist das **Moliniere Reef,** wo auch das Wrack der **Bucaneer** liegt.

■ Ebenfalls für Anfänger geeignet ist die **Dragon Bay** mit dem Happy Valley. Mit einigem Glück kann man hier auch den Manta Ray sehen.

■ Wie ein „Ankerfriedhof" sieht der Hafen von St. George's im **Channel Reef** aus.

■ Schöne Korallenformationen und Fischschwärme kann man im **Spice Island Reef** bewundern.

■ Nur erfahrene Taucher sollten ins **Whibbles Reef** vordringen, denn dort herrscht eine starke Strömung.

■ In der Nähe von Point Salines liegt das **Boss Reef.** Hier kann man in „The Hole" Muränen und Barracudas sehen, manchmal Wale in der Valley of Whales und gigantische braune Korallenbäume sowie Riesenmuscheln und Tintenfische in den Forests of Dean.

■ Dann sind da noch **Grand Mall Point,** die **Red Buoy** mit einem korallenüberwucherten Wrack und **Three Parts Wreck** erwähnenswert. Wie der Name schon vermuten lässt, liegt hier ein in drei Teile zerbrochenes Wrack, in 12 m Tiefe bei Quarantine Point.

■ **Kick'em Jenny** ist ein Unterwasservulkan, wo es schöne Korallenformationen und seltene Fische gibt.

■ Die anderen Tauchstellen bei den **Twin Sisters, Sister Rocks** und **Saline Island** sind nur für erfahrene Taucher geeignet. Bei den Twin Sisters kann man sogar in Höhlen tauchen.

Auf beiden Inseln hat man als Nichttaucher die Möglichkeit, **Tauchkurse** mitzumachen. Ein eintägiger Schnupperkurs besteht aus Theorie, Übungen im Pool sowie einem Tauchgang im Meer. Wer etwas mehr Geld und Zeit investieren möchte, kann einen internationalen Tauchschein machen, das **PADI-Zertifikat.** Damit kann man dann überall eine Tauchausrüstung leihen.

Tauchschulen auf Grenada

■ **Aquanauts Grenada Ltd.,** Grand Anse und True Blue Bay, auch deutschsprachig, Tel. 444 1126, 444 2500, www.aquanautsgrenada.com

■ **Dive Grenada,** Grand Anse, Tel. 444 1092, www.divegrenada.com

■ **Eco Dive,** Coyaba Beach Resort, Grand Anse, Tel./Fax 444 7777, www.ecodiveandtrek.com

■ **Devotion2ocean,** Tel./Fax 444 3483, www.devotion2 ocean.com

■ **Scuba Tech Grenada,** Tel. 439 4346, 444 4334, Fax 444 5050, www.scubatech-grenada.com

Tauchschulen auf Carriacou

■ **Arawak Divers,** Harvey Vale, Carriacou, Tel./Fax 443 6906, Fax 443 8312, www.arawak.de

■ **Carriacou Silver Diving,** Main Street, Hillsborough, Tel. 443 7882, deutschsprachig, www.scubamax.com

■ **Lumba Dive,** Tel. 443 8566, Mobil 457 4539, www.lumbadive.com

Tennis

Die meisten Hotels haben eigene Tennisplätze. Öffentliche Plätze gibt es in Tanteen und Grand Anse. Außerdem kann man Mitglied im **Richmond Hill Tennis Club** (oberhalb von St. George's, Grenada) werden, muss aber seine eigene Ausrüstung mitbringen.

Triathlon

Alljährlich im Januar findet auf Grenada ein Triathlon statt, bei dem auch viele Deutsche mitmachen: 1 km Schwimmen, 25 km Rad fahren, 5 km Laufen. Nähere Informationen: **G. Triathlon Committee,** St. George's, Tel. 444 3343.

Wandern

Für Wanderfreunde bietet sich der **Nationalpark Grand Etang** auf Grenada an. Kleinere Wanderungen kann man auf eigene Faust unternehmen, siehe Kapitel „Grenada: Grand Etang National Park". Geführte Wanderungen in kleinen Gruppen kann man buchen bei:

- **Eco Trek,** Grand Anse, Grenada, Tel. 444 7777, www.ecodiveandtrek.com, Regenwald- und Tauchtouren, Schildkrötenschutzprojekt
- **Henry's Safari Tours,** Grenada, Tel. 444 5313, www.spiceisle.com/safari
- **Telfor Hiking Tours,** Tel. 442 6200
- **Kido Ecological Research Station,** Carriacou, Tel. 443 7936, www.kido-projects.com, Wandern, Radtouren, Wal- und Delfinbeobachtung

Wale beobachten

Whale watching ist das ganze Jahr über möglich. Die meisten Tiere sieht man zwischen Dezember und April. Walbeobachtungstouren für ca. 60 US$ bei:

- **First Impression Ltd.,** Tel. 440 3678, starwindsailing@spiceisle.com
- **Kido Ecological Research Station,** s. o.

Wasserski

Bei den Hotels am Grand Anse kosten 5 Minuten 15–20 US$. **Windsurfing** und **Parasailing** ist ebenfalls über einige Hotels möglich.

Yachtcharter auf Grenada

- **Carib Cats,** Tel. 444 3222, helvellynhouse@spiceisle.com
- **Footloose Yacht Charters,** Tel. 450 9531, www.grenadasailing.com
- **Horizon Yacht Charters,** Tel. 439 1000, www.horizonyachtcharters.com
- **Island Yacht Charters,** Tel. 443 5624
- **Spice Island Marine Services,** Tel. 444 4257, www.spiceislandmarina.com

Yachtcharter auf Carriacou

- **Beezo,** Tel. 443 5477, 443 5164
- **Carriacou Islander,** Glasbodenboot, Tel. 443 8182
- **Carriacou Yacht Charters,** Tyrrel Bay, Tel. 443 8599
- **Firefly,** Tel. 443 8625, studio@caribsurf.com

Unterkunft, Restaurants, Unterhaltung

Homestays

Homestays auf Grenada und Carriacou bieten z. B. die Möglichkeit, bei **einheimischen Familien** zu wohnen, aber auch Hotelzimmer oder **Cottages** in verschiedenen Teilen der Inseln, jeweils von einfach bis luxuriös. Außerdem wird eine **Grenadinen-Kreuzfahrt** auf einer CSY44-Yacht mit Skipper und zwei privaten Kabinen angeboten.

Der **Preis** für die günstigste Unterkunft liegt bei 30 US$ plus 5 % Steuern pro Person. Ab zwei Übernachtungen ist die Fahrt von und zum Flughafen inbegriffen, ebenso wie Frühstück und eine weitere Mahlzeit. Nähere Infos unter www.homestaysgrenada.com.

Restaurants

Grenada hat ein reichhaltiges Angebot von der Imbissbude über kleine einheimische Lokale bis zum 4-Sterne-Restaurant. Ein Essen kostet 30–100 EC$, Erfrischungsgetränke ca. 3 EC$, Bier ca. 4 EC$, Wein ca. 9 EC$.

Unterhaltung

■**Fantazia 2001,** am Morne Rouge Beach von Grenada, die bekannteste Disco der Insel, täglich heiße Rhythmen, Sa und So Tanz ab 21.30 Uhr.

■**Karaoke,** im Creole Shak, The Carenage, St. George's.

■**Kinos,** Deluxe Cinema, Grenville, Tel. 442 6200; Reno Cinema, Lagoon Rd, St. George's, Tel. 440 5368; Triple Reels Cineplex, Exel Plaza, Tel. 442 7636.

■**Marryshow Folk Theater,** Tyrrel Street, St. George's, Veranstaltungen siehe Tagespresse vor Ort.

■Der Doppeldeck-Katamaran **„Rhum Runner"** fährt jeden Do, Fr und Sa um 8, 13 und 19.30 Uhr die Küste vor St. George's und Grand Anse entlang, mit Live-Musik und gratis Rumpunsch, Reservierung: Tel. 440 2198, renthom@caribsurf.com.

Verkehrsmittel

Busse

Die Busse des Public Transport sind blau-weiße Minibusse, die andersfarbigen sind privat und etwas teurer. An den Bussen stehen keine Richtungsangaben, man muss immer fragen. Abfahrt ist meistens dann, wenn der Bus beinahe überfüllt ist.

Grenada: Die beiden Hauptbushaltestellen sind am Market Square und an der Esplanade. Die Busse von Market Square fahren in südliche Richtung über Calvigny, Westerhall und La Sagesse nach Grenville sowie in die Außenbezirke von St. George's. Am nördlichen Ende der Esplanade fahren die Busse über Gouyave und Victoria nach Sauteurs, Grand Etang und Grenville. Weiter südlich nach Grand Anse und Calliste. Fahrten innerhalb von St. George's und nach Grand Anse kosten 1,50 EC$, nach Grand Etang 3 EC$, Grenville 5 EC$, Sauteurs 5,50 EC$, Annandale 2 EC$, Concorde 3 EC$, Gouyave 3,50 EC$, La

Sagesse 3 EC$, Victoria 4 EC$ und nach Westerhall 2,25 EC$.

Plant man einen Tagesausflug, so ist es ratsam, den Fahrer zu fragen, wann der letzte Bus zurückgeht

Carriacou: Fahrten innerhalb einer Meile kosten 1,50 EC$, weitere Strecken 2,50 EC$.

Taxis

Taxis sind durch **Nummernschilder** mit einem **„H"** am Anfang gekennzeichnet. Es gibt keine Taxameter, die Preise sind von der Regierung festgelegt, in jedem Fall sollte man den Preis vor der Fahrt aushandeln. Taxifahrten unter 2 km kosten 7 EC$.

Taxifahrten **außerhalb von St. George's** kosten 2,50 EC$ pro Kilometer für die ersten 10 km, danach 3 EC$ pro Kilometer. Nach 18 Uhr ist ein Zuschlag von 10 EC$ pro Fahrt zu zahlen. Zu Kosten für Taxifahrten zum und vom Flughafen siehe oben bei „Anreise".

Die Taxifahrer bieten den Touristen überall **Inseltouren** an. Auch dafür sollte man vor Fahrtantritt den Preis aushandeln. Eine Inselrundfahrt auf Carriacou kostet zwischen 100 und 140 EC$.

Mietwagen

Um in Grenada Auto fahren zu dürfen, muss man mindestens 21 Jahre alt und im Besitz eines gültigen Führerscheins sein. Für 30 EC$ erhält man eine **Fahrerlaubnis für Grenada** bei den Autovermietern (entfällt bei Vorlage des internationalen Führerscheins). Die Mietpreise liegen bei 45–60 US$ pro Tag. Bei längerer Mietdauer wird es günstiger.

Autoverleiher auf Grenada

■ **Archie Auto Rentals,** Tel. 439 0086, Fax 439 0588, www.archierentals.com, kleine Autos, Jeeps, Vans etc., günstige Angebote

■ **David's Car Rental,** Tel. 444 3399, www.davids-car.com

■ **McIntyre Bros Ltd.,** Tel. 444 3944, www.caribbeanhorizons.com

■ **MCR Car Rentals,** Tel. 440 5398, royston@caribsurf.com

■ **Sanvics Jeep & Car Rentals,** Tel. 444 4753, www.sanvics.com; Jeeps ab 50 US$ pro Tag

■ **Sunsation Tours** vermietet Suzuki (Jimmys) ab ca. 40 US$ pro Tag und ist damit sehr günstig, Tel. 444 1594, www.grenadasunsation.com

■ **Sunshine Tours,** Tel. 444 2831, qkspice@spiceisle.com

■ **Thomas & Sons,** Tel. 439 3309, berthomas@spiceisle.com

■ **Y & R Car Rentals,** Tel. 444 4448, www.y-r.com

⌄ Pearls Airport – der letzte Flieger

Autoverleiher auf Carriacou

■ **John Gabriel,** Tel. 443 7454

■ **Martin Bullen,** Tel. 443 7221

Fahrradverleih

■ **Adventure Jeep Tours,** Lance Aux Epines, Tel. 444 5337, www.adventuregrenada.com

Boote

Osprey Shuttle (Schnellkatamaran), Tel./ Fax 444 8126, osprey@caribsurf.com, unterhält folgende Verbindungen:

■ **Grenada – Carriacou,** Mo–Fr 9 und 17.30 Uhr, Sa 9 Uhr, So 8 und 17.30 Uhr.

■ **Carriacou – Grenada,** Mo, Mi und Do 10, So 12 Uhr. Die Fahrzeit beträgt 90 Min. Eine einfache Fahrt kostet 80 EC$, hin und zurück 160 EC$.

■ **Carriacou – Petite Martinique,** Mo–Sa 10.30 und 19 Uhr, So 9.30 und 19 Uhr.

■ **Petite Martinique – Carriacou,** Mo–Sa 5.30 und 15 Uhr, So 15 Uhr. Einfache Fahrt 20 EC$, hin und zurück 40 EC$.

Postboot: Wer mehr Zeit und weniger Geld investieren will, kann auch mit dem Postboot fahren. Die Fahrt dauert 3–4 Stunden und kostet 25 EC$ pro Strecke. Abfahrt von Grenada nach Carriacou: Di, Mi, Fr und Sa 10 Uhr.

Flüge

Tägliche Flüge zwischen Grenada und Carriacou mit der SVG Grenada Air. Die Flugzeit beträgt 20 Min., ein einfaches Ticket kostet 124 EC$, hin und zurück 245 EC$. Nähere Informationen: Tel. 444 1475, www.svgair.com.

Die **Highlights** erkennt man im Buch an der gelben Hinterlegung im Kapitel.

⌃ Kakaobohnen und Muskatnüsse

DIE INSEL

Zunächst ist die Hauptstadt der Insel, St. George's, hervorzuheben, eine der schönsten Städte in der Karibik. Grenada lockt zudem mit interessanten Regenwaldtouren, herrlichen Stränden, Muskatnuss-Plantagen, Rumdestillerien und einer Schokoladenfabrik. Die Nachbarinseln Carriacou und Petite Martinique verzücken mit ihrem wunderbaren karibischen Charme.

St. George's

Grenadas Hauptstadt St. George's mit ihren kleinen Gässchen, in denen sich der Verkehr in Einbahnstraßen bergauf und bergab schlängelt, und den pastellfarbenen Häusern mit den roten Ziegeldächern, am Berghang hinaufgebaut, ist **vielleicht die schönste Stadt der Kleinen Antillen.**

St. George's hat **10.000 Einwohner** und viele Häuser in englisch-georgianischer Bauweise mit dem Charme und Flair des 18. Jh. Das ist verwunderlich,

denn die Stadt wurde 1771, 1775 und 1795 von Feuersbrünsten heimgesucht und 1867 und 1888 von Erdbeben erschüttert. Zudem deckte Hurrikan *Ivan* 2004 viele der alten Gebäude ab.

Fort George

Über allem thronen die Festungsmauern des alten Fort George, **1705–1710 von den Franzosen erbaut.** St. George's wurde 1705 von französischen Siedlern gegründet und erhielt den Namen **Fort Royal.** 1763 gaben die Engländer der Stadt den Namen ihres damaligen Königs. 1979 wurde es für kurze Zeit in Fort Rupert umbenannt, in Gedenken an *Maurice Bishops* Vater, aber der Name setzte sich nicht durch, und der englische Name Fort George blieb. 1974 wurde von hier ein Streik ausgerufen, und 1983 wurden Maurice Bishop und einige seiner Anhänger hier ermordet. Heute befindet sich oben auf der Festung die Polizeistation.

Der Fortberg trennt den Outer Harbour von der Carenage. Damit die Pferdefuhrwerke nicht den steilen Fortberg hinauf mussten, baute man 1894 den 150 m langen **Sendall-Tunnel** durch den Berg. Er wird heute noch als Einbahnstraße von der Carenage in Richtung Baytown benutzt. Der Tunnel ist schmal, und die Fußgänger quetschen sich an der Wand entlang.

Carenage

So lange Menschen auf Grenada leben, war die Carenage der **quirlige Mittelpunkt der Insel.** Schon die Indianer landeten mit ihren Kanus in dieser Bucht

065lu sm

und fuhren von hier aus zum Fischen. Auch bei den ersten europäischen Siedlern war die Bucht wegen ihrer Sicherheit beliebt. Auf der Anhöhe **The Bluff** oder **Moncton's Redoubt** wurde die erste Stadt erbaut, und zwar auf dem Hügel gegenüber von Fort George. Unterhalb von Moncton's Redoubt liegt der **Ballast Ground,** wo im 18. und 19. Jh. die Schiffe aus Europa anlegten, um Zucker, Rum und Indigo zu laden. Als Ballast hatten sie oft die roten Dachziegel *(fish scale-tiles)* an Bord, die man heute noch auf den alten Häusern sehen kann.

Vom Ballast Ground bis zum alten Cruising Ship Centre am südlichen Ende der Carenage zieht sich in einem langen Bogen **„The Lagoon", Grenadas größter Yachthafen.** In der Bucht ankern Schoner und Segelschiffe aus aller Herren Länder. An der Lagoon Road, die direkt am Hafen vorbeiführt, gibt es Unterkünfte und Supermärkte. Auch hier wurde einiges von Hurrikan Ivan zerstört,

☑ St. George's, die schöne Hauptstadt der Insel

St. George's

Gouyave

Queen's Park

St. George's Bay

River Road · St. John's · River

Cemetery Hill · Church Street · Old Fort Road

Grenville

Roman Catholic Cathedral

St. Julie St.

Melville Street

1 Market Square

St. Johns St. · Grenville St.

Supreme Court, York House

Methodisten-Kirche

Lucas Street

University of the West Indies

A Fort Frederick

Green St. · Cable & Indies Wireless

Observatory Rd.

★ Fischmarkt

Granby St. · Market Hill

Esplanade Ⓑ

Tyrrel St.

7

Folk Theatre/ Marryshow House

Park Lane

2

Jetty

Esplanade · Halifax St. · Gore St.

Anglican Church

★ Christ of the Deep Statue

Woolwich Road

Archibald Avenue

3

Church St.

Scott St. · Wharf Road

6

Presbyterian Church

5

Ⓜ Nationalmuseum

Carenage/Wharf Rd.

● Feuerwehr

The Carenage

Cruise Port

4

Sendall Tunnel

Ⓢ

Bibliothek

● Immigration

General Hospital ✚

Polizeihaupt- quartier

●

Ⓢ

Financial Complex

Monckton Street

Ⓘ

✉

Tanteen Road

Old Trafford ✚ Medical Centre

Lowthers

★ Fort George

Ft. George Point

St. George's Haubour

Mininisterial Complex

8

9 · Paddock Road

The Lagoon

Martin's Bay

Ballast Ground

10

Glean Rd. · Lagoon Road · Belmont Main Road

Ballast Ground Road

Belmont Main Road

🟥 **Übernachtung**

1 Deynas City Inn
10 St. Annes Guest House

🟦 **Essen und Trinken**

1 Deynas Tasty Foods
6 The New Nutmeg Restaurant
7 Carenage Café & Bar

🟩 **Einkaufen/ Sonstiges**

2 Shopping Plaza
3 St. Georges Shopping Mall
4 Bruce Street Complex
5 The Drill Yard
9 Kino

🟦 **Wassersport**

8 Yachtclub

0 — 200 m · © Reise Know-How 2013

aber es gibt ehrgeizige Pläne für den Um- und Ausbau der Lagoon: mehr Ankerplätze für Yachten, ein Tourism Entertainment Complex sowie ein Marina Village auf dem Ballast Ground (also der Stelle, wo die ersten Europäer siedelten).

Im Süden der Carenage liegt auch das alte **Welcome Centre** für Touristen. In dem roten Gebäude ist die Feuerwehr untergebracht. Angrenzend liegen das Immigration Department und das **Traffic Department,** wo man die einheimische Fahrerlaubnis erhält.

Einige Meter weiter steht eine **Bronzestatue** mit zum Himmel gestreckten Armen auf dem Bürgersteig. Es ist eine Nachbildung der Unterwasserstatue „Christ of the deep" im italienischen San Fruttuoso. Die Statue ist ein Geschenk der Costa Shipping Line, als Dank für die Rettung der Passagiere, als 1961 die *Bianca* direkt am Hafen Feuer fing und versank.

Den besten Blick auf die Stadt hat man von den Ruderbooten, **Wassertaxis** genannt, die die Passagiere von einer Seite des Hafenbeckens zur anderen bringen.

Am 27.4.1990 zerstörte ein großes **Feuer** viele Gebäude am Ende der Carenage vor dem Eingang zum Sendall-Tunnel, u. a. die Post und die Bücherei. Die Gebäude wurden so wieder aufgebaut, dass die alte Ansicht erhalten blieb.

Kirchen

Von den vier großen Kirchen in St. George's hat nur die **Methodistenkirche** in der Tyrrel Street Hurrikan Ivan unbeschadet überstanden. Sie wurde 1820 gebaut und ist damit die älteste Kirche der Stadt.

1830 erbaut, wird die **St. Andrew's Presbeterian Church** im Volksmund *Scot's Kirk* genannt; **ihr hoher Glockenturm ist das Wahrzeichen der Stadt.** Sie liegt auf dem Fortberg, ein Stück unterhalb der Festung. Hurrikan Ivan ist quer durch die Kirche gerast und hat nur den Glockenturm stehen lassen.

Die **St. George's Anglican Church** entstand 1825. Die Kirche hat vier neugotische Fialen auf der obersten Plattform, rosa Stuck, einen Marmoraltar und neugotische Fensterverglasungen. Sie liegt gegenüber der St. Andrew's Church, in derselben Straße, aber auf einem anderen Berg. Der Glockenturm steht noch, aber das Dach der Kirche ist eingestürzt und auch das Innere ist schwer beschädigt.

Folgt man von der Anglican Church weiter der Church Street bergauf, gelangt man zu der im neuromanischen Stil erbauten **Kathedrale der unbefleckten Empfängnis.** Die erste Kirche hier wurde 1818 gebaut. Von ihr stammt noch der Turm. Der Rest wurde 1884 wieder aufgebaut. Aufgrund schwerer Beschädigungen durch Hurrikan Ivan vorübergehend geschlossen. Schräg gegenüber befindet sich das York House oder **Supreme Court,** 1780–1801 im georgianischen Stil erbaut.

Fort Frederick

Wenn man links der Lucas Street folgt, gelangt man letztendlich zum Fort Frederick. Es wurde 1791 auf dem **Richmond Hill** oberhalb St. George's gebaut. Es bekam den Namen nach dem zweiten Sohn des englischen Königs, *Georg III.* Das Fort versorgte die Stadt durch große unterirdische Zisternen mit Wasser und diente als Munitionslager. Durch unterirdische Gänge war es mit Fort George verbunden. Seit der Invasion diente das Fort einheimischen Soldaten als Stützpunkt. Heute ist es für die Öffentlichkeit zugänglich. Das Gelände ist immer offen, und man kann von hier aus sagenhafte Sonnenuntergänge sehen. Das Gebäude hat nur bis 16 Uhr geöffnet. Hier kostet der Eintritt 1 US$.

Market Square

Über die abschüssige Granby Street gelangt man zum Market Square, dem **zweiten Zentrum der Stadt. Hier findet einer der farbenprächtigsten Märkte der ganzen Karibik statt.** Es werden Matten, Körbe, Taschen und Hüte aus Stroh angeboten sowie die grenadischen Gewürze, und an Samstagen verkaufen Bauern aus der Umgebung hier ihr Obst und Gemüse. An Feiertagen wird der Platz für religiöse oder politische Veranstaltungen genutzt.

Esplanade

Direkt am Meer, an der Esplanade, befinden sich der **Fischmarkt** und die **Haupt-Bushaltestelle.** Die Busse fahren zu allen Ecken der lnsel, sind preiswert und meistens voll.

Direkt unterhalb des Forts liegt der **Kreuzfahrtterminal** der Insel. Hier legen im Schnitt zwei Kreuzfahrtschiffe pro Tag an. Deswegen wurde hier auch die **St. Georges Shopping Mall** gebaut.

Nationalmuseum

In der Young Street, der Hauptgeschäftsstraße, befindet sich **im renovierten französischen Gefängnis von 1704** das Nationalmuseum. Es enthält Wandtafeln der Siedlungsstätten der Arawak- und Carib-Indianer, historische Landkarten aus der Kolonialzeit, eine Abteilung der neueren Geschichte von der Revolution bis zur lnvasion und als Glanzstück eine Badewanne von Kaiserin *Josephine. Napoleons* Frau hatte einen Teil ihrer Kind-

heit auf Martinique verbracht, und die Wanne stammt aus diesem Haus und wurde später von einem begeisterten Sammler nach Grenada gebracht. Das Museum ist Mo–Fr 9–16.30, Sa 10.30–14 Uhr geöffnet, Eintritt 5 EC$.

Außerhalb des Zentrums

Der im Vorort St. Paul gelegene **Botanische Garten** ist sehenswert, ebenso die **Bay Gardens** in Morne Delice, ebenfalls in St. Paul, ca. 5 km von St. George's entfernt. Sie sind sehr schön und liegen an einem Berghang auf dem Gelände einer alten Zuckermühle.

Tipp: Es gibt in Grenada noch eine ganze Reihe von **privaten tropischen Gärten,** die man besichtigen kann, teilweise nur über Tourveranstalter. Eine komplette Liste dieser Gärten erhält man unter Tel. 444 3446 bei *The Horticultural Society of Grenada.*

Ebenfalls in St. Paul liegt **La Grenade Industries Ltd.** Hier werden Marmelade, Likör und Sirup aus einheimischen Früchten und Gewürzen hergestellt (www.delagrenade.com).

In Woodlands findet man die **Grenada Sugar Factory. Hier wird der bekannteste Rum Grenadas hergestellt, Clarkes Court,** außerdem Rumpunsch und Gewürzlikör. Die Fabrik besteht seit 1937 und war damals der größte Zuckerproduzent der Insel. Die erste Distillery wurde 1984 gebaut. Seitdem wird die Fabrik ständig vergrößert. Besichtigungen können über das Touristenbüro, Hotels oder Reiseagenturen arrangiert werden.

■**The Grenada Sugar Factory Ltd.,** Woodlands, Tel. 444 5363, 444 5736, Fax 444 2452

Nördlich der Stadt liegt der **Queens Park,** wo saisonal Sport- und Karnevalsveranstaltungen stattfinden.

Unterkunft

■**Deynas City Inn** €€–€€€, Melville St., St.Georges, direkt an der Esplanade, Tel. 453 7007, www.deynascityinn.com, 12 Zimmer, 1500 US$ pro Monat
■**St. Annes Guest House** €–€€, Paddock, Tel. 440 2717, 12 Zimmer, pfank@caribsurf.com
■**The Lodge** €€, Morne Jaloux, altes Plantagenhaus in den Bergen zwischen St. Georges und Gran Anse, Vollpension mit veganem Essen, Tel./Fax 440 2330, www.thelodgegrenada.com

Restaurants

■**Deynas Tasty Foods,** Melville Street, St. George's, Tel. 440 6795, täglich 7.30–22 Uhr. Das Restaurant liegt an der Esplanade und bietet preiswerte westindische Küche
■**The New Nutmeg,** Tel. 439 9525, Fax 435 9527, newnutmeg@mail.com, Mo–Do 10–22 Uhr, Fr/Sa 10–23 Uhr, wohl das bekannteste Restaurant der Insel. Direkt am Hafen im 1. Stock mit schönem Ausblick. Da gut und preiswert, bei Touristen und Einheimischen gleichermaßen beliebt. Ausgezeichneter Rumpunsch und Lobster, Callalloo-Suppe ebenfalls super
■**Patrick's Local Homestyle Cooking,** Tel. 440 0364, www.grenadaexplorer.com/patrick, hier kocht ein Original, gute einheimische Küche nach Voranmeldung
■**Carenage Café & Bar,** Tel. 435 7691, Mo–Sa 8–18 Uhr, amerikanisches oder einheimisches Frühstück mit *bakes, saltfish, rotis* und anderen karibischen Snacks

◁ Gut gesichert: das Postamt

Grand Etang Road und National Park

Um zur Grand Etang Road zu gelangen, verlässt man St. George's entweder über den Mt. Helicon Richtung Tempe und biegt von da in die Grand Etang Road oder man verlässt die Stadt nordwärts und hält sich beim Kreisverkehr am Queen's Park rechts. Schmal und löchrig führt die Grand Etang Road in Serpentinen durch Dörfer und den Regenwald.

Annandale Falls

Die Annandale Falls sind die **bekanntesten** und am leichtesten zugänglichen **Wasserfälle Grenadas.** Das Wasser stürzt aus 15 m Höhe in ein 4 m tiefes Becken. Für den Besuch der Wasserfälle sollte man sich nach Möglichkeit einen Tag aussuchen, an dem kein Kreuzfahrtschiff im Hafen liegt, oder den Nachmittag wählen (da sind die Touristen vom Schiff schon am Strand). Wenn die Touristenbusse erwartet werden, ist hier der Teufel los. Schmuck- und CD-Verkäufer bauen ihre Stände zwischen dem Parkplatz und den Wasserfällen auf. An den Wasserfällen wartet schon die **Cliff Jumper Association:** junge Männer, größtenteils Rastas, die sich von der Klippe in den Pool stürzen und anschließend Geld von den Touristen kassieren. Aber dazu muss man erstmal bis zum Wasserfall kommen. Denn die ersten Verkäufer und Musiker fallen bereits über die Touristen her, noch bevor diese richtig eingeparkt haben ...

Anfahrt: Bei der Methodistenkirche in Constantine biegt man links ab und erreicht nach einigen 100 m das Besucherzentrum (8–16 Uhr geöffnet). Man bezahlt 5 EC$ Eintritt und bekommt eine genaue Karte der Region.

Der **Annandale Trail** beginnt und endet bei den Wasserfällen. Die Wanderung dauert ca. 2 Stunden und führt unter anderem durch eine Kakao-Plantage.

Um zum **Grand Etang National Park** zu gelangen, fährt man zurück bis zur Kirche und nimmt dann den Weg, der den Berg hinaufführt. Nach wenigen Kilometern erreicht man den größten Nationalpark Grenadas. Er wurde 1910 gegründet und umfasst eine Gesamtfläche von 120 km² sowie eine Seefläche von 144 m² auf 530 m Höhe.

Visitor Center

Im **Informationsbüro** werden anhand von Fotos die verschiedenen Holzsorten, Tiere usw. erklärt. Hier im Wald fallen 3750 mm Regen im Jahr, und es gibt eine Menge exotischer Bäume: Gommier, Bois Canot, Caribbean Pine und Blue Mahoe. Wer sich dafür interessiert, kann sich auch Videos über die medizinischen Pflanzen im Urwald ansehen.

■**Geöffnet** 8.30–16 Uhr, **Eintritt** 2 US$. **Informationen** zu Camping und Übernachtung im Lake House erhält man unter Tel. 442 7425 oder beim Forest Center im Park.

Vom Visitor Center hat man auch einen herrlichen Ausblick auf den in 515 m Höhe gelegenen **Kratersee** (Grand Etang Crater Lake) und den sich 703 m hoch erhebenden **Mt. Sinai.** An manchen Tagen herrscht allerdings so dichter Nebel, dass man kaum seine eigene Hand sieht, geschweige denn den See.

Im Zentrum des Parks gibt es außerdem einen **Souvenirshop und Getränke** und man kann schöne Schnappschüsse von Papageien und Affen machen.

Regenwaldtouren

Wer den Nationalpark richtig erleben will, sollte sich Zeit nehmen, um die eine oder andere Wanderung zu machen. Im Visitor Center bekommt man Karten und nähere Informationen.

Grenadas Nature Trails sind zum größten Teil begehbar, teilweise aber nicht mehr so spektakulär wie vor Hurrikan Ivan. Einige Trails kann man allein bewältigen, für andere braucht man einen Führer. Es gibt Trails in unterschiedlichen Schwierigkeitsgraden, und manche Wege sind nach langen Regenfällen nicht begehbar. Voraussetzung für alle Wanderungen ist gutes Schuhwerk. Gefährliche Tiere oder Giftschlangen gibt es hier nicht, nur vor dem scharfen **Razor Gras** sollte man sich in Acht nehmen, diese Grasart schneidet auch durch die Kleidung in die Haut!

Morne Labaye Trail

Der Morne Labaye Trail ist ein auch für Ungeübte leicht begehbarer Wanderweg. Er ist interessanterweise **mit Muskatnussschalen befestigt** und dauert nur 25 Minuten. Am Ende erwartet den Wanderer ein Turm mit einer **spektakulären Aussicht** über die östliche Atlantikküste.

Shoreline Trail

Ebenfalls einfach zu bewältigen ist der Weg um den **Grand Etang Crater Lake** auf dem Shoreline Trail, Wanderzeit: 1–1½ Stunden.

Vom Forest Center führt ein Weg direkt hinunter zum See, dann geht es auf einem schmalen Pfad um den See herum. Hier ist es schön ruhig, und mit viel herrlicher Natur und dem Vogelgezwitscher ist die Gegend auch für ein gemütliches Picknick gut geeignet.

St. Margaret Trail

An der Grand Etang Road Richtung Grenville kurz hinter dem Visitor Centre führt rechts ein ausgeschilderter Weg zu den St. Margaret Falls. Man nennt sie auch **Seven Sister Falls,** da es sich um sieben Wasserfälle handelt. Sie sind in Privatbesitz, und der Eigentümer nimmt 5 EC$ Eintritt, dafür wird man bis zum ersten Wasserfall geführt. Der Weg dauert etwas über eine halbe Stunde, und da er sehr versteckt ist, kann man ihn allein nicht finden. Nach einem zehnminütigen steilen Aufstieg erreicht man den zweiten Wasserfall **Honey Moon,** idyllisch und einsam, also wirklich für Flitterwöchner geeignet. Ein weiterer zehnminütiger Anstieg führt zu den anderen fünf Wasserfällen. Wenn man nicht auf dem gleichen Weg zurückgehen will, kann man einen Rundweg durch den Dschungel machen, der ca. 2 Stunden dauert.

Mt. Qua Qua Trail

Für geübtere Wanderer bieten sich zwei weitere Trails durch den Nationalpark an: Der Weg um den Mt. Qua Qua dauert 2½ Stunden, für die Wanderung zu den Concord Falls braucht man 4½ Stunden für eine Strecke. Beide Wanderwege beginnen am **Mt. Qua Qua Trailhead.** Ein kurzer, ausgeschilderter Weg führt rechts vom Center ab. Beide Strecken können nach Regen glitschig sein.

Auf dem Mt. Qua Qua Trail gibt es nur zwei Abzweigungen nach links. Die zweite von ihnen führt zu den **Concord Falls.**

Beide Wanderungen sind wunderschön und führen durch dichten Wald mit **exotischen Bäumen** wie Mountain Almond, Bagui-Baum oder Bois Jab. Moos hängt von den Bäumen, hin und wieder kann man bis hin zum Grand Anse Beach sehen. Beim Forest Center gibt es Hefte, in denen die Bäume erklärt sind. Auf dem Weg zu den Concord Falls trifft man noch mehr seltene Bäume wie Damarin, Maruba oder Bois Lat.

Unterwegs kann man noch einen halbstündigen Kletterausflug zum **Fedon Camp** machen (beschildert). Fedon war ein freier Mulatte und Held Grenadas, der 1765 eine große Sklavenrevolte anführte.

Wer nicht mehr zurücklaufen möchte, kann von den Concord Falls zum Ort **Concord** in ca. 1½ Stunden hinuntergehen. Von dort gehen Busse nach St. George's täglich außer sonntags, der letzte Bus fährt um 17 Uhr.

Concord Falls

Die Concord-Fälle, **drei herrliche Wasserfälle, liegen am Black Bay River.** Den ersten **Wasserfall Guea** kann man außer zu Fuß vom Grand Etang auch über den Ort Concord mit dem Auto erreichen. In Concord biegt man am Hinweisschild von der Hauptstraße ab und ist nach ca. 3 km am ersten der drei Concord Falls. Der Eintritt kostet 1 US$.

Die beiden anderen Wasserfälle sind nur zu Fuß zu erreichen. Ein Führer kostet 20–30 EC$. **Gutes Schuhwerk und Kondition** sollten vorhanden sein!

Der Weg zum **Au-Coin-Wasserfall** dauert ab dem Guea Fall 45 Minuten. Man überquert dabei sieben Flüsse. Um diesen kleinsten Wasserfall von einer Aussichtsterrasse zu besichtigen, muss man 1 US$ bezahlen.

Der dritte, der **Fontainbleu-Wasserfall,** erhielt seinen Namen, weil er oft in einem blauen Nebel liegt. Er ist 18 m hoch und sehr idylllisch gelegen.

Vendome-Advocats Trail

Der Cross Trail und der Wanderweg von Vendome nach Advocats (Eintritt 1 US$) sind eher etwas **für geübte Wanderer und Kletterer.** Der Vendome-Advocate Trail ist sehr steil und pro Wegstrecke ca. 3 km lang. Der **Cross Trail** ist sehr schmal und hat einen schönen Picknickplatz an seinem Ende. Die Wanderung dauert ca. 2 Stunden. Informationen, Karten und eventuell einen Führer bekommt man beim Visitor Centre im Grand Etang National Park.

Organisierte Touren

■ Wer sich diese Wanderungen nicht allein zutraut, kann sich an **Henry's Safari Tours** wenden, Tel. 444 5313. Henry bietet unterschiedliche Touren an.
■ Weitere Tourveranstalter sind **Sunsation Tours, Arnolds Hike Grenada** und **Telfer Bedeau,** siehe oben Kapitel „Reisetipps:
Inselrundfahrten und Ausflüge, Tourveranstalter".
■ Informationen auch beim: **Forestry Department,** Ministry of Agriculture, Archibald Avenue, St. George's.

Der Norden

Der Norden, das sind Concord, Dougaldston, Gouyave, Victoria, Sauteurs, Morne Fendue, Mt. Rich, Levera National Park, River Sallee, Lake Antoine, Pearls Airport und Carlton Cocoa Station.

Man verlässt St. George's in nördlicher Richtung durch den Sendall-Tunnel, vorbei an der Bushaltestelle und dem Fischmarkt am Meer. In der Halifax-Bucht liegen die Schiffe vor Anker, deren Besitzer kein Geld haben, um an die Ankerplätze im Süden zu gehen. Die Straßen sind hier relativ gut, denn sie wurden von den Amerikanern während der Invasion gebaut. An einer Stelle steht eine kleine Gedenktafel, und auf jeder Straßenseite ein weißes Kreuz. Hier stürzte 1992 ein riesiger Felsblock auf einen Kleinbus, wobei alle Insassen ums Leben kamen.

Nach ca. 12 km erreicht man den kleinen Ort Concord (zu den Concord Falls siehe oben im Kapitel „Grand Etang Na-

tional Park"). Weiter auf der Küstenstraße, durch den kleinen Ort **St. Roy,** erreicht man nach ca. 6 km Gouyave.

Mabuya Fishermen Museum

Wer sich für das **Leben der Fischer auf Grenada** interessiert, sollte das Mabuya Fishermen Museum besuchen; es befindet sich von St. George's in Richtung Gouyave auf der linken Seite an der Hauptstraße in einem Container. Hier hat der Sohn einer Fischerfamilie mit viel Liebe alles aus dem Umfeld der Fischer zusammengetragen. Mo–Sa 9–18 Uhr, Eintritt 1 EC$.

Dougaldston Spice Estate

Kurz vor Gouyave biegt man rechts ab und kommt zum Dougaldston Spice Estate. Die Gebäude sehen eher aus wie Ruinen und stammen aus der Zeit, als die Franzosen ihre ersten Plantagen hier anlegten. Das Aussehen täuscht, denn die Plantage arbeitet noch immer. Vorwiegend werden Kakao und **Muskatnüsse** geerntet und weiter verarbeitet, das heißt, die Früchte werden geöffnet und getrocknet. Man kann die Plantage jederzeit besichtigen. Man bekommt alle Gewürze erklärt und kann auch welche kaufen. Hier arbeiteten vor der Revolution 200 Leute, heute sind es nur noch 20.

Außerhalb der Erntezeit ist wenig los. Nur einige alte Frauen sitzen Pfeife rauchend auf dem Boden und knacken mit einem kleinen Holzhammer die Nüsse – ein sehr malerischer Ort, an dem die Zeit stehen geblieben zu sein scheint.

Gouyave

Gouyave, auch **Charlottetown** genannt, ist verschlafen und romantisch, mit kleinen, verwinkelten Gassen und alten Häusern. Hier steht eines der größten Gebäude der Insel, die **Cooperative Nutmeg Association,** auch **Nutmegland** genannt (Eintritt 1 US$, Tel. 444 8337). In drei Stockwerken werden die Muskatnüsse getrocknet, bearbeitet und verpackt. Im oberen Stock trennt man die Mace (Muskatblüte) von der Nuss und trocknet sie in riesigen Kisten. Im zweiten Stock sind die Nüsse in Regalen zum Trocknen ausgebreitet. Die einzige elektrische Maschine der Fabrik knackt die Nussschale, die Nüsse fallen durch einen Schacht und werden unten von Frauen sortiert, Schalen, Nüsse und halbe Nüsse getrennt. Dann wandern die Nüsse ins Wasserbad, hier sinken die guten auf den Boden und die schlechten schwimmen oben. Zum Schluss sortiert man sie nach Größe und verpackt sie für den Export (siehe auch Exkurs rechts).

In Gouyave findet jedes Jahr um den 29. Juni herum ein bekanntes **Fischerfest** zu Ehren der Heiligen St. Peter und St. Paul statt.

Jeden Freitag ab 18 Uhr wird ein kleines Straßenfest veranstaltet – **„Fish Friday",** mit Musik und Fisch, Fisch, Fisch.

Victoria

Nach weiteren 8 km auf der kurvenreichen Küstenstraße erreicht man das kleine **Fischerdörfchen** Victoria. Hier kann man den Fischern bei der Arbeit zusehen. Wenn die bunten Boote mit ihrem Fang an Land kommen, werden sie ausgeladen, die Fische kommen in große Lagerhallen, und die Netze werden zum Trocknen ausgebreitet. Da die jungen Leute nicht mehr an der anstrengenden und gefährlichen Fischerei interessiert sind und lieber nach St. George's gehen, stehen hier schon viele Häuser leer.

In Victorias Umgebung kann man schöne Wanderungen machen, z. B. zu den **Tufton Hall Waterfall** (ehemalige Victoria Falls). Wenn man sich auf eigene Faust auf den Weg machen will, im Dorf nach dem Weg fragen.

Nach wenigen Kilometern erreicht man die malerische **Duquesne Bay,** bevor die Straße die Küste verlässt und weiter durch das Landesinnere führt.

Sauteurs

Durch einige kleine Fischerdörfer gelangt man nach Sauteurs, dem **drittgrößten Ort der Insel.** Hier ist ein wichtiger Stützpunkt der **Fischer,** die im Bereich der Grenadinen fischen.

Bis vor wenigen Jahren glaubte man, dass sich 1651 die letzten Karibenindianer ins Meer gestürzt hätten, um der Versklavung durch die Franzosen zu entgehen. Deswegen heißt der Felsen **Leapers Hill** oder **Morne des Sauteurs** – kleiner Berg der Springer. Diese Geschichte hat sich inzwischen als Märchen entpuppt. Tatsache ist, dass sich die Kariben mit den Einheimischen vermischt haben. (Noch 1960 lebten einige Kariben in Champfleur.)

■**Leapers Hill Museum & Attraction Site,** ein nachgebautes Indianerdorf präsentiert als Freilichtmuseum interessante Fundstücke. Täglich 10–16 Uhr geöffnet, Eintritt 2 US$, Tel. 444 3222.

Die Muskatnuss (Nutmeg)

Die Muskatnuss ist zu einem **Symbol der Insel** geworden. Grenada ist der zweitgrößte Muskatnussproduzent der Welt, und die Nuss ist **eines der wichtigsten Exportgüter.**

Der Nutmeg-Baum ist ein majestätischer immergrüner Baum mit länglichen, dunklen Blättern. Er wird 15–30 Fuß hoch und trägt **kleine gelbe Früchte,** die Aprikosen ähneln. Wenn die Früchte reif sind, platzen sie auf, und die in einen roten Geflechtmantel (Mace) gehüllten Nüsse werden sichtbar. Die Früchte fallen vom Baum und werden innerhalb von 24 Stunden eingesammelt und zu den Nutmeg Plants gebracht.

Die Bäume tragen das ganze Jahr über Früchte, aber die **Haupterntezeit ist April, Juni, September und Oktober.**

Früher vermehrten sich die Bäume ausschließlich durch herabfallende Samen. Heute zieht man die Bäume auch mit Stecklingen. Dann dauert es fünf bis sechs Jahre, bis sie zum ersten Mal blühen. Die Frucht reift dann innerhalb von fünf Monaten.

Aus der Außenschale stellt man Marmelade oder den *Morne Delice Syrup* her, aus der roten Mace wird Öl oder Gewürz gemacht. Die braune Nussschale wird gern statt Kies für Gartenwege benutzt, z. B. bei den Annadale Falls. Übrig bleibt die Muskatnuss, die ganz oder gemahlen in den Handel kommt (Verarbeitung siehe Kapitel „Grenada: Der Norden, Dougaldston Estate und Gouyave").

Captain *Lois La Grenade* (1733–1808) brachte 1773 die ersten Samen von Banda (Indonesien) nach Grenada und pflanzte sie in seine Mardigras-Plantage.

Abb. unten: **Muskatnussbaum (Myristica moschata),** a: männliche Blüte, b: weibliche Blüte, c: aufgesprungene Frucht, d: Samen mit Arillus, e: Samen (Muskatnuss)

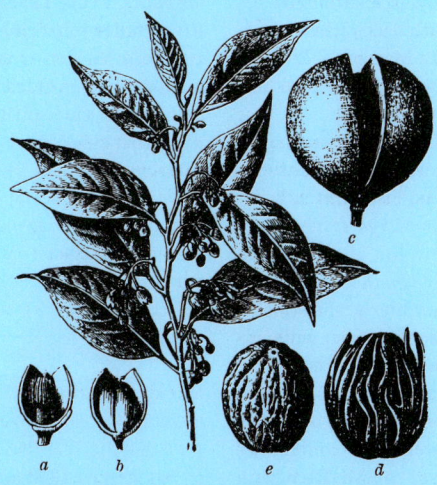

Morne Fendue

Ca. 3 km südlich von Sauteurs befindet sich Morne Fendue. Wer möchte, macht hier einen Abstecher zu *Betty Mascolls* **Morne Fendue Plantation House,** 1908 auf den Fundamenten eines 300 Jahre alten Hauses erbaut. Die bei der Zuckerherstellung anfallende Melasse wurde zur damaligen Zeit mit Kalk gemischt und als Mörtel für den Hausbau benutzt. *Mr. Mascoll* (Bettys Vater) ließ damit handgeschnittene Steine zu sehr dekorativen Hauswänden zusammenfügen. Es wurde zum Herrenhaus von fünf angrenzenden Plantagen.

Ein alter Freund von Betty Mascoll, *Dr. Jean Thomson,* kaufte nach ihrem Tod das Haus und eröffnete bald ein kleines **Guesthouse** im ersten Stock, liebevoll mit Antiquitäten eingerichtet. Ein Zimmer hat ein eigenes Bad, die anderen teilen sich ein Badezimmer, das so alt ist wie das Haus selbst. Aus den ehemaligen Pferdeställen wurde eine **Restaurant.** Hier serviert man typisch karibische Gerichte, teilweise noch nach den Originalrezepten von Betty Mascoll. Der Salon ist ein kleines **Museum** mit vielen Stücken aus ihrer Zeit.

Das Plantagenhaus liegt in einem **großen Park** und gehört zu den Sehenswürdigkeiten Grenadas. Es rühmt sich damit, dass Prinzessin *Margaret* hier schon mal eine Nacht gewohnt, die Küche ein Picknick für *Prince Charles* ausgerichtet und *Ronald Reagan* hier gespeist habe. Leider ist nicht jeder Besucher willkommen. Wer nicht mit einem ortsansässigen Tourveranstalter unterwegs ist, muss damit rechnen, abgewiesen zu werden.

Ein Stückchen weiter im Landesinneren auf dem Landgut von **Mt. Rich** kann man auf einigen Felsen am St.-Patrick-Fluss wunderschöne **Arawak-Felszeichnungen** sehen.

Levera National Park

Hinter Sauteurs liegt **am nördlichsten Punkt Grenadas** der Levera National Park. 1 km herrlicher Sandstrand, von tropischen Gewächsen umsäumt, Heimat von 86 Vogelarten, u. a. des Scarlet Ibis, und Eiablageplatz der Meeresschildkröten. An der **Levera Beach** treffen sich der Atlantik und das Karibische Meer. Bei klarem Wetter sieht man die Inseln Sugar Loaf, Green Island und Sandy Island.

Im Nationalpark befindet sich auch ein kleiner Kratersee, der **Levera Pond.** Ein schöner Wanderpfad führt rund um den See (ca. 1 Stunde). Nähere Informationen gibt das Visitor Centre vor Ort.

Die **River Sallee Boiling Springs** liegen auf der Küstenstraße einige Kilometer südlich vom Levera Pond. Im Dorf **River Sallee** führt eine beschilderte Abzweigung zu den Quellen. Das Gebiet um diese heißen Quellen hat für die Einheimischen eine spirituelle Bedeutung. Man wirft eine Münze in die Quelle und wünscht sich etwas.

⊳ Zuckerpresse der River Antoine Rum Distillery

Lake Antoine

Etwa 2 km weiter auf der Hauptstraße in südlicher Richtung, nahe der Küste, befindet sich der Lake Antoine, ein schöner **Kratersee in einem erloschenen Vulkan.**

River Antoine Rum Distillery

Ein Stückchen weiter südlich liegt die River Antoine Rum Distillery. **Inmitten großer Zuckerrohrfelder** nahe am Meer arbeitet diese Distillery seit 1785. An der Herstellungsmethode hat sich seit damals kaum etwas geändert. Die alte Zuckerrohrpresse wird bis heute von einem Wasserrad angetrieben. Der Saft wird noch immer in den Kesseln des alten Boilinghouse gekocht. Das Feuer unter den Kesseln wird mit den Rückständen des Zuckerrohrs gefüttert – eine besonders schweißtreibende Arbeit. Hier kann man sich gut vorstellen, wie sich die Sklaven damals gefühlt haben müssen.

River Antoine ist eine der ältesten noch arbeitenden Rumdestillerien der ganzen Karibik. Der hier hergestellte Rum ist so hochprozentig, dass er nicht für den Export geeignet ist. Er darf nicht im Flugzeug mitgeführt werden, weil er leicht entzündlich ist. Deshalb stellt die Fabrik seit einiger Zeit zusätzlich einen weniger hochprozentigen Rum her, den man auch mit nach Hause nehmen kann. Eintritt 2 US$, Tel. 442 7109.

Belmont Estate

Ein weiteres lohnendes Ausflugsziel ist Belmont Estate, eine **ehemaligen Kaffeeplantage,** auf der heute hauptsächlich **Kakao** und **Muskatnuss** angebaut werden. Erst vor wenigen Jahren wurde sie

Grenada: Die Insel

zu einer Touristenattraktion mit Museum, Restaurant und vielem mehr.

■ **Besichtigung** So–Fr 8–16 Uhr, Sa geschlossen. Eine Tour kostet 5 US$, Kinder zahlen die Hälfte. Weitere Informationen unter Tel. 442 9524, 444 9526, www.belmontesta te.net.

■ **Anfahrt:** In La Poterie fährt man rechts Richtung L'Hermitage. Der Eingang zum Belmont Estate liegt direkt an der Hauptstraße.

Grenada Chocolate Company

Diese kleine **Schokoladenfabrik** liegt nur ca. 1,5 km von Belmont Estate entfernt. Folgt man an der Kreuzung im Dorf L'Hermitage der Straße, die neben der Polizeistation steil den Berg hinaufführt, erreicht man nach wenigen Metern ein Wohnhaus, in dem ein Rasta und einige Deutsche eine kleine Fabrik aufgebaut haben, die mit deutschen Maschinen und Solarenergie dunkle **Bio-Schokolade** herstellt. Die Fabrik kann wochentags zwischen 10 und 15.30 Uhr besichtigt werden, der Eintritt ist frei. Man bekommt Proben und kann die Schokolade auch gleich hier kaufen. Wer keine dunkle Schokolade mag, sollte den Kakao versuchen. Sehr lecker!

■ Weitere **Informationen** unter Tel. 442 0050 oder www.grenadachocolate.com.

Pearls Airport

Die Straße führt nun vorbei am **alten Flughafen,** der bis 1984 in Betrieb war. Bei Ausgrabungen findet man viele Gegenstände, die darauf hindeuten, dass hier einst eine Arawaksiedlung war.

Am östlichen Ende der ehemaligen Startbahn liegt der **Pearls Beach.** Er ist nur mit dem Jeep zu erreichen. Vorgelagert im Meer liegen der Pearls Rock und der Telescope Rock.

Mt. St. Catherine

Weiter im Landesinneren erhebt sich der erloschene Vulkan Mt. St. Catherine, mit 841 m der **höchste Berg der Insel.**

Unterhalb sind die **Clabony Springs,** ein warmer Pool mit schwefelhaltigem Wasser. Informationen bei *Clifton Joseph,* Tel. 440 7225 und 440 7048.

Diesen Teil der Insel bezeichnet man auch als **„Grenadas Brotkorb",** denn die ganze Gegend ist dicht bewachsen mit Kakao, Muskatnuss, Bananen, Kokosnuss und Brotfrucht.

Grenville

Ins Hügelland erstreckt sich die **zweitgrößte Stadt** der Insel, Grenville, ein bedeutender **Fischereihafen** und Umschlagplatz für Früchte und Gewürze. Grenville hat 2000 Einwohner und ist die Hauptstadt der Gemeinde St. Andrew. Während der Fedon-Rebellion wurde sie als Erstes von den Aufständischen besetzt. Bekannt ist Grenville durch das alljährlich stattfindende **Rainbow City Festival.**

Die Hafeneinfahrt ist von Riffen durchzogen und deshalb nicht für größere Schiffe geeignet. Der **Hafen** wurde von den Franzosen **La Baye** genannt, und dieser Name ist bis heute geblieben. Hier findet täglich ein Fischmarkt und samstags ein großer Obst- und Gemüse-markt statt.

Am Hafen befindet sich auch die zweite große **Verarbeitungsstation für Muskatnüsse** auf der Insel (Grenville Nutmeg Processing Station, Tel. 442 7241, gcna.nutmeg@spiceisle.com, Füh-rungen nach Absprache, 1 US$).

Sehenswert ist außerdem die von Hurrikan Ivan leider schwer beschädigte **alte französische Kirche.** Sie liegt nur wenige Minuten vom Stadtzentrum ent-fernt und wurde 1841 gebaut. Bis 1915 benutzte man sie als Kirche, dann stand sie bis 1923 leer und diente anschließend bis in die 1970er Jahre als Schule.

Weiterhin sehenswert: das Post Royal Military Fort sowie die Carlton Cocoa Station an der Grand Etang Road. Weni-ge Kilometer von Grenville entfernt liegt die private Dunfermline Rum Distillery, 1797 erbaut und bis heute mit einer alten Wassermühle betrieben.

Von Grenville kann man auf der Grand Etang Road **nach St. George's zurückfahren,** mitten durch die dschun-gelbewachsenen, oft nebelverhangenen Berge mit Riesenfarnen, Lianen und großen Urwaldbäumen.

Unterkunft im Norden Grenadas

■ **Almost Paradise Cottages & Bar** €€, Sauteurs, Tel. 442 0608, www.almost-paradise-grenada.com, 7 Cottages, genau das Richtige für Leute, die abseits vom Trubel relaxen wollen

■ **Barry's Country Retreat** €€€–€€€€, La Fortune (bei Sauteurs), Tel. 442 0330, www.barrysretreat. com

■ **Grenada Rainbow Inn** €€–€€€, Grand Bras (bei Grenville), Tel. 442 7714, www.grenadarainbow inn.com

■ **Morne Fendue Plantation House** €€€, Morne Fendue, St. Patrick, Tel. 442 9330, www.mornefen-dueplantation.com, 13 Zimmer

■ **The Victoria Hotel** €€, Queen Street, Victoria, St. Mark, Tel. 444 9367, Fax 444 8104, 10 Zimmer

Restaurants im Norden Grenadas (Sauteurs)

■ **Carib's Leap Restaurant & Wine Bar,** Tel. 442 1453, cjohn100-2000@yahoo.com, einheimische und internationale Küche

■ **Helvellyn House & Restaurant,** Tel. 442 9252, helvellynhouse@spiceisle.com, einheimische Kü-che, nur nach Voranmeldung

■ **Morne Fendue Plantation House,** Tel. 442 9330 (siehe auch Hotel). Im ehemaligen Herr-schaftshaus hat man die Möglichkeit, in einem an-tik eingerichteten Raum antillische Spezialitäten zu genießen. Unbedingt 24 Stunden vorher anmelden!

Der Süden

Grand Anse Beach

Unmittelbar südlich von St. George's liegt der Grand Anse Beach, ein 6 km langer weißer **Sandstrand,** teilweise mit Korallenriffs. Hier ist das **touristische Zentrum** der Insel. Es gibt viele Luxus-hotels, Cottages und Guesthouses, Ein-kaufszentren sowie vielfältige Wasser-sportangebote.

Am Strand findet man Verkäufer mit kleinen Buden. **Der Ort eignet sich wunderbar zum Relaxen,** und mit dem Minibus oder auch kleinen Booten gibt es gute Verbindungen in die Stadt. Hier gilt das Gleiche wie bei den Annandale

Grenada Südwesten

Falls: Liegt kein Kreuzfahrtschiff im Hafen, ist, besonders wochentags, der Strand fast leer und man kann ihn richtig genießen. Andernfalls stehen Sonnenschirme und Liegestühle in langen Reihen neben- und hintereinander und man findet kaum ein freies Plätzchen.

Am südlichen Ende des Strandes trennt der **Felsvorsprung Quarantine** den Grand Anse von der **Morne Rouge Bay,** einer der schönsten Buchten der Insel. Es gibt ein Restaurant am Strand, sonst ist es hier ruhig – eine gute Möglichkeit, dem Trubel am Grand Anse zu entfliehen. Nur wenn die Partyboote anlegen, ist Feiern angesagt. Am Eingang zum Strand befindet sich die inselweit bekannte Disco Fantazia 2001.

Das Hinterland ist zunächst flach und geht dann in leichtes tropisches Hügelland über.

Point Salines

An der Westküste von Point Salines gibt es einige **wunderschöne Strände: Dr. Groom's Beach, Dr. Ball's Beach, Magazin Beach, Aquarium Beach** und **Pink Gin Beach.** Besonders am **Dr. Groom's Beach** lädt türkisblaues Wasser zum Schwimmen ein. Es gibt eine Dusche, ein Restaurant und kleine palmengedeckte Sonnendächer.

Am Point Salines selbst, in der Nähe des Flughafens, liegen **schwarzer und weißer Sandstrand** direkt nebeneinander. Weiter entlang der Südküste ist die Insel relativ flach und wenig bewaldet.

Südlich von Point Salines liegt **Glover Island** mit den Ruinen einer norwegischen Walfangstation, die bis 1925 in Betrieb war.

■ **Übernachtung**
1 Grand Anse Beach Palace
4 Wave Crest Apartments
7 Coyaba Beach Resort
8 Siesta Hotel
9 The Flamboyant Hotel
11 Grand View Inn
12 Gem Holiday Beach
18 Lance Aux Epines Cottage
19 Calabash Hotel
21 True Blue Bay Resort
22 Twelve Degrees North
23 Coral Cove Cottages

■ **Essen und Trinken**
10 Beach Side Terrace
    Restaurant & Bar
13 Restaurant
14 Aquarium Beach Club
    Restaurant & Bar
16 Bananas Restaurant
17 De Big Fish
20 Dodgy Dock Restaurant

0 ——— 600 m ©Reise Know-How 2013

Ross Point

St. George's

Golflands

1

Grand Anse Road

Ka-Fe Beau

2

Woodlands

Quarantine Point

Valley Road

Grand Anse Beach

7

6

Camerhogne Park Road

10

Morne Rouge Rd

Morne Rouge Beach

12 **11** **9** **8** **5**

Grand Anse

3

The Lime

4

Grand Anse Main Rd

Petit Cabrits Point

13

Morne Rouge

Ruth Howard

Mt. Hartman

Frequente

M. Bishop Highway

Woburn Bay

M. Bishop Highway

Calliste

Lance aux Epines Road

17

True Blue Road

18

True Blue

Amber Belair

19

Mt. Hartman Bay

16

Hardy Bay

Lance aux Epines Bay

Lance aux Epines Rd

Hog Island

15

Yacht-hafen ⚓

20

Mt. Hartman Point

True Blue Bay

Prickly Bay

21

True Blue Point ● **University of Grenada**

22

LANCE AUX EPINES

23

Prickly Point

🟩 **Einkaufen/Sonstiges**

2 Grand Anse Shopping Center

3 Exel Plaza (Shopping Mall)

5 Le Marquis Mall

6 Spiceland Mall, Sunstation Tours

🟧 **Nachtleben**

13 Disco Fantazia 2001

16 Bananas Nachtclub

🟦 **Wassersport**

15 Aquanauts (Tauchschule)

Auf der an den Airport anschließenden Landzunge **True Blue Point** steht die im neogeorgianischen Stil erbaute St.-Georges-Universität. Der Campus auf dem felsigen Vorsprung an der True Blue Bay dürfte zu den am schönsten gelegenen überhaupt gehören und kann nach Voranmeldung besichtigt werden. Studenten aus 85 Ländern studieren hier. Die Uni ist auf dem neuesten Stand und international anerkannt (**University of Grenada,** School of Medicine, Arts & Science, Tel. 444 4175, www.sgu.edu).

Lance aux Epines

Auf der **Halbinsel** Lance aux Epines gibt es zwei schöne Buchten: die **Prickly Bay,** eine herrliche palmenumsäumte Bucht mit großem Yachthafen, und die **Mt. Hartman Bay** mit dem Yachtzentrum The Moorings.

Früher gab es auf der Halbinsel nur Weiden für Schafe, aber als die ersten Europäer in den 1950er Jahren Grundstücke kauften, begann der Aufschwung. Heute stehen hier etliche Hotels, und nach dem Grand Anse Beach ist Lance aux Epines mittlerweile das **zweite Touristenzentrum der Insel,** allerdings nur in der gehobenen Preisklasse!

Lower Woburn

Lower Woburn ist bekannt als Drehort des Filmes „Island in the Sun". Am *Jetty* (Bootsanleger) findet man Berge von Muschelschalen, die von den Lambie-Fischern zurückgelassen werden. Deswegen bekam der Ort auch den Beinamen **Conch Village.** Man kann mit den Fischern zu den vorgelagerten **Inseln Hog** und **Calivigny** fahren. Es gibt zwei Restaurants und eine kleine Bar. Aber außer einigen Fischern trifft man hier kaum jemanden an. Das mag nicht zuletzt daran liegen, dass die Bucht wegen umfangreicher Straßenbauarbeiten nur sehr schwer zugänglich ist.

Fort Jeudy

Auf der folgenden Landzunge Fort Jeudy stand einst das gleichnamige Fort zum Schutz des Egmont Harbour. Heute befindet sich hier eine **Villensiedlung;** vom Fort ist nur der Name geblieben.

Westerhall Bay

Die Westerhall Bay mit der Halbinsel **Westerhall Point** ist eine schöne, geschützte Hafenbucht mit gepflegten Villen. Nördlich der Bucht liegt im gleichnamigen Estate direkt an der Hauptstraße die **Westerhall Rum Distillery.** Auf dem gepflegten Rasengelände kann man noch Teile der alten Fabrik sehen, z. B. das Wasserrad, die Kessel zum Kochen des Zuckerrohrs und alte Maschinen. Die Angestellten führen die Besucher gern herum und erklären alles. Anschließend gibt es eine Rumprobe und wer möchte, kann hier auch gleich eine Flasche kaufen. Geöffnet Mo–Fr 8–16 Uhr, Tel. 443 5477, Eintritt frei.

La Sagesse Nature Centre

Die ehemals private Plantage ist nun für den Publikumsverkehr geöffnet. Hier le-

Grenada: Die Insel

ben **45 Schmetterlingsarten,** außerdem kann man in **Mangrovensümpfen** gut Vögel beobachten, hinzu kommen drei herrliche **Strände mit Korallenriffen.** Zum gleichnamigen Hotel s. u. Weitere Informationen: Tel. 444 6458, www.lasagesse.com.

Pedmontemps

In Pedmontemps liegen die **Laura Spice & Herb Gardens.** Am ersten Kreisverkehr hinter Westerhall hält man sich links und fährt bis nach Pedmontemps, dort folgt man dem Schild scharf rechts den Berg hoch. Ein Besuch lohnt sich, denn hier wachsen nicht nur sämtliche Gewürze und Kräuter Grenadas, sondern man bekommt erklärt, bei welchen Krankheiten sie angewandt werden und wie dies geschieht. Also besonders für Kräuterfans ein Muss! Im Besucherzentrum kann man Gewürze kaufen. Geführte Touren 15 EC$. Sehr lehrreich und interessant.

Strände

Grenada hat **45 weiße** und **9 schwarze Sandstrände,** fast alle nicht mit dem Auto, sondern nur zu Fuß oder per Boot erreichbar. Wer sich zu ihnen auf den Weg macht, sollte sich genug zu essen und zu trinken mitnehmen und kann dann einen Strandtag fernab von allem Trubel erleben – oder 22 Tage, jeden Tag einen anderen Strand:

■ **Babounot Beach** – Nur ein kurzer Fußweg vom Hope Beach, zwei saubere kleine Strände, ideal für Kinder, denn das Wasser ist nicht sehr tief.

■ **Bailles Bacolet Beach** – Ein Stückchen unterhalb von Canal Tourist Shop & Bar, mit dem Auto erreichbar. Das Wasser ist nicht sehr klar.

■ **Belle Isle Beach** – Weißer Sand und zu Fuß von Content zu erreichen.

■ **Crabier Beach** – Von den Einheimischen Cabier genannt, zu Fuß vom Café Village bei Crochu zu erreichen.

■ **Crochu Harbour** – Schöner Spaziergang vom La Tante Beach. Nach langen Regenfällen ist hier das Wasser trübe.

■ **Galby** – Zwei große Strände, aber nur für gute Schwimmer.

■ **Goualasse** und **Petite Goualasse** – Drei Strände, zwei davon nur für gute Schwimmer, zu Fuß von der Hauptstraße bei Hope Beach zu erreichen.

■ **La Chaussee** – Ein kurzer Weg vom Bailles Bacolet Beach, nahe der Ortschaft Corinth, drei malerische Sandstrände.

■ **La Floretta** – An der St.-David's-Busroute steigt man in Petite Bercail aus, nimmt den Weg beim Haus „Sandstones", hier befinden sich drei weiße Sandstrände mit vielen Seeigelschalen.

■ **L'Anse du Messier** – Ebenfalls zu Fuß von Petite Bercail erreichbar, in der Nähe von Canal Tourist Shop & Bar und Bailles Bacolet, zwei Strände, einer mit weißem Sand.

■ **L'Anse du Pere** – Zu Fuß von La Chaussee oder dem La Sagasse Beach zu erreichen, schönes klares Wasser, aber nicht für Nichtschwimmer geeignet.

■ **La Bonne Gaye** – Zu Fuß oder per Auto zu erreichen, in Marlmount links, weißer Sand.

■ **La Sagesse Cove** – Vom gleichnamigen Ort mit dem Auto zu erreichen, Hotel und Restaurant, zwei Buchten mit grauem Flusssand.

■ **La Tante Beach** – Einfach mit dem Auto zu erreichen, guter Picknickplatz.

■ **L'Ilette Beach** – Weißer Sandstrand, von Content oder Belle Isle zu erreichen.

■ **Mahot Beach** – Zwei weiße Sandstrände, schöner Spaziergang vom Café Village.

■ **Marlmount Harbour** – Zu Fuß oder per Auto zu erreichen, in Marlmount links, weißer Sand.

■ **Menere Beach** – Zwei Strände, siehe Mahot Beach.

■ **Petite Anse** – Zu Fuß oder per Auto zu erreichen, in Marlmount links, weißer Sand.

■ **Petit Trou** – Von Content Village zu Fuß, zwei kleine Buchten mit weißem Sand.

■ **Poinet des Oiseaux** – Nur über einen kleinen Fußpfad über Felsen zu erreichen sind diese zwei Strände mit klarem Wasser und weißem Sand.

Royal Mt. Carmel Waterfalls

Hält man sich hinter dem Great Bacolet Point weiter auf der Hauptstraße Richtung Grenville, erreicht man im Bezirk St. Andrew die Royal Mt. Carmel Waterfalls. Der erste und kleinere Wasserfall heißt im Volksmund *Basse,* der andere liegt weiter oben. Das Wasser fällt über 20 m steil nach unten. Damit sind die Mt. Carmel Falls die **höchsten der Insel.** Im 17. und 18. Jh. hieß die Hauptstadt dieser Gemeinde *Marquis.* Deswegen findet man die Wasserfälle auf Karten oft noch unter dem Namen *Marquis Falls.*

Vom Parkplatz läuft man ca. 10 Minuten zu Fuß. Eintritt: 3 EC$. Man kann den Weg allein gehen oder sich einen der **Guides,** die hier warten, als fachkundige Begleitung nehmen. Von ihnen bekommt man die vielen exotischen Pflanzen am Weg erklärt. Den Preis für die Führungen sollte man unbedingt vorher aushandeln.

⊡ Straßenkarneval der Kinder

Unterkunft im Süden Grenadas

Grand Anse

■ **Beach Inn** €€€–€€€€, Tel. 458 2547, www.beach-inngrenada.com, 10 Zimmer

■ **Coyaba Beach Resort** €€€€, Tel. 444 4129, www.coyaba.com, 70 Zimmer direkt oberhalb vom Strand, Open-Air-Restaurant, Pool; hier befindet sich das **Ecodive Turtle Sanctuary,** siehe Kapitel „Pflanzen, Tiere und Umwelt: Umweltschutz"

■ **Grand Anse Beach Palace** €€–€€€, am nördlichen Ende von Grand Anse, Tel. 439 1412, www.grenadabeachpalace.com, 10 unterschiedlich ausgestattete Apartments, teilweise mit Meerblick

■ **Jenny's Place** €€–€€€, Tel. 439 5186, www.jennysplacegrenada.com, 7 Apartments

■ **Palm Court Apartments** €€–€€€, Tel. 444 4453, www.palmcourtgrenada.com, 20 Apartments

■ **Sea View Apartments** €–€€, Tel. 444 3175, www.grenadaexplorer.com/seaview, 4 Apartments

■ **Wave Crest Holiday Apartments** €€€–€€€€, Tel. 444 4116, www.grenadawavecrest.com, 22 Zimmer, Restaurants in der Nähe

Morne Rouge

■ **Gem Holiday Beach Resort** €€€€, Tel. 444 4224, www.gembeachresort.com. 20 Apartments am weißen Strand von Mourne Rouge. Ideal für Paare und Familien, im Sommer Kinder unter 18 Jahren frei (im Winter unter 12 Jahren)

■ **Grand View Inn** €€€, Tel. 444 4984, www.grenadagrandview.com, 59 Zimmer

■ **The Flamboyant Hotel & Cottages** €€€€, Tel. 444 4247, www.flamboyant.com, 63 Zimmer, gute Aussicht auf den Strand

■ **Siesta Hotel** €€€€, Tel. 444 4646, www.siestahotel.com, 37 Zimmer, Resort im mediterranen Stil, Pool in der Form eines Pianos

Lance aux Epines

■ **Calabash Hotel** €€€€, Tel. 444 4334, www.calabashhotel.com, 28 Zimmer, luxuriös, hat den Golden Fork Award gewonnen

■ **Coral Cove Cottages & Apartments** €€€€, Tel. 444 4422, 444 4217, www.coralcovecotta ges.com, 18 Zimmer im spanischen Stil und mit Küche, ruhiger Strand am Korallenriff

■ **Lance Aux Epines Cottages** €€€€, Tel. 444 4565, 444 4227, www.laecottages.com, ruhiger, schattiger Strand, alle Cottages mit Küche, TV

■ **True Blue Bay Resort** €€€€, Tel. 443 8783, www.truebluebay.com, 33 Zimmer, alle Cottages mit Küche, Restaurant, Bar, Pool

■ **Twelve Degrees North** €€€€, Tel. 444 4580, www.twelvedegreesnorth. com, 20 Zimmer, Privatstrand mit vielen Wassersportaktivitäten, Frischwasserpool

La Sagesse Bay

■ **La Sagesse Nature Center** €€€–€€€€, Tel. 444 6458, www.lasagesse.com, 6 Zimmer, sehr gemütlich und viel Natur ringsum, schöner Strand

Restaurants im Süden Grenadas

Grand Anse
■ **Beach Side Terrace Restaurant & Bar,** Tel. 444 4247, 444 1462, im Flamboyant Hotel, 7.30–22.30 Uhr, Happy Hour 17–19 Uhr, So Beach BBQ, Live-Musik, www.flamboyant.com

Point Salines
■ **Aquarium Beach Club & Restaurant,** Point Salines, Tel. 444 1410, www.aquarium-grenada.com, täglich, außer Mo, 12–22 Uhr, internationale Küche, sonntags Hummer-Barbecue, Reservierung erforderlich
■ **Bananas Restaurant & Nightclub,** Tel. 444 4662, Fr und Sa ab 22.30 Uhr Tanz
■ **De Big Fish,** Tel. 439 4401, Spice Island Marina
■ **Dodgy Dock Restaurant,** Tel. 443 8783, www.truebluebay.com

Carriacou

Carriacou (sprich Carry-a-Koo) ist mit 33 km² die größte Insel der Grenadinen. Sie gehört zu Grenada, liegt 25 km von der Hauptinsel entfernt und hat 7000 Einwohner. Die Insel ist von **Korallenriffs** und herrlichen Stränden umgeben. Deshalb nannten die Indianer sie „Land der vielen Riffe", was in ihrer Sprache Carriacou heißt. Das Inland ist hügelig, die größte Erhebung, der North Peak, 290 m hoch. Früher war die Insel, welche genau wie Grenada **vulkanischen Ursprungs** ist, noch sehr fruchtbar, heute ist sie jedoch eher trocken und karg.

Wahrscheinlich waren französische Schildkrötenfänger die ersten europäischen Siedler, nach ihnen kamen die Engländer und die Schotten, und auf der Insel wurde mit Hilfe von schwarzen Sklaven Baumwolle und Zuckerrohr angebaut. Durch die lange Zeit der Monokultur wurde der Boden immer mehr ausgelaugt. Heute haben die meisten Bewohner zwar noch einen kleinen Gemüsegarten, aber ein Großteil der Lebensmittel muss mit dem Schiff von Grenada hergebracht werden. Die Menschen hier leben hauptsächlich vom **Fischfang.** 90 % davon gehen in den Export, weitere Einnahmequellen sind der Bootsbau und der Tourismus.

Noch heute ist der **englische und französische kulturelle Einfluss** auf der Insel sichtbar. Hillsborough und der Norden sind englisch beeinflusst, der Süden und Petite Martinique eher französisch.

Die weitaus schönsten Stellen zum Schnorcheln sind bei **Sandy Island** vor Hillsborough und **Saline Island** südlich der Insel.

Auf Carriacou hat sich der **Big Drum Dance** erhalten, der von afrikanischen Sklaven im 17. und 18. Jh. auf die Insel gebracht wurde: ekstatische Verrenkungen zu heißen Trommelwirbeln.

Infrastruktur

Carriacou ist eine wunderschöne Insel, die eigentlich gar keine Extra-Sehenswürdigkeiten braucht, und trotzdem hat sie einige zu bieten, die alle leicht zu erreichen sind. Zwar lässt der Zustand des 130 km langen **Straßennetzes** oft zu wünschen übrig, denn seit dem Bau durch die Franzosen wurde nicht viel verändert, dafür bekommt man viel landschaftliche Schönheit geboten.

Grenada: Die Insel

Hillsborough

Die **Hauptstadt** Hillsborough hat ungefähr 600 Einwohner und ist damit der größte Ort der Insel. Entstanden Ende des 18. Jh. rund um den Bootsanleger *(Jetty)*, ist dieser auch heute noch der Mittelpunkt des Ortes. Die Main Street führt direkt am Hafen entlang, hier befinden sich viele Hotels und Restaurants, Supermarkt, Post, Touristeninformation, Banken sowie der Gemüse- und Fischmarkt.

Nur wenige Minuten entfernt liegt das **Museum.** Es gehört der Tochter des Künstlers **Canute Calliste** und befindet sich in der Paterson Street, hinter Gramma's Bakery in einem restaurierten Gebäude (Cotton Ginnery) von 1826. Es hat Abteilungen für indoamerikanische, europäische und afrikanische Kultur, einen kleinen Souvenirladen und eine ständige Ausstellung von Bildern *Canute Callistes* und *Frankie Francis* (Mo–Fr 9.30–16.30 Uhr, Eintritt 5 EC$). Gegenüber dem Museum befindet sich das **Touristenbüro.**

Am lebhaftesten zeigt sich Hillsborough am Dienstag und Samstag, den **Markttagen,** wenn sich viele Leute aus der Umgebung hier einfinden, oder wenn eine Fähre aus Grenada anlegt, denn dann kommen die bestellten Waren auf die Insel. Alles in allem ist Hillsborough aber immer noch ein verschlafenes Örtchen, mit einigen alten Kolonialhäusern, einer Polizeistation, fünf Kirchen, zwei Schulen und einem kleinen Krankenhaus.

Verlässt man Hillsborough in Richtung Norden, gelangt man an der Straßenabzweigung nach Belair zum **Anglican Rectory Garden.** Der ehemalige Garten eines Plantagenhauses gehört nun zu dem evangelischen Pfarrhaus und besticht durch seine faszinierende Kaktuskollektion.

Belair National Park

Hier teilt sich die Straße und führt links am Meer entlang nach Bogles und rechts ins Landesinnere zum Belair National Park, einem lohnenden Ausflugsziel: wunderschöne Natur mit zahlreichen **Wanderwegen,** Teak- und Mahagonibäumen sowie **Ruinen** von englischen und französischen Plantagen und Windmühlen.

Hier finden nicht ohne Grund jedes Jahr das **Maroon Cultural Festival** und das **Parangfestival** statt (siehe Kapitel „Feste und Feiertage").

Vom **Hospital Hill** hat man einen traumhaften Blick bis runter zur Küste. Der Aussichtspunkt liegt 225 m über dem Meeresspiegel.

Anse la Roche

Fährt man zur Hauptstraße zurück und hält sich nahe an der Küste, durchfährt man die Orte Craigston und Bogles. Hier kann man die Ruinen einer Zuckerfabrik, der **Old Craigston Sugar Factory,** besichtigen. Weiter nördlich gelangt man zum **schönsten Strand der Insel,** Anse la Roche. Allerdings ist die Straße nur mit einem Jeep befahrbar und den Rest des Weges muss man laufen. Alternative: von Hillsborough **mit dem Boot** hinbringen lassen. Am Ende des Strandes findet man eine weitere Ruine aus vergangenen Zeiten.

Carriacou und Petite Martinique

© Reise Know-How 2013

0 — 2 km

Gun Point

Bird Swamp

Petit Carenage Bay

North Point

PETITE MARTINIQUE

Point Mion

Forta

220 m

Ruine

L'Appelle

Anse la Roche Bay

Windward Boat Yard

Windward

Kido Ecological Station

North Peak 290 m

Bay à l'Eau

Dover

Petite Dominique

Sparrow Bay

Bogles

Point St. Hilaire

Craigston

Belvedere

Dover Ruins

Old Craigston Sugar Factory

Old Sugar Mills

Ningo Well

Mcintosh Point

Belair

Jew Bay

Mabouya Island

Sandy Island

Hilsborough Bay

Old Sugar Mills

Tarleton Point

Sister Rocks

L'Esterre Bay

Hillsborough

Lauriston Airfield

Ruine

BELAIR NATIONAL PARK

Grand Bay

Paradise Beach

L'Esterre

Top Hill 238 m

Old Sugar Mills

Grand Bay

Canute Calliste Art Gallery

Chapeau Carre 289 m

Six Roads

Ruine

Oyster Beds

Tyrrel Bay

Harvey Vale

Histor. Stätte Dumfries

Kendeace Point

Amerindian Well

Belmont

Dumfries Point

Breteche Point

Hermitage

Cassada Bay

Manchineel Bay

White Island

La Pointe

Mushroom Island

Saline Island

Hillsborough

0 — 200 m

Belair Road

Anglican Rectory Garden

Hilsborough Bay

Main Street

Botanischer Garten

Fähranleger

Jetty

7

6

5

Carriacou Museum

M

1st. Avenue

Morris Street

Church of Christ

Gemeindehaus

4

Church St.

Polizei

Patterson St.

Middle St.

2nd. Avenue

✈ **Flughafen**

1

Main

Victoria St.

3

2

Evangelical Church

Penticostal Church

Brunswick St.

Anglican Church

🟥 Übernachtung

1 Millie's Guest House
3 Millenium Connection Guest House
5 Ade's Dream Guest House

🟦 Essen und Trinken

7 Sea Wave Rest.

🟩 Einkaufen

2 Supermarkt
3 Supermarkt
4 Fischmarkt, Gemüsemarkt
6 Gift Shop

🟦 Wassersport

5 Carriacou Silver Diving

In Anse la Roche arbeitet auch das **Kido Project Sanctuary** zum Schutz der Mangroven (siehe Kapitel „Pflanzen, Tiere und Umwelt: Umweltschutz").

Gun Point

Gun Point ist der **nördlichste Punkt der Insel** und gehört zu den St. Vincent-Grenadinen.

Windward

In dem Ort Windward an der Ostküste leben vorwiegend **Nachfahren schottischer Einwanderer.** Sie bauen noch heute mit einfachsten Mitteln aus einheimischem weißem Zedernholz bis zu 30 m lange **Schoner.** Die Bewohner Windwards sind bekannt für den Schiffbau.

Seit 1965 findet hier alljährlich Anfang August die Carriacou Regatta statt, das größte Inselfest, das Sie sich nicht entgehen lassen sollten.

Von hier erreicht man in einer 20-minütigen Bootsfahrt **Petite Martinique.**

North Peak

Im Inland liegt der **North Peak National Park.** Der Berg ist mit 291 m die höchste Erhebung der Insel und steht unter Naturschutz. Geführte Wanderungen werden angeboten.

Dover

Bei Dover liegen die **Dover Ruins, die Ruinen der ältesten Inselkirche.** Fährt man von Dover auf der Küstenstraße Richtung Süden, erreicht man die **Jews Bay.** Hier sieht man noch die Ruinen einer alten Plantage, die Ningo Well (eine der ältesten Wasserstellen der Insel) und einen alten Friedhof am Strand.

Dumfries

Die Küstenstraße führt an einer weiteren Ruine vorbei, bevor sie am Dumfries Point abknickt ins Landesinnere. Zur Linken stehen die **Dumfries-Ruinen:** Hier war einst eine Plantage für Baumwolle und Limonen *(lime)*. Ein alter Schornstein und ein Teil der Maschinen sind noch vorhanden.

Paradise Beach

Um **von Hillsborough in Richtung Süden** zu gelangen, überquert man das Gelände des durch eine Schranke gesicherten Flughafens Lauriston Airfield. Der Paradise Beach in der **L'Esterre Bay** ist einer der schönsten Strände der Insel. Palmen, weißer Sand und ruhiges, durch ein Riff geschütztes Wasser bieten optimalen Badespass. Für den Durst gibt es eine Strandbar.

In L'Esterre kann man das **Atelier von Canute Calliste,** dem bekanntesten Künstler der Insel, besuchen.

Sandy Island

Vom Paradise Beach kann man sich mit einem Fischerboot nach Sandy Island übersetzen lassen. Das kleine **Atoll mit Palmen** eignet sich hervorragend zum

Schnorcheln. Die Insel ist so schön, dass hier oft Werbespots fürs Fernsehen gedreht werden.

Leider wurden vor einigen Jahren viele Palmenhaine von zwei Hurrikans entwurzelt und mussten neu aufgeforstet werden.

Tyrrel Bay

Die Tyrrel Bay ist eine herrliche Bucht und bietet für jeden etwas, egal ob man **tauchen, schnorcheln oder segeln** will. Sie ist touristisch erschlossen, hier gibt es Bars, Restaurants, Unterkünfte und einen Supermarkt. In der Bucht findet man noch einen **alten Brunnen (Amerindian Well),** der schon zu Zeiten der Indianer benutzt wurde. Dem dort entspringenden Mineralwasser werden heilende Kräfte nachgesagt.

Im Norden der Bucht wächst eine spezielle Art von Auster, die **Tree Oyster,** an Mangrovenwurzeln. Sie wird von Feinschmeckern besonders geschätzt. Im Süden ist ein kleiner Strand, in der Mitte ankern die Boote.

In dem Dorf **Harvey Vale** befindet sich ein traumhafter Naturhafen und Ankerplatz. Das wohl längste und größte Bootsbauprojekt in Harvey Vale nahm 1997 sein glückliches Ende. 1982 begannen die Brüder *Simon* und *Thomas Corion* mit dem Bau eines 70-Fuß-Bootes, das sie nach ihrer Urgroßmutter „Phebeana Corion" nennen wollten. Doch noch bevor das Boot fertig war, ließ man es verrotten. Auch die nächste Konstruktion blieb halb fertig stehen. Erst der dritte Versuch gelang, und am 5. Januar 1997 ging die „Phebeana Corion" zum ersten Mal ins Wasser. Sie verkehrt seitdem als Cargo-Boot und liegt in der Tyrrel Bay.

La Pointe

Über den Ort **Hermitage,** von dem aus man einen traumhaften Blick über die Bucht hat, gelangt man zu Fuß oder mit dem Jeep über einen holprigen Weg nach La Pointe, dem **südwestlichsten Punkt der Insel.** Herrliche Landschaft, die Ruinen einer französischen Plantage und einige Ministrände erwarten den Besucher.

White Island

Zurück nach Hermitage, von da aus fährt man an der Küste entlang nach **Belmont.** Von hier kann man sich nach White Island (weiße Strände und ein super Tauchgebiet) übersetzen lassen.

Unterkunft

■**Balayeau Point Cottages** €€–€€€, Windward, Tel. 443 7984, www.carriacoucottages.com, 4 Cottages in typisch karibischen Farben, mit Veranda und wunderschön im karibischen Stil eingerichtet, verschiedene Größen, unterschiedliche Ausstattung
■**Bogles Round House Cottages** €€–€€€, Tel. 534 5722, www.boglesroundhouse.com, 3 Cottages unterschiedlicher Größe für 2–4 Pers. mit Küche, Bad, Veranda und Moskitonetzen
■**Kido Ecological Research Station** €€–€€€, Anse la Roche, Tel. 443 7936, www.kido-projects.com; Nichtraucher!
■**Hopes Inn** €–€€, L'Estere Bay, Paradise Beach, Tel. 443 7457, 443 8768, 6 Zimmer und 2 Küchen für Selbstverpfleger

■ **Carriacou Yacht & Beach Club** €€–€€€, Tyrell Bay, Tel. 443 6292, carriyacht@spiceisle.com, der Hauptyachthafen der Insel

■ **Sunset Beach Hotel** €–€€, L'Esterre Bay, Paradise Beach, Tel. 443 8406, www.sunset-beach-hotel. com, am Strand, mit Restaurant

Hillsborough

■ **Ade's Dream Guest House** €–€€, Main Street, Hillsborough, Tel. 443 7317, www. adesdream.com, 23 Zimmer

■ **Green Roof Inn** €€–€€€, Hillsborough, Tel. 443 6399, www.greenroofinn.com, teilweise mit Gemeinschaftsbad

■ **John's Unique Resort** €–€€, Hillsborough, Tel. 443 8345, junique@spiceisland.com, 17 Zimmer

■ **Millie's Guest House** €–€€, Hillsborough, Tel. 443 6455, millies@hotmail.com, 11 Zimmer

■ **Peace Haven Guest House** €–€€, Hillsborough, Tel. 443 7475, 6 Zimmer

Restaurants

Die meisten Restaurants und Cafés auf der Insel findet man **in Hillsborough und in der Tyrell Bay.** Auch jedes Hotel hat ein Restaurant. Empfehlenswert sind:

■ **Lyme & Dine,** Main St., Hillsborough, Tel. 443 7979, täglich 8.30–22 Uhr, europäische und karibische Küche, super Frühstück und tolle Veranda

■ **Sea Wave Restaurant,** Main St., Hillsborough, Tel. 443 7317, täglich 7–21 Uhr, karibische Küche

Petite Martinique

Grenada: Die Insel

3 km nordöstlich von Carriacou liegt die **Mini-Insel** Petite Martinique (sprich Pitty Mar-ti-nik). Sie hat einen Durchmesser von 1,8 km und gehört ebenfalls zu Grenada. Die höchste Erhebung ist ein 220 m hoher **Vulkan.**

Die Insel ist grün und hügelig, hat einige schöne Strände und eine ähnliche Geschichte wie die meisten in diesem Buch beschriebenen Inseln: Zuerst war sie von Indianern bewohnt, wie Tonscherben beweisen, die man an einigen Küstenstreifen findet. Anfang des 17. Jh. wurde die Insel von Franzosen, die mit ihren Sklaven kamen, besiedelt. Sie legten Zuckerrohr- und Baumwollplantagen an. Noch heute zeugen Orts- und Plantagennamen wie *Madame Pierre*, *Petite Anse* und *Beausejour* von der französischen Vergangenheit.

Die Insel war früher in Privatbesitz und wurde in den 1960er Jahren für 85.000 EC$ verkauft. 1997 verhinderte der Protest der Einwohner den Plan, eine Station der US-Küstenwache auf der Insel zu errichten.

Die ca. 900 Einwohner von Petite Martinique leben noch sehr traditionell von **Bootsbau und Fischfang.** Nahezu jeder männliche Inselbewohner besitzt ein eigenes, zumeist selbstgebautes Boot.

Petite Martinique soll das höchste Pro-Kopf-Einkommen der kleinen Antillen haben, da **viel geschmuggelt** wird. Die zollfreien Geschäfte mit anderen Inseln nennt man hier *bobol*. Als vor Jahren ein Zollbeamter von Grenada kam, um diesem Treiben ein Ende zu setzen, waren die Einheimischen bei seiner Ankunft gerade dabei, ein Grab auszuheben. Er erkundigte sich, wer denn verstorben sei, und bekam zur Antwort, dass bis jetzt noch niemand gestorben sei. Der Beamte verstand sofort und verließ umgehend die Insel.

Yachten machen oft einen Zwischenstopp auf Petite Martinique. Von Grenada und Carriacou kann man auch Tagesausflüge hierher unternehmen.

Auf Petite Martinique gibt es eine Kirche, eine Schule, ein Gemeindezentrum, eine Bank, Post, Telefon, ein Internetcafé, einen Souvenirshop, eine Polizeistation, einige kleine Läden und Yachtservices. In einem winzigen **Museum** kann man sich über die Geschichte der Insel informieren und in Kendace am südlichen Ende der Insel findet man den Grabstein von *Luisa Clement,* die 130 Jahre alt geworden ist.

Unterkunft/Restaurant

Die Gästehäuser eignen sich für Selbstverpfleger, das Restaurant Palm Beach ist bekannt für seine exzellenten Fischgerichte.

■ **Melodies Guesthouse** €–€€, Tel. 443 9052, www. spiceisle.com/melodies, 9 Zimmer, das Guesthouse verfügt über das eigene Speedboat „Melody Star", mit dem Ausflüge auf unbewohnte Nachbarinseln unternommen werden können

■ **Millenium Connection Guest House** €–€€, Tel. 443 9243, ieshaodinga@yahoo.co.uk, neben der Primary School über der gleichnamigen Boutique, 3 Apartments, eins mit eigenem Bad, zwei mit Gemeinschaftsbad

■ **Miracle Mart Guesthouse** €, Tel. 443 9022, 3 Zimmer

■ **Sea Side View Cottages** €, Tel. 443 9007, Fax 443 9113, 4 Bungalows

■ **Palm Beach Restaurant & Guesthouse** €€, Tel. 443 9103, emmanuel.palmbeach@gmail.com, 2 voll ausgestattete Apartments für 2 bzw. 4 Pers. mit TV und Meerblick

> Die Unterwasserwelt rund um Carriacou und Petite Martinique ist ein Traum

00SIu sm

Reisetipps A–Z

◁ My girl Lollipop

Ausflüge

Organisierte Ausflüge auf andere Inseln

Es werden eine Menge ein- oder zweitägiger Kurzreisen per Flugzeug auf andere Inseln angeboten. **Tagesausflüge** dauern meist von Sonnenaufgang bis Sonnenuntergang und beinhalten den Flug in kleinen Propellermaschinen sowie eine Inselrundfahrt mit Verpflegung. Hier spart man die Übernachtungskosten, und die Flughafensteuer ist im Preis inbegriffen. Bei **Zweitagestouren** ist statt der Verpflegung die Übernachtung inbegriffen.

Diese „**Islandhopping Tours**" bucht man im Hotel oder bei den örtlichen Reiseveranstaltern. Sie kosten zwischen 100 und 500 US$, je nach Angebot und Entfernung, und werden für folgende Inseln angeboten: Martinique, St. Lucia, St. Vincent, Grenadinen, Grenada und Tobago.

Veranstalter siehe im jeweiligen Inselkapitel unter „Inselrundfahrten und Ausflüge".

Individuelle Ausflüge per Flugzeug

Zum Inselspringen mit den bereits zu Hause gebuchten **Explorer-Tickets** siehe Kapitel „Vor der Reise: Hin- und Rückreise". Natürlich kann man sich auch vor Ort noch für den Besuch der einen oder anderen Insel entscheiden. *Liat, Caribbean Star, SVGAir* und andere Airlines bieten täglich mehrere Flüge zu den umliegenden Inseln.

Der **George Charles Airport in St. Lucia** ist ausschließlich für diese innerkaribischen Flüge. St. Vincent hat sowieso nur einen innerkaribischen Flughafen. In **Grenada** fliegt man vom **Maurice Bishop International Airport.** An den Flughäfen befinden sich auch Büros aller Airlines. Preisvergleich lohnt sich!

Inselspringen per Schiff

Fähren

Der weitaus **billigste Weg,** zwischen den Inseln umherzureisen, sind kleine Fährschiffe, die regelmäßig verkehren. Die Möglichkeiten bzw. Verbindungen sind aber begrenzt: von St. Lucia nach Guadeloupe und Martinique, von St. Vincent nach Bequia und auf die anderen Grenadineninseln sowie von Grenada nach Carriacou und Petite Martinique.

Schnellboote

Neben den Fährschiffen gibt es noch **Post- oder Schnellboote.** Beim Schnellboot kann man sich entscheiden zwischen einer eventuell feuchten Fahrt an Deck (hohe Wellen) oder unter Deck von der Klimaanlage durchgekühlt zu werden. Vorteil: Die Fahrt ist wesentlich schneller als mit dem Post- oder Fährschiff.

> Hier gibt es gute Schokolade

Für alle Schiffstypen sollte man **seetauglich** sein, denn das Meer ist oft rau, und dann ist so eine Reise nicht gerade ein Vergnügen.

Yachtcharter

Auch Yachtcharter ist möglich (siehe Kapitel „Vor der Reise" und bei den jeweiligen Inseln im Kapitel „Reisetipps: Sport"). Es ist auch gar nicht so schwer, sich auf eigene Faust das passende Boot im Hafen zu suchen. Dafür braucht man dann allerdings Segelerfahrung.

Einkaufen und Souvenirs

Die Souvenirangebote sind auf allen Inseln ziemlich gleich, aber reichlich. Sinnvoller als der Einkauf im Duty-Free-Shop scheint mir, im Lande hergestellte Sachen als Souvenirs zu erstehen, solange es sich nicht um Tiere oder Pflanzen schädigende Produkte wie etwa **Schildkrötenpanzer** handelt!

Ferner ist zu überlegen, ob man sein Geld in der Hotelboutique lässt oder dasselbe Teil, meist billiger, beim netten Rasta am Strand kauft, der seine Familie davon ernähren muss.

Es gibt viel **typisch Karibisches,** was man gut mit nach Hause nehmen kann, auch zum Verschenken:

Gewürze, Rum, Blumen, Schokolade

Obwohl Grenada die „Gewürzinsel" ist, kann man auch auf St. Lucia **Gewürze** kaufen. Die bekannteste Firma ist *Baron Foods,* wo über 85 verschiedene Gewürzprodukte hergestellt werden, 45 % davon werden exportiert. Diese Gewürze haben in Mexiko und den USA schon Preise gewonnen. Am beliebtesten sind die Gewürzkörbe und die Hot Sauce.

Grenada hat die größte Auswahl an Gewürzen und **Muskatnussprodukten** (Seife, Marmelade oder Spray gegen Schmerzen). Achtung: In der Esplanade Mall sind die Preise besonders gesalzen. Ein Vergleich lohnt sich. Besonders die Gewürzkörbe sollte man lieber vor der Mall auf der Straße von den Einheimischen kaufen.

Ein beliebtes Mitbringsel ist auch immer wieder **Rum.** Man kann sich daraus entweder zu Hause seine eigenen Cocktails mixen oder auch schon fertige Cocktails in Flaschen kaufen. Auf Grenada gibt es mehrere Destillerien mit verschiedenen Rumsorten. Den *Mount Gay Rum* aus Barbados gibt es auf allen Inseln, es ist der bekannteste. Man bekommt ihn am günstigsten im Duty Free Shop.

Liebhaber von dunkler **Schokolade** kann man mit Produkten der *Grenada Chocolate Company* erfreuen. Tipp: Wenn man die Fabrik besichtigt, sollte man am besten gleich die Schokolade kaufen, dort ist sie preiswerter.

Als letztes Mitbringsel vor der Heimreise gekauft eignen sich **Blumen,** die im *Garden Gate Flowers Shop* am Hewanorra Flughafen (St. Lucia) verkauft werden (z. B. Helekonien). Aber Achtung, nicht alle Blumen darf man in andere Länder einführen! In St. Vincent bekommt man die besten Blumen in den Montreal Gardens, siehe entsprechendes Inselkapitel.

Bücher und Musik

Die zu den Gewürzen passenden **Koch- und Rezeptbücher** gibt es allerdings nur in englischer Sprache. Das gilt auch für die kleinen Bücher der Serie **Macmillan Caribbean,** mit vielen Farbfotos von Vögeln, Fischen, Früchten, Muscheln etc.

Gute **westindische Literatur** erhält man in St. Lucia im Sunshine Book Shop in Pointe Seraphine, in Bequia im Bookshop Belmont Walkway und in Grenada bei Fedon Books im Ciboney House in der H.A. Blaze Street.

Freunde von **Reggae, Soul- und Calypsomusik** können auf den Inseln Raritäten erwerben, die sonst nirgendwo erhältlich sind (auf Kassette, Schallplatte oder CD) – eine besonders schöne Urlaubserinnerung! Die Tonträger werden von Jugendlichen auf dem Markt oder der Straße verkauft. Man sollte sie sich allerdings vor dem Kauf anhören, denn manche Aufnahmen sind von lausiger Qualität. Eine CD kostet ca. 10 EC$.

Kunst(-handwerk)

Typisch karibisch sind auch **Flecht- und Tonarbeiten.** Matten und Körbe aus Stroh sowie allerlei Lampen, Figuren, Früchte und Geschirr aus Ton kauft man günstig in den Craftshops oder auf dem Wochenmarkt. In Grenada und St. Vincent gibt es besonders schöne **Flechtarbeiten,** auf St. Lucia werden die besten **Töpferartikel** hergestellt.

Ursprünglich aus Indonesien stammend, ist die **Batik** fester Bestandteil des karibischen Kunsthandwerks geworden. Es gibt eine breite Auswahl von Kleidungsstücken, auch Wandbehänge werden angeboten. Besonders schöne, inseltypische Arbeiten erhält man auf St. Lucia und Bequia.

Das Hauptkleidungsstück der Karibik, das **T-Shirt,** gibt es in fast allen Varianten: Bedruckt mit Sonnenuntergängen,

Fischen oder Musikern sind sie später ein nettes Erinnerungsstück.

Holzschnitzarbeiten werden auf allen Inseln hergestellt, man findet überall sehr interessante Stücke.

In Bequia bekommt man **Modellboote**, oder man lässt sich seine eigene Yacht nachbauen.

Bilder einheimischer Maler, als Drucke oder Originale, werden ebenfalls überall angeboten. Viele der Künstler sind unbekannt, man kann sich hier getrost auf den persönlichen Geschmack verlassen.

Sonstiges

Piratenfans kommen besonders auf St. Lucia auf ihre Kosten. Hier gibt es alle nur erdenklichen **Piratensouvenirs** wie T-Shirts, Flaggen oder Aschenbecher.

Seife, Duftöle, Tees, Räucherstäbchen und weitere schöne Produkte bekommt man auf allen Inseln von der Firma *Arawak Islands*, Sitz in Grenada, www.awarak-islands.com.

Essen und Trinken

Karibische Küche

Die karibische Küche ist mittlerweile weltweit bekannt als **kreolische Küche**. Kreolisch bezeichnet eine Mischung aus Gerichten afrikanischer Herkunft und der Küche der Kolonialmächte England, Spanien, Frankreich oder Portugal. Hinzu kommen Einflüsse der chinesischen und indischen Einwanderer.

Dabei sollte man grundsätzlich nicht vergessen, dass den Touristen auf den Inseln alle nur erdenklichen Köstlichkeiten geboten werden, während der Speiseplan der Einheimischen anders und viel einfacher aussieht. Auf der **Speisekarte großer Hotels** wird man in erster Linie Fischgerichte, Krabben und Langusten finden. Manchmal bekommt man auch **Schildkröten**, von deren Genuss man aber absehen sollte, da sie vom Aussterben bedroht sind!

Als Beilage gibt es exotisches Gemüse und Reis. Dazu ein riesiges Angebot an Früchten. Ananas, Papaya, Mango, Bananen, Apfelsinen, Pampelmusen, Weintrauben, Zapadilla, Kokosnuss, die Liste ließe sich noch lange fortsetzen. Dazu Frucht- oder Rumpunsch. Der Fruchtpunsch besteht aus Fruchtsäften mit Angostura und Eis.

Spezialitäten

In kleinen Restaurants bekommt man dagegen einfache **kreolische Gerichte** und Spezialitäten, die oft ihren Ursprung in anderen Ländern haben, etwa **Pelau**, eine spanische Reis- und Erbsenpfanne mit verschiedenen Fleisch- oder Fischsorten.

Kartoffelsalat wird oft mit Erbsen, Karotten und Süßkartoffeln zubereitet, ebenfalls eine Mischung der Kochkünste vieler Nationen.

Aus Indien stammt das **Roti**. Es besteht aus *Dhalpurri*, einem flachen Brot, das in Schichten in einer Eisenpfanne gebacken wird. Zwischen die Schichten streut man gemahlene Erbsen. Die *Rotis* werden dann wahlweise mit Fisch-, Fleisch- oder Gemüsecurry serviert.

Callalloo ist ein spinatähnliches Gemüse und stammt aus Afrika. Man serviert *Callalloo* als Suppe oder Gemüse.

Gesalzenen **Kabeljau** findet man ebenso wie **Dolphin,** einen großen Fisch mit fast rechteckigem Kopf. Da die Touristen oft davor zurückschreckten, Dolphin zu essen, da sie das mit Delfin übersetzten, wird heute auf Schildern darauf hingewiesen, dass es sich nicht um „Flipper" handelt.

In der **Muschelsaison** gibt es verschiedene Gerichte mit der Riesenmuschel *Conch*.

An Fleisch isst man hauptsächlich **Huhn** in allen Variationen.

Coocoo, Maismehlbrei mit *Okra,* wird auch häufig angeboten. Außerdem gibt es ständig eine große Auswahl an exotischem Obst und **Gemüse.** Außer allem inzwischen auch in Europa bekannten Gemüse findet man *Plantin,* große grüne Kochbananen, oder *Breadfruit.* Sie ist unserer Kartoffel ähnlich, wird gekocht, gebraten oder als Suppeneinlage verwendet. Ebenso wird die *Cassavawurzel* oft den Gerichten beigemengt. Auch *Pumpkin,* Kürbis, ist beliebt.

Die Rastas haben ihre eigene Küche entwickelt. Sie essen **Ital Food.** Es besteht ausschließlich aus frischem Gemüse und wird ohne Fleisch und Salz gekocht. Gewürzt wird nur mit Kräutern. Weil es so gesund ist, hält es immer mehr Einzug in die karibische Küche und erfreut sich bei Vegetariern großer Beliebtheit.

Eingekauft wird meistens auf dem **Markt.** Dies gilt auch für die Hotels. **Fischer** verkaufen ihre Beute fangfrisch – dazu blasen sie in große Muscheln, um anzuzeigen, dass sie etwas anzubieten haben.

Alltagskost

Auf dem täglichen Speiseplan der Einheimischen ist das **Hauptnahrungsmittel Reis.** *Plantin, Breadfruit* und *Cassavawurzel* zählen genauso zur täglichen Nahrung wie das Obst und Gemüse, das man im eigenen Garten erntet. Und natürlich jede Art von Fisch in den Küstenorten. Landkrabben isst man ebenfalls gern, da sie nichts kosten: Man fängt sie einfach mit selbst gebauten Bambusfallen im Garten. Mit dem Fleisch sieht es da schon ganz anders aus. Meist ist ein Huhn aus eigener Haltung schon der größte Luxus, den man sich leisten kann. Auf dem Markt werden Schweineschwänze und Hühnerfüße verkauft.

Obwohl es nicht erlaubt ist, sieht man oft Gruppen von bis zu zehn Dorfbewohnern tagelang **Leguane** jagen. Die sind oft so klein, dass sie höchstens für eine Suppe reichen. Meist wird ein großer Topf mit viel Reis und wenig Gemüse oder Fisch gekocht, und der hält dann für den ganzen Tag vor. Billig, Magen füllend und außerdem sehr lecker sind *Dumplin.* Aus Wasser und Mehl wird ein Nudelteig hergestellt. Große Stücke davon kommen entweder in die Suppe, oder man rollt den Teig aus und kocht runde Fladen im Wasser, die dann zusammen mit Gemüsecurry gegessen werden. Schwarzer Pfeffer ist ein beliebtes Gewürz und wird reichlich verwendet. Das kann dann den Touristen schon mal die Tränen in die Augen treiben.

Überhaupt gibt es Gerichte, die von Einheimischen und Touristen gleichermaßen gern gegessen werden, und andere, die besonders **für einen empfindlichen Touristenmagen völlig ungeeignet** sind.

Von den Indianern stammt noch der **Pfeffertopf** (s. u.), ein Eintopf mit Gemüse, Gewürzen und Fleisch, tagelang auf kleiner Flamme geköchelt und ständig mit neuen Zutaten versehen. Beliebt als Vorspeise sind **Hühnerfüße,** serviert mit Brühe im Plastikbecher.

Weitere Besonderheiten, die auf der Speisekarte erscheinen können: *Mountain Chicken,* ein großer Frosch. Da dieser aber wie ein Huhn schmeckt, fällt es vielleicht nicht weiter auf. Ist *Agouti* angesagt, ist es vielleicht nützlich zu wissen, dass es sich hierbei um eine Baumratte handelt. Ein *Quibish* dagegen ist eine Süßwasserassel.

Natürlich gibt es auch **weniger abenteuerliche Gerichte:** Reis mit Erbsen oder Bohnen, Teigtaschen, *Doubles, Fritters, Bakes,* Cassavaschnitten, Ziegengulasch, scharf gegrilltes Schweine- oder Hühnerfleisch sowie Fisch und Meeresfrüchte in allen Variationen.

Alle Inselköstlichkeiten werden in kleinen **Garküchen** und Imbissbuden angeboten.

Avocadocreme-Suppe

- 2 große Avocados (klein schneiden)
- 1/2 Teelöffel weißer Pfeffer
- 1 Tasse Sahne (whipping cream)
- 1/3 Tasse trockener Sherry
- 1 Schote schwarzer Pfeffer (Kongopepper)
- Salz
- 2 Teelöffel Seasoning-Paste (gibt's im Supermarkt)
- 4 Tassen Hühnerbrühe

Avocado mit Sahne und weißem Pfeffer in einem Mixer pürieren. In einem großen Topf mit der Hühnerbrühe zum Kochen bringen, dann Avocadomasse und Seasoning-Paste zugeben.

Die Flamme klein stellen, Pfefferschote zugeben und 15–20 Minuten unter Rühren köcheln lassen, bis die Suppe sämig wird. Pfeffer rausnehmen und Sherry zugießen. Sofort servieren.

Westindischer Pepperpot

- 600 g Hammel-, Schweine- oder Rindfleisch (auch gemischt)
- 1 Tasse Langustenschwänze
- 250 g Möhren
- 250 g grüne Bohnen
- 125 g Spinat oder anderes Blattgemüse
- 125 g frische Erbsen; wahlweise können Schwarzwurzeln, Weißkraut, Sellerie, Okra oder Yamswurzeln verwendet werden
- 2–3 Zwiebeln
- 1 Teelöffel schwarzer Pfeffer
- Salz
- Paprikapulver
- 1–2 Esslöffel Mehl

Fleisch und gewaschenes, in Stücke geschnittenes Gemüse zusammen gar kochen (Fleisch vorher andünsten). Erbsen und Langusten erst in den letzten 10 Min. beigeben. Kräuter und Gewürze zugeben.

Anders als früher wird der Eintopf heute immer frisch serviert.

Für den Hobbykoch gibt es eine Vielzahl von **Kochbüchern** zu erwerben (leider nicht in deutscher Sprache).

Getränke

In der ganzen Karibik wird gern **Bier** getrunken, und jede Insel hat ihre eigene Sorte. *Piton* ist das Bier von St. Lucia und *Hairoun* kommt von St. Vincent. In Grenada trinkt man *Carib,* das bekannteste Bier der Karibik. Beliebt ist auch *Ginger Beer* (Ingwer-Bier).

Fruchtpunsch (= verschiedene Säfte mit Eis – nicht zu verwechseln mit Rumpunsch) wird häufig getrunken, ebenso *Peanutpunch* und *Seamoos,* zwei Milchmix-ähnliche, alkoholfreie Getränke,

und nicht zuletzt *Mauby,* ein dunkelbrauner Sirup aus der Rinde des Maubybaumes. Mit Zucker, Wasser und Eis ergibt er ein erfrischendes Getränk mit Lakritzgeschmack. Besonders zu empfehlen sind die frischen **Fruchtsäfte.**

Das wohl berühmteste Getränk der Karibik, der **Rum,** entsteht durch Gärung der bei der Zuckerherstellung anfallenden Melasse (siehe Exkurs).

Man kann wohl davon ausgehen, dass in früheren Zeiten der größte Teil der karibischen lnseln täglich im Rumrausch war. Noch heute trinken die meisten Einheimischen den Rum pur und spülen mit einem Schluck Wasser nach.

Es gibt Unmengen an **Rumpunsch-Rezepten** mit den abenteuerlichsten Namen, z. B. *Dschungel-Punsch, Arawak,*

Barbados Swizzle, Carib, Cocoskiss, Karibischer Zauber, Lumbumba, Robinson Crusoe und *Zombie*. Eines haben alle gemeinsam: Sie schmecken fruchtig und frisch und hauen einen leicht von hinten um! Rumpunsch besteht aus Eis, Rum und einer unterschiedlichen Zusammensetzung von Fruchtsäften und anderen Zutaten.

Fotografieren

Die karibischen Inseln bieten eine Fülle von Foto- und Filmmotiven, die das Herz eines jeden Fotografen höher schlagen lassen.

Die Einheimischen, insbesondere die Kinder, bieten oft die prachtvollsten Motive. Im Allgemeinen lassen sich die **Menschen** gern fotografieren, trotzdem sollte man nie vergessen, vorher höflich zu fragen! Die Leute wollen oft gern einen Abzug haben; verspricht man es, gebietet es der Anstand, dass man ihn später auch wirklich schickt.

Die **Lichtverhältnisse** sind am Morgen und am Spätnachmittag am besten. Wenn Farbige mit dem Gesicht nur ein bisschen im Schatten stehen, ist auf den Fotos hinterher nichts mehr zu erkennen. Hier hilft nur ein Gegenlichtblitz.

Ansonsten gibt es so viele Motive, und die Sonnenuntergänge sind überall so spektakulär, dass eigentlich nichts mehr schief gehen kann.

Die Kamera sollte man immer vor Wasser, Sonne und Sand schützen und wegen der hohen Luftfeuchtigkeit stets ein Säckchen Silicea Gel mit der Kamera zusammen aufbewahren. Fotos kann man oft schon im 1-Stunden-Service entwickeln lassen.

Gesundheit

Die **ärztliche Versorgung** ist auf allen Inseln gut, man wendet sich am besten immer gleich an ein Krankenhaus. Braucht man nur einen Arzt, kann man in einem Hotel nachfragen, denn oft haben diese einen Arzt zur Verfügung, der

◁ Muskatnussprodukte, eine Spezialität auf Grenada

auch Deutsch spricht. Wer zu Hause bestimmte Medikamente einnimmt, sollte sich einen ausreichenden Vorrat mitnehmen, am besten mit Beipackzettel, um Schwierigkeiten am Zoll zu vermeiden.

Adressen von **Krankenhäusern, Ärzten** und **Zahnärzten** stehen in den Inselkapiteln.

Durch die **Zeitverschiebung** ist der Körper in den ersten Tagen stark geschwächt, man sollte zu große Anstrengungen vermeiden (siehe „Flug-Knowhow – ein paar nützliche Hinweise").

Die **Sonne** ist in den karibischen Gefilden ungewöhnlich stark. Man muss also unbedingt eine Kopfbedeckung tragen und sich mit Sonnenmilch mit einem hohen Lichtschutzfaktor einreiben.

Der sogenannte **Tropenkoller,** der sich in sinnlosen Wutausbrüchen, gesteigerter Erregbarkeit und unkontrollierten Handlungen von ganz normalen Europäern äußert, ist die Folge der ungemeinen Reizarmut des tropischen Tieflandklimas. Es dürfte also gut möglich sein, dass mancher Ehekrach „geopsychisch" bedingt ist, sich also auf geografische Ursachen zurückführen lässt …

Wegen der Unterwasserströmungen sind die **Badeverbote** an den Stränden unbedingt zu beachten. Es gilt Ihrem Schutz!

AIDS ist schon seit Längerem ein Problem, also Vorsicht bei Sexualkontakten! Kondome sind und bleiben der einzige Schutz! Wenn man sich in medizinische Behandlung begeben muss, hat man darauf zu bestehen, dass nur Einweg-Spritzen und einwandfrei sterilisierte Geräte benutzt werden (z. B. beim Zahnarzt).

Hygiene

Das Wasser kann bedenkenlos getrunken werden. Auch vom Essen ist nichts zu befürchten, außer an kleinen Ständen, wo das Essen morgens zu Hause zubereitet und dann den ganzen Tag ohne Kühlung am Strand aufbewahrt wird.

Gefährliche Tiere und Pflanzen

Moskitos können zur Qual werden. Moskitonetze sind meistens nicht vorhanden, man bringt sie besser von zu Hause mit, ebenso wie Mückenschutzmittel zum Einreiben. Sich in der Dämmerung eher bedeckt zu halten, vermeidet auch so manchen Stich.

An vielen Stränden gibt es **zwischen den Felsen Seeigel.** Hier ist es besser, zum Baden Gummisandalen anzuziehen. Da die Stacheln aus kohlesaurem Kalk bestehen, lässt man sie am besten in der Wunde, sie lösen sich schnell von selbst auf. Die Einstichstelle aber unbedingt mit Antiseptikum einreiben.

Giftige Schlangen gibt es nur auf St. Lucia (*Far de Lance,* siehe „Pflanzen, Tiere und Umwelt"). Deshalb sollten Sie Wanderungen in den Urwald nie ohne Führer unternehmen und immer festes Schuhwerk und lange Hosen tragen. Aber keine übertriebene Angst: Die Schlange sitzt nicht hinter dem nächsten Baum und wartet auf Touristen.

Gefährlich ist auch die Berührung mit **Segelquallen.** Ihre bis zu 10 cm langen Tentakel verursachen Verletzungen durch Nesselgift.

Feuerkorallen brennen nicht nur bei Berührung auf der Haut, sie sondern auch einen Schleim ab, der zu starken

Zucker- und Rumherstellung

Nachdem die europäischen Kolonialmächte die Inseln erobert hatten, wurde in erster Linie Zuckerrohr angebaut, denn Europa war ganz versessen auf Zucker.

Das **Zuckerrohr** wird geerntet, wenn es ca. ein Jahr alt ist. In der Zuckermühle wird es mehrfach gepresst, bis es keinen Saft mehr enthält. Die ersten Maschinen zum Auspressen des Saftes wurden mit Ochsenkraft oder Windmühlen angetrieben. Später kam das Wasserrad hinzu. Dem so gewonnenen Zuckerrohrsaft setzte man Kalkmilch bei, ein Gemisch aus Kalziumhydroxid und Wasser. Dann wurde das Gemisch in den Eisenkesseln der Boilinghouses gekocht. Das Feuer wurde mit der Bagasse, dem ausgepressten Zuckerrohr, angeheizt. Mit einem anderen Teil der Bagasse düngte man die Felder.

Durch das Entweichen der Luft beim Kochen bilden sich **Zuckerkristalle.** Eine Zentrifuge trennt den Zucker von der Melasse. Nach der Reinigung erhält man braunen Rohzucker.

Dass man aus der übrig gebliebenen Flüssigkeit, der Melasse, durch einen Gärungsprozess ein **alkoholisches Getränk** herstellen kann, war bereits im frühen 17. Jh. bekannt. Zuerst stellten die Plantagen ihr eigenes Teufelszeug her, um ihre Sklaven bei Laune zu halten. Bald griffen auch die Plantagenbesitzer zur Flasche, um sich das Leben zu versüßen oder die Angst vor Katastrophen hinunterzuspülen.

Obwohl **der erste Rum** so scharf gewesen sein soll, dass Leute daran starben, wurde er ab 1655 laut königlichem Erlass an die englische Marine verteilt, um die Leute mutig zu machen – ein Viertel Liter pro Tag und Nase. Hier entstand auch der **Grog,** als Admiral *Venon* (Spitzname: „Old Grog") den Rum für seine Mannschaft immer mit Wasser verdünnen ließ. Die Piraten begossen ihre Freude über erbeutete Schiffe ebenfalls mit Rum.

Auch in Europa kam man nun schnell auf den Geschmack. Jetzt wurde der Rum in Brennereien hergestellt und das **Verfahren verfeinert:** Hefezusatz und Destillation, Ablagerung in Eichenfässern und der Zusatz von Karamelzucker sind ebenso für den Geschmack des Rums verantwortlich wie Zuckersorte, Boden, Klima und Lagerdauer.

Bis in die heutige Zeit stellt fast jede Insel ihren eigenen Rum her. Allerdings gibt es im Verhältnis zu früher nur noch wenige Fabriken; die meisten arbeiten mit modernen Maschinen.

Wer an der Rumherstellung vergangener Tage interessiert ist, sollte die River Antoine Rum Distillery auf Grenada besuchen (siehe dort).

601sl sm

Handy

Entzündungen führen kann. Die Wunde immer gründlich mit Seifenwasser auswaschen, mit Antiseptik-Creme einreiben und nicht ständig dem Meerwasser oder Sand aussetzen.

Auf den Antilleninseln wachsen an vielen Stellen, auch am Strand, die harmlos aussehenden **Machineel-Bäume.** Die Früchte dieser Bäume sind **hochgiftig,** und wenn das Regenwasser durch die Blätter auf die Haut tropft, führt das oft zu Verätzungen. Die Bäume sind im Allgemeinen durch Schilder, einen roten Streifen oder ein Kreuz am Stamm gekennzeichnet. Deshalb sollte man, besonders bei Regen, genau hinsehen, unter welchem Baum man sich niederlässt.

Aufpassen sollte man auch bei **Kokospalmen** und sich lieber nicht direkt darunter legen, da herunterfallende Nüsse oder Äste zu schweren Verletzungen führen können.

Handys (**mobile phones**) sind auf den Inseln sehr beliebt und **werden überall benutzt.** Digicel bietet auf allen Inseln GSM 900 und GSM 1800 nach europäischem Standard, allerdings haben sie keine Roaming-Partner und somit kann man seine europäische SIM-Karte vor Ort nicht nutzen. Diese kann man jedoch vor Ort kaufen (Voraussetzung: SIM-lock-freies Handy). *Visitor Sim Cards (Flexicards)* kosten 50 EC$ und haben ein Guthaben von 20 EC$. Man erhält sie in den Digicel-Büros in allen größeren Orten und inselweit in allen Geschäften mit dem Digicel-Zeichen.

⊡ Das englische Vorbild ist unverkennbar: Telefonzellen auf Grenada

Klima und Reisezeit

Reisezeit

Die Hauptsaison auf den Kleinen Antillen ist im Winter, vom 15. Dezember bis zum 15. April, was sich in erster Linie bei den Preisen bemerkbar macht. In dieser Zeit ist die Chance am größten, drei Wochen hintereinander strahlenden Sonnenschein zu haben.

ln den heißen **Sommermonaten** hingegen sind die Strände leer, Flüge leichter zu bekommen und die Unterkünfte billiger.

Es gibt Leute, die haben es lieber ein bisschen kühler, und ein bewölkter Himmel oder zwei Tage Regen machen ihnen nichts aus. Für sie ist der **November** die beste Reisezeit. Deshalb wird heute allgemein gesagt, dass die Kleinen Antillen das ganze Jahr Saison haben.

Temperaturen

Die **Lufttemperatur** schwankt regelmäßig zwischen 20 und 33° C, die durchschnittliche Temperatur beträgt 28° C. Die **Wassertemperatur** liegt bei 26° C.

Niederschlag

Eine Regenzeit gibt es nicht. Während des ganzen Jahres gibt es **kurze tropische Regenschauer,** evtl. vermehrte Niederschläge während der Hurrikan-Zeit. Dass – wie häufig in den Reiseprospek-

ten beschrieben – nach einem kurzen Regenschauer bald wieder die Sonne scheint, trifft nicht immer zu. Es bleibt auch schon mal einige Tage lang bewölkt. Da es aber immer warm ist, sind das oft die besten Tage zum Wandern oder für Ausflüge.

In den Sommer- und Herbstmonaten ist Hurrikan-Zeit, dann können heftige Wirbelstürme über die Inseln fegen. Das ist zwar selten, aber nie ausgeschlossen.

Die **Luftfeuchtigkeit** ist übers ganze Jahr hoch und kann schon mal zu Kreislauf- oder Atembeschwerden führen.

- Sonnenstunden pro Tag: 6–8
- Sonnenaufgang: ca. 6 Uhr
- Sonnenuntergang: ca. 18 Uhr

St. Lucia

Die Durchschnittstemperaturen betragen von Dezember bis April 21–24° C, von Mai bis Dezember 22–32° C. ln den Bergen ist es immer einige Grade kühler. Am wenigsten Niederschlag fällt von Dezember bis April, am meisten von August bis November. Die Schauer sind kurz und heftig, und Regenkleidung ist das ganze Jahr angebracht.

St. Vincent und Grenadinen

Die Durchschnittstemperaturen betragen am Tag 28–29° C, in der Nacht 24–25° C und im Wasser 26–27° C. Es weht ständig ein leichter Wind. Der geringste Niederschlag fällt von Januar bis Mai, der meiste von Juni bis Dezember; kurze heftige Schauer.

Grenada

Die Durchschnittstemperatur beträgt das ganze Jahr 27° C. Die trockene Jahreszeit ist von Januar bis Mai, die Regenzeit von Juni bis Dezember. Aber auch dann regnet es kaum länger als zwei Stunden am Tag. Dafür ist die Natur während dieser Zeit üppiger und grüner.

Medien

Alle Inseln verfügen über **Zeitungen in englischer Sprache** sowie über eigene **Radio- und Fernsehstationen.** Überall kann **US-amerikanisches Kabelfernsehen** empfangen werden.

Heiraten auf den Inseln

In einem Tropenparadies zu heiraten, ist in den letzten Jahren **immer beliebter** geworden. Wer dies vorhat, sollte folgende Originaldokumente sowie eine beglaubigte Übersetzung ins Englische mitnehmen:

- Pass
- Geburtsurkunde
- wenn einer der Partner geschieden ist, eine Scheidungsurkunde
- Witwen und Witwer eine Sterbeurkunde des ersten Partners
- bei Namensänderung eine entsprechende Urkunde
- Ist einer der Partner unter 18 Jahre alt (Grenada unter 21 Jahre), wird eine elterliche Zustimmung in Form einer gerichtlich beglaubigten eidesstattlichen Erklärung verlangt

Nach einem zweitägigen Aufenthalt in St. Lucia kann der **Antrag** auf Heirat **beim Governor General** gestellt werden. Frühestens drei Arbeitstage nach Anmeldung kann die Trau-

ung vollzogen werden. In dieser Zeit dürfen die Antragsteller die Insel nicht verlassen.

Der größte Teil der Hotels in St. Lucia ist auf die Ausrichtung einer kompletten Hochzeit eingerichtet. Die **Trauung** kann in einem Privatzimmer oder am Strand stattfinden. Es gibt Champagner, Hochzeitskuchen, Blumen, und auf Wunsch werden sogar Trauzeugen gestellt. Das Ganze kann dann sogar weniger kosten als zu Hause, und man ist gleich am Ort seiner Flitterwochen. Die meisten Hotels halten das Ganze freundlicherweise noch auf Video fest.

Nähere **Informationen** erteilen die deutschen Reisebüros oder die Touristenbüros anbieten.

Nach der Eheschließung ist es notwendig, sich beim Deutschen Honorarkonsul die Urkunde bestätigen zu lassen. Mit dieser Bestätigung werden Papiere in Deutschland ohne Probleme geändert (z. B. Namensänderung, die innerhalb von 12 Monaten zu erfolgen hat). Zur Sicherheit sollte man sich vorher nochmals genau erkundigen, da sich die Bedingungen manchmal ändern.

Wer über ein **Radio** verfügt, kann folgende Programme in deutscher Sprache hören:

- **Deutsche Welle,** 49-m-Band (6100 und 6145 kHz), 31-m-Band (9545 und 9610 kHz), 19-m-Band (15105 und 15275 kHz)
- **Österreich Radio,** 19-m-Band (15115 kHz), 16-m-Band (17840 kHz)
- **Schweiz Radio International,** 19-m-Band (15305 kHz), 13-m-Band (21420 kHz); Sendezeit abends 20–24 Uhr

Das Internet hat genau wie das Handy alle Inseln erobert. Internetzugang gibt es in den meisten Hotels, in Waschsalons, Restaurants und natürlich in Internetcafés. In fast jedem Dorf findet man eine Möglichkeit.

Besucherzeitschriften mit allem, was den Touristen interessiert, sind in den Touristenbüros oder am Flughafen gratis erhältlich:

- **St. Lucia:** Visions of St. Lucia, Paradise, Tropical Traveller
- **St. Vincent:** The Ins & Outs, Bequia Holiday, Life in STVG
- **Grenada:** The Visitor Magazine, Truly Discover

Sicherheit

Mit steigender Arbeitslosigkeit und wachsendem Tourismus steigt leider auch die Kriminalitätsrate an. Daher sollte man folgende Hinweise befolgen: **Zimmertüren und Autos immer gut verschlossen halten;** nicht in dunklen Ecken parken; **Pässe, Tickets und Schecks im Hotel lassen;** am besten Fotokopien wichtiger Dokumente an einem getrennten Ort aufbewahren.

Das Tragen von Goldschmuck sollte man lieber vermeiden: Da sich beim Verkauf gute Preise erzielen lassen, sind Diebe besonders scharf darauf.

Kamera und **Videoausrüstung** außerdem möglichst unauffällig mitführen und nicht aus den Augen lassen.

Nicht allein in einsamen Gegenden aufhalten und beim nächtlichen Bummel nicht zu stark dem **Alkoholgenuss** frönen.

Ist doch etwas passiert, sofort die **Polizei** benachrichtigen.

Allein reisende Frauen

Frauen, die die Inseln allein oder in der Gruppe bereisen, werden die Erfahrung machen, dass sie **ständig angesprochen** werden. Das geht von *I like you* über *I love you* bis zu *I want to marry you* und *I want to fuck you.* Auch *You want more fun?* ist ein eindeutiges Angebot. Selbst beim Taxifahren kann es passieren, dass man nach fünf Minuten einen Heiratsantrag bekommt. Die Antwort, dass man verheiratet ist, hilft meistens nicht, genauso wenig wie schüchternes Lächeln. Besser man sagt – nicht unfreundlich, aber sehr bestimmt –, was man will und was nicht, dann ist meistens Ruhe.

Buchtipps – Praxis-Ratgeber

- **Schutz vor Gewalt und Kriminalität**
- **Als Frau allein unterwegs**
Beide Bände Reise Know-How Verlag, Bielefeld

Auch Piloten, Kapitäne von Glasbodenbooten, Airline-Mitarbeiter und Hotelbedienstete sind häufig zum Flirten – *I lime she* (Ich will Sie anmachen) – aufgelegt.

Will eine Frau im Dunkeln allein **Taxi fahren,** so ist sie besser bei einem *Daddy* als bei einem jungen Fahrer aufgehoben.

Fragt man nach dem Weg oder braucht eine **Information,** so wendet man sich nach Möglichkeit an einheimische Frauen, da man sonst oft zum Bier eingeladen wird.

Dass es nicht ratsam ist, in der **Dunkelheit** allein in einsamen Gegenden herumzulaufen oder sich stundenlang an menschenleeren Stränden aufzuhalten, versteht sich von selbst.

Frauen, die sich an diese Regeln halten, werden meistens keine Schwierigkeiten erleben und einen angenehmen Urlaub haben, da die Männer grundsätzlich sehr höflich sind.

Notfall-Tipps

Vorsorgemaßnahmen vor Reisenantritt

● Vor der Reise ist es unbedingt ratsam, eine **Auslandsreise-Krankenversicherung** abzuschließen (siehe Kapitel „Vor der Reise: Versicherungen").

● Ein **Impfpass** und evtl. ein Gesundheitspass mit Blutgruppe, Allergien, benötigten Medikamenten u. Ä. sollte mit auf die Reise genommen werden, ebenso natürlich die **Medikamente** selbst.

● Man sollte sich über die **Möglichkeiten der Geldüberweisung** bei seiner Hausbank informieren, ggf. rechtzeitig eine Kreditkarte beantragen und sich über Notfallhilfen und Sperrmodalitäten der Bank kundig machen.

● **Für Postempfang und Kontoverfügung** sollten bei der Post bzw. Bank an vertrauenswürdige Personen **Vollmachten** ausgestellt werden.

● **Zu Hause ist zu klären, wer im Notfall telefonisch erreichbar ist,** R-Gespräche übernimmt und einem Geld überweisen kann.

● **Wichtige Dokumente** sollten am Körper (Brustbeutel, Geldkatze u. Ä.) aufbewahrt oder im Hotelsafe gegen ausführliche Quittung hinterlegt werden.

● Auf alle Fälle sollte man sich **Kopien** von Pass, Flugticket, Kredit- und Scheckkarten, Reiseschecks und sonstigen Dokumenten anfertigen. Kopien getrennt von den Originalen mitnehmen, einen zweiten Satz zu Hause hinterlegen.

● Ein ausreichend hoher **Sicherheitsgeldbetrag** sollte getrennt von der Reisekasse aufbewahrt werden.

● Sinnvoll ist es, sich einen **persönlichen Notfall-Pass** zu erstellen und ihn sicher am Körper aufzubewahren. Eingetragen werden sollten: eigene persönliche Daten, die eigene Adresse und die der Kontaktperson zu Hause inkl. Telefon und Fax, die eigene Bankverbindung, Notruf-Telefonnummern der Kranken- und/oder Reise-Notfall-Versicherung, Adresse und Telefonnummer der diplomatischen Vertretung im Reiseland (s. u.), Nummern des Passes, des Flugtickets, der Reiseschecks, der Kreditkarten usw.

▷ Filmkulisse in der Wallilabou Bay (St. Vincent)

Im Krankheitsfall

Man sollte sich vom Arzt eine ausführliche **Bescheinigung über Diagnose und Behandlungsmaßnahmen,** einschließlich Medikamente, sowie eine **Quittung** über die bezahlte Behandlung ausstellen lassen. Auch von Apotheken sollte man sich Quittungen ausstellen lassen.

Bei schweren Fällen sollte außer dem Notfallservice der Versicherung auch die Botschaft bzw. das Konsulat informiert werden.

Verlust von Ausweisen, Notfall

Wird der Reisepass oder Personalausweis im Ausland gestohlen, muss man das umgehend **bei der örtlichen Polizei melden.**

Darüber hinaus sollte man sich **an die nächste diplomatische Auslandsvertretung seines Landes wenden** (Adressen s. u.), damit man einen Ersatz-Reiseausweis zur Rückkehr ausgestellt bekommt – ohne diesen kommt man nicht an Bord eines Flugzeugs!

Auch **in dringenden Notfällen,** z. B. medizinischer oder rechtlicher Art, bei der Vermisstensuche, bei Todesfällen, Häftlingsbetreuung o. Ä. sind die **Auslandsvertretungen** bemüht, vermittelnd zu helfen:

■ **Für alle Inseln zuständig: Deutsche Botschaft in Port of Spain, Trinidad,** 7–9 Marli Street, Tel. 001868 628 1630, infoports@diplo.de, Mo–Fr 8–11.30 Uhr, Notfall-Nr. 001868 460 9687

■ **Deutsches Konsulat auf St. Lucia:** Honorary Consulate of Germany, Saphire Estate, Diamond, Soufrière, Tel. 001758 459 7977

■ **Deutsches Konsulat auf St. Vincent:** Honorary Consulate of Germany, c/o Kingstown Medical College, Ratho Mill, Tel. 001784 456 84 50, 456 97 96, 458 48 24

■ **Deutsches Konsulat auf Grenada:** Honorary Consul of the Federal Republic of Germany, *Mrs. Margit Biebel-Potgieter*, P. O. Box 216, Grandmall, St. George's, Grenada. Tel. 001473 440 7260, Mobil 409 7260, bluebeard@caribsurf.com

■ **Österreichische Botschaft in Venezuela:** Embajada de Austria, Avenida La Estancia, Edificio „Torre las Mercedes", piso 4, oficina 408, Chuao, Caracas, Venezuela, Tel. 0058 212 99 13 863, 212 99 22 956, 212 99 13 979 (auf St. Vincent gibt es keine diplomatische Vertretung Österreichs)

■ **Österreichisches Konsulat auf St. Lucia:** Honorary Consulate of Austria, Cap Estate, Tel. 001758 450 99 35, Mobil 484 98 13

■ **Österreichisches Konsulat auf Grenada:** Honorary Consulate of Austria, Wildlife House, Petite Calivigny Woburn, St. George's, Tel. 001473 443 34 24, 444 47 17, 403 57 66

■ **Schweizer Botschaft in Venezuela:** Embajada de Suiza, Centro Letonia, Torre Ing-Bank, piso 15, Av. Eugenio Mendoza y San Felipe, La Castellana, Caracas, Tel. 0058 212 26 79 585 (auf St. Lucia, St. Vincent und Grenada gibt es keine diplomatische Vertretung der Schweiz)

Kredit- und Geldkarten sperren

Bei Verlust oder Diebstahl von Kredit- oder Maestro-Karten sollte man diese umgehend sperren lassen. Für deutsche Karten gibt es die einheitliche **Sperrnummer +49 116 116** und im Ausland zusätzlich +49 30 40 50 40 50. Für Österreicher und Schweizer gelten:

■ **Maestro-Karte,** (A-)Tel. 0043 1 20 48 800; (CH-) Tel. 0041 44 27 12 230, UBS: 0041 848 88 86 01, Crédit Suisse: 0041 80 08 00 488

■ **MasterCard,** internationale Tel. 001 636 72 27 111 (R-Gespräch)

■ **VISA,** internationale Tel. 001 410 581 99 94

■ **American Express,** (A-)Tel. 0049 69 97 97 20 00; (CH-)Tel. 0041 44 65 96 333

■ **Diners Club,** (A-)Tel. 0043 1 50 13 50; (CH-)Tel. 0041 58 75 08 080

Verlust von Reiseschecks

Der Verlust oder Diebstahl von Reiseschecks **muss umgehend bei der örtlichen Polizei und auch bei American Express bzw. Travelex/Thomas Cook gemeldet werden.** Die Telefonnummer steht auf der Notrufkarte, die Sie zusammen mit den Reiseschecks bekommen haben. Nur wenn man den Kaufbeleg mit den Seriennummern der Reiseschecks sowie den Polizeibericht vorlegen kann, wird der Geldbetrag von einer größeren Bank vor Ort binnen 24 Stunden zurückerstattet.

Beschaffung von Geld

Eine **Kreditkarte** hilft auch in Notfällen weiter. Vor Reiseantritt sollte man allerdings dafür sorgen, dass auf dem Kreditkartenkonto auch ein für Notsituationen hinreichend großer Betrag zur Verfügung steht.

Ansonsten kann man notfalls folgendermaßen zu Geld kommen:

■ Vertreter des Kreditkarteninstituts zahlen nach Klärung der Identität ein **Notfallgeld.**

■ **Überweisung von der Hausbank.** Dazu sollte man schon vor der Reise die Bedingungen, vor allem die Korrespondenzbank im Reiseland, klären.

■**Blitzüberweisung durch eine Vertrauensperson in der Heimat.** Spezialisiert auf schnellste Verbindungen ist die Deutsche Verkehrsbank. Sie arbeitet mit Western Union zusammen, die wiederum weltweit „Filialen" unterhält (die Adressen der Filialen kann man z. B. vor der Reise unter www.westernunion.com nachschlagen). Der Betrag wird zusammen mit einer Gebühr (rund 5 %) eingezahlt, der Überweisungsvorgang erhält in Deutschland innerhalb weniger Minuten eine zehnstellige Nummer, diese kann telefonisch ins Reiseland übermittelt werden und dient als Identifikation des Abholers.

■**Reise-Notfall-Versicherungen** zahlen je nach Vertragsklauseln bis zu 1500 Euro Notfalldarlehen, direkt über Vertreter im Reiseland, falls vorhanden.

Unterkunft

Auf den Inseln werden die verschiedensten Unterkunftsmöglichkeiten angeboten, von der Superluxusvilla bis zum einfachen Privatzimmer. Im Anschluss an die einzelnen Ortskapitel stehen jeweils einige Unterkunftsempfehlungen.

Hotels

Am weitesten verbreitet sind Hotels. Um es gleich vorwegzunehmen, ein richtig schreckliches Hotel habe ich nirgends gefunden. Die meisten liegen am Meer oder in unmittelbarer Nähe und haben noch zusätzlich einen Pool. Man kann im Allgemeinen davon ausgehen, dass alle Zimmer ein großes Doppelbett, Dusche, WC, Klimaanlage oder Ventilator und einen Kühlschrank haben. Die geschmackvoll karibisch eingerichteten Zimmer sind oft in kleinen Bungalows untergebracht oder befinden sich im Hauptgebäude.

Wer in der Gruppe reist, ist am besten in Apartments oder Hotels aufgehoben, in denen man selbst kochen kann.

Ferienhäuser

Ferienhäuser sind größtenteils nur als **Luxusvillen** zu erhalten.

Gästehäuser/Guesthouses

Gästehäuser haben meistens keinen Pool. **Küche und Bad werden oft von mehreren Leuten benutzt.** Alles ist sauber, im karibischen Sinn, aber die Einrichtung meist schlicht und nicht sehr geschmackvoll. Ventilatoren gibt es überall, Moskitonetze dagegen selten.

Informationen

Wer bei seiner Ankunft noch kein Zimmer hat, kann sich am Flughafen oder am Hafen an die Mitarbeiter des **Board of Tourism Visitor's Bureau** wenden.

Kategorien, Preise

Die Preiskategorien für Unterkünfte sind im Buch mit Eurozeichen markiert. Ist nichts weiter angegeben, ist Übernachtung ohne Frühstück gemeint:

€	unter 50 US$ pro Doppelzimmer
€€	50–100 US$ pro Doppelzimmer
€€€	100–150 US$ pro Doppelzimmer
€€€€	über 150 US$ pro Doppelzimmer

Gästehäuser und Privatunterkünfte haben meist das ganze Jahr über die gleichen Preise, die Hotels dagegen in der Mehrzahl Saisonpreise. Die **Sommersaison** geht vom 15. April bis 15. Dezember, die **Wintersaison** vom 15. Dezember bis 15. April. Wer in der Sommersaison reist, spart bis zu 50 % gegenüber dem Winter; die Hotelpreise sind dann, sofern man nicht gebucht hat, manchmal auch Verhandlungssache.

Die Kürzel vor Ort bedeuten:

- **FAP/AP:** American Plan (Vollpension)
- **MAP:** Modified AP (Halbpension mit Frühstück und Abendessen)
- **CP:** Continental Plan (mit Frühstück)
- **EP:** European Plan (nur Zimmer)
- **SC:** Selbstverpflegung

Meistens sind die **Steuer** (goverment tax) und die **service charge** nicht im Preis enthalten, sie werden also noch aufgeschlagen.

Ein Einzelzimmer ist oft nicht viel preiswerter als ein Doppelzimmer. Oft gibt es (auch in Hotels) Sonderangebote für die dritte Person im Zimmer.

Billigunterkünfte

Die Preise der billigsten von den Touristenbüros angebotenen Unterkünfte liegen für Einzelzimmer bei **ab ca. 25 US$,** Doppelzimmer ab ca. 30 US$. Leider

gibt es aber nur wenige Angebote. Außerdem sind die meisten dieser Unterkünfte sehr einfach. ln der Preisklasse ab 50 US$ wird das Angebot größer.

Schlafen am Strand ist verboten und auch nicht möglich. Campingplätze gibt es nicht.

Grundsätzlich gilt für alle hier beschriebenen Inseln: **Wer sich auf eigene Faust, d. h. ohne Reiseveranstalter auf den Weg macht, lässt sich auf ein Abenteuer ein.**

Billige Doppelzimmer sehen in der Regel so aus: kleines Zimmer mit kleinen Fenstern, Bett, Kleiderschrank und Ventilator. Für einen Kühlschrank muss man extra bezahlen. Oft gibt es eine Gemeinschaftsküche, manchmal auch eine

Kochzeile im Zimmer. Was es meistens nicht gibt, ist frische Luft, dafür jede Menge Moskitos. Oft vorhanden ist ein gemeinsamer Fernsehraum, der von allen Gästen benutzt werden kann, eventuell gibt es noch einen Gemeinschaftsbalkon. Billigunterkünfte werden oft von Bewohnern der anderen Inseln besucht, aber auch von Amerikanern. Die sind häufig mit viel weniger zufrieden als die Deutschen.

Wenn – was vorkommt – die **Freundlichkeit der Vermieter** zu wünschen übrig lässt, sollte man energisch darauf hinweisen, dass der Gast Freundlichkeit erwarten kann. Das wirkt meist Wunder.

In Grenada wird „Homestay" immer beliebter: Touristen, die sich nicht nur an der Landschaft der Insel erfreuen wollen, sondern auch an Kontakt mit den Einheimischen interessiert sind, können Unterkünfte mit Familienanschluss buchen. Hier kann man sich z. B. Familien aussuchen, die dieselben Hobbys haben oder Kinder im gleichen Alter wie die eigenen. Man kann Koch- oder Kunstkurse belegen oder gemeinsam Ausflüge machen. Das kostet pro Person und Nacht ab 30 US$. Nähere Informationen: Tel. 444 5845, www.homestays-grenada.com.

⌂ Anchorage Hotel auf St. Vincent

Verhaltenstipps

In puncto Verhalten sind die karibischen lnseln locker im Vergleich zu asiatischen Ländern, allerdings nicht so locker, wie es vielleicht auf den ersten Blick erscheint oder wie manche Urlauber immer noch gern glauben möchten.

Auf den Inseln geht alles langsamer und relaxter als bei uns. Darauf sollte man sich vorbereiten und Stress und Hektik zu Hause lassen. Am weitesten kommt man mit einem freundlichen Gruß, mit Bitte und Danke. Man wird dann freundlich behandelt und bekommt eher, was man möchte.

Die Menschen sind im Allgemeinen **höflich und gastfreundlich.** *Liming* (s. Kap. „Die Menschen") heißt eine der Lieblingsbeschäftigungen. So wird man bei der Strandparty oder im Rumshop schnell Gesprächspartner, eventuell sogar Freunde finden.

Wird man dann vielleicht irgendwo **privat eingeladen,** steht man oft vor dem Problem, dass es keine Klingel gibt und alle Häuser weit offen stehen. Das heißt nicht, dass man einfach hineingeht. Man wartet in gebührendem Abstand und ruft laut, bis sich der Entsprechende zeigt.

Nacktbaden

Nackt oder oben ohne baden wird als schlichter Verstoß gegen die Moral angesehen. Obwohl es nicht erlaubt ist, sieht man immer noch barbusige Touristinnen an den Stränden. Sie sollten ihr Verhalten noch einmal gründlich überprüfen. Die Begeisterung der einheimischen Frauen werden sie auf diesem Weg bestimmt nicht ernten. Erstens fürchten diese um die Moral ihrer Kinder, zweitens sind die Männer in dieser Gegend nicht gerade für ihre eheliche Treue bekannt. Und schließlich schadet es den übrigen weißen Frauen, da sie als leichte Beute betrachtet werden.

Kleidung

Ebenso geht man in Badekleidung nicht essen oder zum Shopping, auch nicht mit Bikini-Oberteil und Rock bzw. Unterteil und T-Shirt. Gegen Miniröcke, kurze Hosen und schulterfreie Oberteile hat in der Regel niemand etwas einzuwenden. Männer mit nacktem Oberkörper werden vom Busfahrer nicht mitgenommen und machen auch auf Friedhöfen keinen guten Eindruck.

Zum Abendessen zieht man sich etwas gepflegter an, kurzärmlig ist aber durchaus akzeptiert.

Liebe/Sexualität

Man findet auf den Kleinen Antillen nicht sehr viele Bordelle. **Die käufliche Liebe ist nicht so verbreitet wie in anderen Ländern.**

Besucht man eine Tanzveranstaltung, wird man bald feststellen, dass die erotische Anziehungskraft zwischen Schwarz und Weiß auf beiden Seiten sehr groß ist und oft das **Abenteuer** gesucht wird. Die lauen Nächte, der Rumpunsch und die erotisch aufgeladenen Tänze tun das Ihre dazu. Dabei sollte niemand vergessen, insbesondere in der lockeren Karnevals-

zeit, dass die **AIDS-Rate** in der Karibik sehr hoch ist.

Drogen

Auf den Inseln gibt es **Gras, Marihuana** oder **Ganja,** wie immer man es nennt (oft auch die stärkeren Sachen wie Kokain usw.). Wer es rauchen möchte, sollte sich im Klaren darüber sein, dass es sich um eine **verbotene Droge** handelt. Auch ein Tourist bekommt eine Geld- oder Gefängnisstrafe, wird ausgewiesen und darf das Land nicht mehr betreten. Die Polizei ist nicht gerade zimperlich.

Trinkgeld

Die Kellner in Restaurants und Hotels erhalten üblicherweise **10–15 % Trinkgeld.** Kofferträgern am Flughafen und im Hotel gibt man **1–3 EC$.** Bei den niedrigen Löhnen schadet es nicht, wenn man für besondere Leistungen oder eine gute Bedienung etwas mehr gibt – und wenn es die Handtasche ist, die das Zimmermädchen seit drei Wochen bewundert und die man zu Hause sowieso nie benutzt.

Betteln

Bettelnde Kinder sind nicht üblich, treten aber gelegentlich auf. Das sollte nicht unterstützt werden, lieber mit dem Kind reden, was dann auch eher im Sinne der Eltern ist, die oft von den Aktivitäten der Sprösslinge nichts ahnen.

Umweltbewusstsein

Besonders Inseln haben bei steigendem Tourismus mit einem Problem zu kämpfen, das der Urlauber nicht immer gleich bedenkt: **Müll!** Also sollte man auch hier das Bier möglichst immer in der Pfand-

flasche kaufen. Keinen Müll am Strand zurückzulassen, sollte ebenfalls selbstverständlich sein.

Auch das **Wasser** sollte nicht bedenkenlos verschwendet werden. Manchmal reicht der Wasserdruck nicht für das Dorf, wenn im Hotel zu viel verbraucht wird. Vom *Tourist Board* in Bequia wird darauf hingewiesen, dass man mit Wasser sparsam umgehen soll, da die Insel sehr trocken ist.

Die **Klimaanlage** muss nicht laufen, wenn man sich tagsüber am Strand aufhält, und das **Mietauto** wird billiger, der Spaß größer und die Natur geschont, wenn man sich zusammentut.

Verhalten im Karneval

Der Karneval ist auf allen Inseln ein großes Fest, für welches besondere Regeln in puncto Verhalten und Sicherheit angebracht sind. Feiert man richtig mit, sollte man nichts Wertvolles bei sich tragen. Besonders hier sollte man **die Wirkung von Alkohol und Sonne nicht unterschätzen** – also vorher genügend essen und nur mäßig Rum trinken. Touristen, volltrunken am Straßenrand, machen sich nicht nur lächerlich, sondern gefährden auch sich und andere.

Wining

Eine andere Geschichte ist das *Wining*. **Zu den heißen Rhythmen des Soca und Calypso kreisen die Unterleiber gegeneinander.** Je nach Alkoholkonsum und Können der Beteiligten kann das manchmal aussehen wie ein halber Geschlechtsakt. Wildfremde *winen* mit-

einander und oft in langer Reihe die Straße hinunter. Im Karneval ist *Wining* normal, ein Tanz, bei dem eine Frau einem Mann erlauben kann, sie an den Hüften zu halten, um mit seinem Unterkörper an ihrem *Bamsi* (Hintern) zu *winen,* ohne dass es eine Aufforderung zu mehr ist. Man geht auseinander, mit dem oder der nächsten oder in einer Gruppe. Außerhalb des Karnevals ist dieser Tanzstil nicht an der Tagesordnung, und wird er z. B. in der Disco getanzt, erwartet der Tanzpartner oft schon mehr. In der Karnevalszeit erlebt man immer wieder Touristenpaare, die sich über dieses Thema gewaltig in die Haare kriegen. Wer hat zu lange mit wem *gewint* usw. Aber es macht Spaß, tut dem Körper gut und will gelernt sein. Kann der Partner es nicht ertragen, *wint* man am besten zu zweit und gibt den anderen zu verstehen, dass es auch so bleiben soll – oder man behandelt es als das, was es ist: ein Tanzstil. Man mischt kräftig mit und vergisst es anschließend, so wie die Einheimischen: Die wild *winende* Bankkassiererin wird nach den tollen Tagen den Männern, mit denen sie getanzt hat, nicht mehr erlauben, sie anzufassen, ja sie nicht einmal mehr kennen; so sagen jedenfalls die einheimischen Frauen. Die Statistik allerdings zeigt, dass neun Monate nach dem Karneval die meisten Kinder auf den Inseln geboren werden …

◁ Viele Strände der Inseln sind ideal für Kinder

Verkehrsmittel

Die Straßen sind kurvenreich und oft in schlechtem Zustand. Touristen mit einem empfindlichen Magen können auf den Inselstraßen leicht „seekrank" werden. Die Einheimischen rasen wie die „Wilden", besonders die Minibus-Fahrer. „Time is money" heißt hier die Devise. Alkohol am Steuer ist nicht generell verboten und wird nur bestraft, wenn ein Unfall passiert ist. Dementsprechend alkoholisiert setzen sich viele ins Auto. Fahren ohne Licht oder nur mit einem Scheinwerfer ist ebenfalls sehr beliebt. Die Hauptstraßen führen durch kleine Orte ohne Bürgersteig. Hier springen oft Kinder oder Tiere unvermutet auf die Fahrbahn, und Fußgänger am Straßenrand sind im Dunkeln kaum zu erkennen. Außerdem herrscht der für uns unübliche **Linksverkehr.** Deshalb langsam und vorsichtig fahren! Die Entfernungen sind gering, und man will ja auch etwas von den Inseln sehen.

Die jeweiligen Verkehrsmittel sind in den entsprechenden Inselkapiteln beschrieben.

Unterwegs mit Flugzeug, Schiff, Bus und Taxi

Die Menschen in der Karibik reisen viel, sei es beruflich, um woanders einzukaufen, um Verwandte zu besuchen oder um Urlaub zu machen. Dabei werden nicht selten mehrere Kinder und jede Menge Gepäck mitgeschleppt. Da Schiffsreisen billiger sind, reisen viele Menschen mit Booten (sofern welche verkehren) und transportieren hier natürlich auch mehr Waren mit sich.

Für innerkaribische **Flug- und Schiffsreisen** sollte man nach Möglichkeit immer einige Tage vorher das Ticket kaufen, sonst kann man besonders in den Ferien oder an Feiertagen das Pech haben, dass alles ausgebucht ist. Bei den Fährschiffen bezahlt man in der Regel beim Einsteigen.

Bei der Ausreise ist auf jeder Insel am Hafen oder Flughafen eine **Ausreisesteuer** zu bezahlen (ausgenommen Transitpassagiere und Tagesausflügler).

An den Flug- und Schiffshäfen bestehen die üblichen **Sicherheitskontrollen.** Von den Touristen verlangt man die Vorlage des **Rückflugtickets** in die Heimat (also auf Rundreisen immer mitnehmen) sowie die ausgefüllte E/D Card (siehe Kapitel „Vor der Reise: Ein- und Ausreise"). Gelegentlich wird auch das **Geld** gezählt, um festzustellen, ob es für den Aufenthalt reicht. Aussteiger, die sich durchschnorren wollen, sind unerwünscht.

Flugzeug

Das Hauptverkehrsmittel in die Karibik sowie zwischen den einzelnen Inseln ist das Flugzeug. Kleine Inseln, wie z. B. einige der Grenadinen, haben nur eine einzige Landebahn und können nur von kleinen Propellermaschinen angeflogen werden. Obwohl es sein kann, dass man einige Stunden auf seinen Anschlussflug warten muss, bieten die meisten Flughäfen nicht allzuviel Abwechslung und Komfort, sondern haben eher Ähnlichkeit mit unseren Straßenbahnhaltestellen. Meistens gibt es etwas zu essen und zu trinken und einen mehr oder weniger großen Duty-Free-Shop sowie überall eine Zweigstelle des Fremdenverkehrsamtes.

Der innerkaribische Flugverkehr wird in erster Linie von der karibischen **Airline LIAT** bestritten, mit **35-Sitzer-Propellermaschinen,** die vom Sound her an einen altersschwachen Rasenmäher erinnern. An Bord gibt es einen Piloten, einen Co-Piloten und eine Stewardess. (Diese ist zudem für das Öffnen und Schließen der Türen zuständig.) An der Tür ist eine kleine Ecke zwischen Cockpit und Passagierraum durch einen Plastikvorhang getrennt (der allerdings meistens nicht funktioniert); hier befindet sich u. a. die kleinstmögliche Toilette der Welt (ohne Waschbecken und ungefähr in der Größe eines Badezimmerwandschrankes) mit Klapptür (Dicke können leicht stecken bleiben). LIAT hat es zwar inzwischen geschafft, das Gepäck und seine Besitzer auf dieselbe Insel zu befördern, dafür sind Verspätungen an der Tagesordnung.

Für alle Airlines gilt: Ein Landeanflug in einer Propellermaschine auf eine kurze Landebahn, die sich am Fuße des höchsten Berges befindet und nach wenigen Metern abrupt im Meer endet, ist nichts für schwache Nerven!

Schiff

Eine zweistündige Fahrt mit einem Schnellboot in einem gepolsterten Sessel ist natürlich ein ganz anderes Fahrgefühl und Erlebnis, als sich zwischen Kisten und Fässern an Bord eines Frachtkahns in den Grenadinen einen Platz zu suchen; aber für beides sollte man schon **ein bisschen seefest sein,** besonders bei hohem Seegang.

Schiffe sind die pünktlichsten Verkehrsmittel auf den West Indies, was aber nicht heißt, dass sie auf die Minute genau starten.

Bus und Taxi

Für Reisende ohne Mietwagen sind die Hauptverkehrsmittel auf den Inseln Bus oder Taxi. Beide haben im Vergleich zu Europa durchaus akzeptable Preise.

Minibusse jagen den ganzen Tag in nahezu alle Ecken der Inseln. Die Haupthaltestellen befinden sich in den Hauptstädten, von hier fahren die Busse in alle Richtungen. Abfahrtszeit ist in der Regel dann, wenn der Wagen voll ist (was zumindest auf den Hauptrouten schnell geht). Richtungsangaben stehen meistens vorn am Bus. Wenn man nicht klarkommt, einfach durchfragen.

Außer an den Haltestellen gibt es auch unterwegs **überall die Möglichkeit ein- oder auszusteigen.** Einfach dem Fahrer sagen, wo man aussteigen will bzw. den Wagen per Handzeichen anhalten. Will man in abgelegene Ecken fahren, sollte man sich unbedingt nach der letzten Rückfahrmöglichkeit erkundigen.

Busfahren gleicht aufgrund der Geschwindigkeit und dem Wagemut der Fahrer oft einem (preiswerten) **Abenteuertrip.**

Taxis und Sammeltaxis fahren ungefähr nach dem gleichen Prinzip, sind aber etwas teurer. Es gibt sie ebenfalls als Minibus, aber auch als PKW. Taxifahrten von der Unterkunft zum Hafen oder Flughafen oder umgekehrt sind grundsätzlich teurer.

Auf den Grenadinen werden als Transportmittel meistens **Pick-Ups** mit Verdeck eingesetzt.

Insgesamt stecken die öffentlichen Verkehrsmittel auf den Westindies immer wieder **voller Überraschungen** und sind ein Erlebnis für sich.

Zeitdifferenz

Es besteht eine Zeitdifferenz von minus 5 Stunden zur Mitteleuropäischen Zeit (MEZ), d.h. wenn es bei uns 12 Uhr mittags ist, zeigt die Uhr auf den Inseln 7 Uhr morgens. Es gibt keine Unterscheidung zwischen Sommer- und Winterzeit.

Zoll

Zollfrei auf die Inseln einführen kann man persönliche Gegenstände wie Fotoausrüstung und Sportartikel, außerdem 735 ml Spirituosen, 230 g Tabak oder 50 Zigarren oder eine Stange Zigaretten. Weiterhin Haushaltsartikel jeden Wertes, wenn man nachweisen kann, dass man sie schon ein Jahr besitzt.

Fremdwährungen können in beliebiger Höhe ein- und ausgeführt werden.

Die Ein- und Ausfuhr von **Tieren,** bestimmten **Blumen** und **Früchten** ist untersagt (auch zwischen den einzelnen Inselstaaten). Das gilt auch für **Schildkrötenpanzer, Schwarze Koralle** und Souvenirs daraus (deren Einfuhr auch bei

uns verboten ist) sowie die **Riesenmuschel (Conch).**

Es werden außerdem jegliche Kleidung und Accessoires in Verwahrung genommen, die auch nur im entferntesten an **Militärlook (Camouflage)** erinnern. Man bekommt die abgegebenen Sachen bei der Ausreise zurück (siehe auch „Vor der Reise: Kofferpacken").

Zollbestimmungen in Europa

Bei der Rückreise gibt es auch auf europäischer Seite **Freigrenzen, Verbote und Einschränkungen.** Folgende Freimengen darf man zollfrei einführen in die EU und die Schweiz:

● **Tabakwaren** (für Personen ab 17 Jahren): 200 Zigaretten oder 100 Zigarillos oder 50 Zigarren oder 250 g Tabak oder eine anteilige Zusammenstellung dieser Waren.

● **Alkohol** (für Personen ab 17 Jahren) in die EU: 1 l Spirituosen (über 22 Vol.-%) oder 2 l Spirituosen (unter 22 Vol.-%) oder eine anteilige Zusammenstellung dieser Waren, und 4 l nicht-schäumende Weine, und 16 l Bier; in die Schweiz: 2 l bis 15 Vol.-% und 1 l über 15 Vol.-%.

● **Andere Waren** (in die EU): 10 l Kraftstoff im Benzinkanister; für See- und Flugreisende bis zu einem Warenwert von insgesamt 430 Euro, alle Reisende unter 15 Jahren 175 Euro (bzw. 150 Euro in Österreich); in die Schweiz: neu angeschaffte Waren für den Privatgebrauch bis zu einem Gesamtwert von 300 SFr. Bei Nahrungsmitteln gibt es innerhalb dieser Freigrenze auch Mengenbeschränkungen.

Wird die Wertfreigrenze überschritten, sind Einfuhrabgaben auf den Gesamtwert der Ware zu zahlen und nicht nur auf den die Freigrenze übersteigenden Anteil. Die Berechnung erfolgt entweder pauschal oder nach dem Tarif jeder einzelnen Ware zuzüglich sonstiger Steuern.

Einfuhrbeschränkungen bestehen für Tiere, Pflanzen, Arzneimittel, Betäubungsmittel, Feuerwerkskörper, Lebensmittel, Raubkopien, verfassungswidrige Schriften, Pornografie, Waffen und Munition; in Österreich auch für Rohgold und in der Schweiz auch für CB-Funkgeräte.

Informationen
● **Deutschland:** www.zoll.de oder unter Tel. 0351 44 83 45 10
● **Österreich:** www.bmf.gv.at oder unter Tel. 01514 33 56 40 53
● **Schweiz:** www.ezv.admin.ch oder unter Tel. 0612 87 11 11

◁ Transport zum Strand

Die Inseln im Überblick

◁ Mündung des Tourama River (St. Vincent)

Pflanzen, Tiere und Umwelt

Die Pflanzenwelt

Durch das günstige Klima gedeihen auf den Kleinen Antillen sehr viele Blumen, Bäume und Pflanzen. Einige stammen aus der Region, andere wurden von den Siedlern eingeführt. Hier kann nur ein kleiner Überblick gegeben werden. Wer sich mehr mit Pflanzen beschäftigen möchte, findet vor Ort eine gute Auswahl an Büchern mit Fotos und vielen Details.

Afrikanischer Tulpenbaum

Er hat immergrüne, dunkle, längliche Blätter. Zwischen September und Mai blüht er leuchtend ziegelrot. Die tulpenähnlichen Blüten stehen in dichten Gruppen zusammen. Der Baum stammt ursprünglich aus den Wäldern Zentralafrikas.

Anturie oder Flamingoblume

Herkunftsland ist Süd- und Zentralamerika. Die Pflanze hat rote, rosa oder weiße wächserne Blüten, bestehend aus einem herzförmigen Blatt und einem langen gelben Blütenstempel. Die Blüten werden bis zu 60 cm hoch und sind auch bei uns im Blumengeschäft zu haben.

Arrowroot

Der Strauch wird bis zu 3 m hoch und hat längliche Knollen mit einer dunkelbraunen, rindenartigen Schale. Die Knolle ist sehr stärkehaltig und schmeckt kar-

> Bananenplantage

toffelähnlich. Das Stärkemehl verwendet man sehr vielseitig, z. B. für Suppen, Soßen und Pudding, ebenso als Stärke für Kleidung, in Kosmetikpuder und als Klebstoff sowie zur Herstellung von Computerpapier. Der Strauch ist das Hauptanbauprodukt von St. Vincent.

Avocado

Die Bäume haben längliche, ovale, 15 cm lange, dunkelgrüne Blätter und werden bis zu 20 m hoch. Die birnenförmigen Früchte sind viel größer als die bei uns erhältlichen. Das cremige Fleisch wird für Vorspeisen, Salate oder als Brotauf-

strich verwendet. Aus den Blättern kochen die Einheimischen einen Tee, der bei zu hohem Blutdruck helfen soll.

Bambus

Bambus findet man im tropischen Gürtel rund um die Erde. Der Name kommt aus dem Malaysischen. Man nennt die Pflanze auch Stahl der Tropen. Bambus hat hohle, knotige Stengel und erreicht die Höhe unserer Bäume. Beim Bambus gehen vom Hauptstamm ebenfalls hohle Verästelungen ab. Bambus gilt als Universalnutzpflanze; man kann ihn zu Flechtarbeiten und Kunsthandwerk, zur

Herstellung von Baugerüsten und Papier verwenden. Der Stamm ist sehr hart, da die Oberfläche aus Kieselsäure besteht. Wenn der Wind durch ein Bambusdickicht streicht, knarrt das ziemlich schaurig.

Banane

Ursprünglich aus Malaysia stammend, sind die Banane und ihre Verwandten *Fig* und *Plantin* heute auch in der Karibik heimisch und eines ihrer Hauptexportprodukte. Die Stengel der Blätter bilden einen Scheinstamm, aus dem ein hängender Blütenstand herauswächst. Er sieht aus wie ein dunkelviolettes Pendel, und darunter sitzen die Blüten, von denen sich nur die oberen zu Bananenstauden entwickeln. Nach der Ernte stirbt der Hauptstamm ab, und es wachsen sofort Schößlinge nach.

Plantin ist eine große, flache Banane mit orangenem, süßem Fruchtfleisch. Sie wird oft gebraten oder als Suppeneinlage verwendet, ebenso wie die bei uns bekannte Banane in grünem Zustand.

Fig sind ganz kleine süße Bananen, die in anderen Ländern unter dem Namen **Königsbanane** bekannt sind.

Bottle Brush

Dieser Baum wurde aus Australien eingeführt. Er hat hängende Äste, deren rote Blütenstände tatsächlich an Flaschenbürsten erinnern.

Bougainvillea spectabilis

Die Bougainvillea ist wohl die auffälligste Rankenpflanze, die oft Mauern und Wände in ein flammendes Farbenmeer taucht. Es gibt sie in allen Schattierungen von weiß über gelb bis lachsfarben, am verbreitetsten sind aber die rosa und kardinalroten Töne. Die farbigen Blätter zählen hier nicht als Blüte, sondern lediglich als Deckblätter. Die Bougainvillea stammt aus Brasilien und erhielt den Namen von ihrem Entdecker, dem Botaniker *Luis Antoine de Bougainville.*

Bread Fruit, Brotfruchtbaum

Der Baum wurde von Kapitän *Bligh* 1793 auf die West Indies gebracht, um das Nahrungsangebot der Sklaven zu verbessern. Die Bäume werden riesengroß und haben dunkelgrüne, große, gelappte Blätter. Die Früchte erreichen die Größe eines Fußballes, werden 2 kg schwer und haben eine grüne, genoppte Schale. Das Fleisch ist weiß und fest. Es wird gekocht, gebraten oder als Suppeneinlage verwendet. Die Brotfrucht enthält viel Vitamin A, B und C. Es gibt auch noch eine zweite Brotfruchtsorte mit Kernen. Hier werden die Kerne gekocht oder geröstet. Sie sehen ähnlich aus wie Esskastanien und schmecken auch so. Man nennt sie **Breadnuts.**

Calabash, Kalebassenbaum

Er ist heimisch in Südamerika und auf den karibischen Inseln. Die Bäume werden bis zu 10 m hoch, haben blassgelbe Blüten und lange, hellgrüne Blätter, die spiralförmig rund um die Äste wachsen. Die Früchte sind länglich bis rund mit einer wasserundurchlässigen Schale und einem Durchmesser bis zu 30 cm. Das Fruchtfleisch ist ungenießbar, aber aus der Schale fertigen die Einheimischen Gefäße und Handtaschen mit eingeschnitzten Mustern.

Christophene

Christophene ist ein tropischer, 7–20 cm langer, hellgrüner, stacheliger Gurkenkürbis. Geschält, in Streifen geschnitten und leicht gedünstet, ist er ein beliebtes Gemüse.

Flamboyant

Der Baum stammt aus Madagaskar, hat eine weit ausladende Krone und ist zur Blütezeit ein einziges rotes Blütenmeer. In dieser Zeit wirft er seine Blätter ab, sodass das Rot noch mehr zur Geltung kommt. Die Fruchthülsen werden bis zu 60 cm lang.

Frangipani

Dieser Baum stammt aus Zentralamerika und hat längliche, dunkle, ledrige Blätter. Er wird sehr groß und hat stark duftende Blüten in weiß, rot, rosa oder gelb.

Heleconia, Helekonie

Von dieser aus dem tropischen Amerika stammenden Pflanze gibt es ca. 40 Arten. Sie gehört zur Familie der Bananen. Die Blätter beider Pflanzen sind sich sehr ähnlich. Es gibt hängende und stehende Blüten in rotgelb, die aussehen wie überdimensionale Gräserrispen.

Hibiskus, Roseneibisch

Die auch bei uns bekannte Blume wächst hier zu großen Büschen mit länglichen, gezackten Blättern in grün oder weißgrün. Die Blüten werden sehr groß in allen Farbtönen zwischen weiß, gelb, rot, rosa und orange.

Kakao

Die länglichen Kakaofrüchte hängen direkt am Holz. Sie ändern ihre Farbe von grün zu rotbraun und dann zu gelb. Die braunen Kerne werden in der Sonne getrocknet und zur Herstellung von Kakao, Kakaobutter und Schokolade verwendet.

> Hibiskusblüte

Kanonenkugelbaum

Die riesigen Bäume, deren rotweiße Blütentrauben direkt am Stamm hängen, kommen aus Südamerika. Die braunen Kugelfrüchte erreichen einen Durchmesser von bis zu 20 cm.

Kokospalme

Die Kokospalme ist nicht wegzudenken von den karibischen Inseln. Sie benötigt mittlere Temperaturen von ca. 27° C und verträgt keine starken Temperaturschwankungen. So ist der Lebensraum der anspruchsvollen „Königin der Palmen" auf tropische Küsten beschränkt, und sie wächst nur entlang von Flussläufen etwas ins Landesinnere. Für ihre weltweite Verbreitung sorgt sie selbst dadurch, dass ihre schwimmfähigen Nüsse ins Meer fallen; diese werden dann über Tausende von Kilometern an ferne Strände getragen.

Kokospalmen werden weit über 100 Jahre alt, bringen zwischen dem 12. und 40. Lebensjahr die besten Ernten und werden nach etwa 30 Jahren in den **Plantagen** gefällt, weil das Pflücken dann wegen der zu großen Höhe zu beschwerlich ist. Denn die Ernte der Kokosnüsse ist nur von Hand möglich! Die Kokospalme trägt das ganze Jahr über Früchte. Im Durchschnitt produziert sie 3–6 Nüsse im Monat. Somit ist sie ein Baum, an dem gleichzeitig Blüten und Früchte vorhanden sind.

Die an drei Stellen etwas abgeflachte, leicht kantige **Kokosnuss** ist von einer gelbgrünen, lederartigen Oberhaut überzogen. Nach innen hin folgt die mehrere Zentimeter dicke, braune Bastschicht aus Kokosfasern und darunter erst die den eigentlichen Samen bildende, hohle Kokosnuss, die mit einer harten Steinschale überzogen ist. Die Innenseite dieser Schale trägt das 1–2 cm dicke Fruchtfleisch, in diesem Hohlraum befindet sich auch das Kokoswasser.

Seit alters her hat die Kokospalme der einheimischen Bevölkerung alles gegeben, was in tropischen Breiten zur Lebenserhaltung notwendig ist. Stämme und Wedel dienen als Baumaterial. Aus der Basthülle der Nüsse werden Matten und Seile hergestellt, aus der harten Schale fertigt man Schmuck und Musikinstrumente.

Palmzucker und **Palmwein** wird aus eingekochten Blütenkolben gewonnen. Das ölhaltige Fleisch der Kokosnuss wird weltweit zur Herstellung von Speisefett und Margarine verwendet.

Der Name der Nuss stammt von dem portugiesischen Wort *quoque,* das so viel wie „Affe" bedeutet; als portugiesische Seefahrer die Frucht das erste Mal mit in die Heimat nahmen, erinnerte sie die Behaarung an einen Affen.

Mango

Die ursprüngliche Heimat der Mango ist das tropische Asien. Die Bäume werden über 20 m hoch und haben riesige, ausladende Kronen und dunkelgrüne, längliche Blätter. Die Blüten sind grün, die Früchte grüngelb bis rötlich und sehen aus wie Riesenpflaumen. Das Fruchtfleisch ist gelb und sehr süß. In unreifem Zustand werden Mangos oft zu einem scharfen Chutney gekocht, das Holz nimmt man zum Schiffsbau.

Maniok, Tapioka, Cassava

Diese Knolle ist sehr stärkehaltig und war schon bei den Arawak-Indianern bekannt. Sie ist innen weiß mit graubrauner Schale, sie wird gekocht oder gebraten, und das Mehl wird zum Brotbacken verwendet. Die wilde, bittere Sorte muss vor dem Kochen durch Schälen und Einweichen entgiftet werden.

Muskatnuss

Der Muskatnussbaum ist, ähnlich dem Lorbeer, immergrün und trägt das ganze Jahr über Früchte. Diese bestehen aus drei Teilen: Außen eine fleischige Hülle, dann die von einem roten Geflechtmantel umhüllte Nuss, aus der man das Gewürz herstellt. Der getrocknete Geflechtmantel kommt als Muskatblüte in den Handel (siehe Exkurs „Muskatnuss").

Papaya

Aus Mexiko und Südamerika kommt der Papayabaum. Der Stamm ist gerade und meistens ohne Verästelung. Der Baum hat eine ausladende Krone aus großen, gelappten Blättern. Die Früchte hängen unter der Krone direkt am Stamm. Sie sind länglich, bis zu 50 cm lang und in reifem Zustand gelb. Das Fruchtfleisch ist rotorange. In der Mitte sind viele kleine, weiche, runde Kerne, die aussehen wie zu groß geratener Kaviar. Auf manchen Inseln werden die Blätter gekocht und als Gemüse gegessen.

Schon *Kolumbus* schrieb, dass die Indianer der Inseln ihre Kraft der Papayafrucht *(Fruit of the angels)* verdankten.

Pineapple, Ananas

Die Ananas ist eine Pflanze der West Indies und war schon bei den Kariben-Indianern beliebt. Aus einer Rosette wächst ein Schaft mit Blütenstand. Bis zur reifen Ananas dauert es 10–12 Monate, danach stirbt die Pflanze ab. Die Ananas wird zur Herstellung von Desserts und Getränken verwendet, andererseits aber auch mit Fleisch zusammen gekocht.

Royal Palm, Königspalme

Die aus Kuba stammende Königspalme hat einen glatten Stamm mit einer Verdickung im oberen Teil. Die Blätter sind bis zu 5 m lang; die anfangs von einem Blatt umhüllten Fruchtstände wachsen aus dem Schaft heraus.

Wer in einem Schlemmerlokal **Palmherzen** als Delikatesse isst, sollte wissen, dass er damit den Tod einer Palme verursacht: Palmherzen sind die nur einmal je Baum ausgebildeten Endknospen, aus denen heraus die Palme weiterwächst.

Sea Grape, Seetraube

Dieser Baum ist meistens als Busch an den Stränden zu finden und hat große, runde, hellgrüne Blätter sowie pinkfarbene, wickenähnliche Blüten. Die Trauben sind erst hellgrün, dann dunkelviolett, sie schmecken leicht säuerlich und werden gern zu Marmelade verarbeitet. Einige Historiker sagen, dass dies der erste Baum war, den *Kolumbus* bei seiner Ankunft in der Karibik sah.

Soursop, Stachelanemone

Das Herkunftsland dieses Baumes ist das tropische Amerika. Die große, bis zu 2 kg schwere, herzförmige Frucht hat weißes, süßsaures Fruchtfleisch und viele schwarze Kerne. Sie wird gern zur Herstellung von Getränken, Desserts und Eiscreme verwendet.

Süßkartoffel

Die Süßkartoffel ist ein rankendes, kartoffelähnliches Gemüse aus Südamerika. Die Schale der Knollen ist rosa bis braun, das Fruchtfleisch weiß bis orange. Sie wird in der Karibik gern für Kartoffelsalat verwendet, schmeckt aber auch gebraten oder gekocht sehr gut.

Taro, Dasheen

Diese Speisepflanze kommt aus Ozeanien. Die herzförmigen Blätter werden bis zu 1 m hoch und als Callaloo gekocht. Die großen, stärkehaltigen, dunkelbraunen Knollen sind sozusagen die Kartoffeln der Tropen.

Travellers Tree

Der „Baum der Reisenden" sieht aus wie ein riesiger Fächer. Er wird häufig als Palme eingeordnet, ist aber mit der Banane verwandt und stammt ursprünglich aus Madagaskar. Tendenziell wachsen seine Blätter in Ost-West-Richtung, was eine Erklärung für den Namen sein könnte (Orientierungshilfe!).

Weihnachtsstern, Poinsettie pulcherrima

Dies ist die wohl schönste Pflanze aus der Familie der Wolfsmilchgewächse. Wie bei der Bougainvillea stellen auch hier nicht die farbigen Blätter die Blüte dar, sondern die eher unscheinbaren gelben Stempel und Fruchtknoten. Der weiße Milchsaft aus den Stengeln ist giftig! Was man bei uns zu Weihnachten im Blumentopf kauft, ist in seiner Heimat Mexiko, in Mittelamerika und auf den karibischen Inseln ein bis zu vier Meter hoher immergrüner Strauch. Ihren botanischen Namen bekam die Pflanze von dem Botschafter *Poinsett* aus South Carolina. Er brachte den Weihnachtsstern in der Mitte des 19. Jh. von Mexiko nach Europa.

Zuckerrohr

Zuckerrohr ist eine wahrscheinlich aus Neuguinea stammende tropische Süßgrasart, die schon vor der Zeitwende in Indien kultiviert wurde. Zwischen 700 und 900 n. Chr. wurde das Zuckerrohr durch die Araber, die die in Indien erfundene Raffinationsmethode verbessert hatten, in den Mittelmeerraum und von hier durch Spanier und Portugiesen nach Mittel- und Südamerika gebracht. Zucker war in Europa ein teurer Luxusartikel, bis 1747 die Zuckergewinnung aus der heimischen Zuckerrübe entdeckt wurde.

▷ Bei uns eine kleine Topfpflanze, in der Karibik bis zu 4 m groß: der Weihnachtsstern

Zuckerrohr ist ein bis zu 7 m hohes Gewächs mit 1–2 m langen, an Bambus erinnernden Blättern, das bei Temperaturen von 25/26° C und 1500–1800 mm Niederschlag pro Jahr optimale Wachstumsbedingungen hat.

Den **Zucker** enthält das weiße Mark (10–20 % Zuckergehalt) der 2–7 cm dicken Halme.

Je nach Klima und Wachstumsbedingungen kann Zuckerrohr 10–24 Monate nach der Pflanzung geerntet werden. Hierbei werden die Halme meist noch mit der Hand möglichst weit in Bodennähe geschlagen (weil in den unteren Teilen der höchste Zuckergehalt ist) und so schnell wie möglich zur Weiterverarbeitung in Zuckermühlen gebracht, da bei tropischen Temperaturen der Zuckergehalt der Rohre schnell absinkt.

Der Regenwald

Die Regenwälder ziehen sich als **grüner Gürtel in Äquatornähe** um die Erdkugel. Man unterscheidet die **Mangrovenwälder,** die am Meer oder an Flussläufen zu finden sind, den **Tieflandregenwald** bis 900 m Höhe und den **Bergregenwald** über 900 m, auch Nebelwald genannt, da die oberen Regionen in Folge von Wärme und Regen meist nebelverhangen sind.

Lebensraum Regenwald

Der Regenwald ist ein eigenes, **äußerst sensibles Ökosystem,** das nur unter ganz bestimmten Bedingungen existieren kann. Nirgendwo sonst findet man eine so große Vielzahl von Tieren und Pflanzen beieinander. Die meisten von ihnen sind den Menschen bis heute unbekannt.

Fotosynthese

Besonders wichtig ist der Regenwald für das **Klima der Erde.** So existiert unsere Atmosphäre in erster Linie durch die Fotosynthese, also die Umwandlung von Kohlendioxyd und Wasser mit Hilfe des Sonnenlichtes in Sauerstoff und Kohlenhydrate. Die Fotosynthese findet zwar in allen Grünpflanzen statt, den größten Anteil daran haben aber immer noch die Regenwälder.

Aufbau des Regenwaldes

Die immergrüne Pracht signalisiert einen **fruchtbaren Boden,** der allerdings nur so lange fruchtbar bleibt, wie der Wald auf ihm steht. Der Boden des abgeholzten Waldes wird sehr schnell unfruchtbar. Die Bäume sammeln mit ihren Wurzeln Wasser und pumpen es durch den Stamm bis in die Baumkrone. Hier verdunstet es und bildet neue Regenwolken. Herabfallende Blätter und andere organische Stoffe verrotten am Boden und werden von Mikroorganismen zu Nährstoffen aufbereitet, die den Pflanzen mit dem Wasser wieder zugeführt werden.

Der Regenwald wird von Botanikern in **drei Stockwerke** aufgeteilt. Im unteren findet man überwiegend Farne, Helikonien, Kräuter, Moose, Flechten, Anthurien und junge Bäume. Das mittlere Stockwerk umfasst eine Höhe von 5–20 m. Hier kommen Palmen, Lianen und heranwachsende Bäume vor. Die obere Etage reicht von 20–50 m. Hier findet man Urwaldriesen und Kletterpflanzen.

Abholzung

Der Regenwald wird weltweit abgeholzt und verbrannt, was über kurz oder lang zu einer **Klimakatastrophe** führen wird. Die meisten Regenwaldgebiete der Antilleninseln stehen unter Naturschutz, da die Inselregierungen von der Funktion der Wälder wissen. Daran sollten sich andere Länder ein Beispiel nehmen.

Die Tierwelt

Bei der Entdeckung der karibischen lnseln gab es noch einige Arten von Säugetieren wie Affen, Waschbären, Hasen, Ozelote, Jaguare, Fischotter, Moschusschweine, Hirsche, Gürteltiere und wilde Hunde. Sie sind heute alle so gut wie ausgerottet. Dagegen findet man noch eine **vielfältige Vogelwelt.** Mit Schmetterlingen und kleinen lnsekten sind die Antillen ebenfalls reich gesegnet. Die schönsten sind wohl die *Candleflies,* die Glühwürmchen.

Informationen über giftige Pflanzen und Tiere siehe im Kapitel „Reisetipps A–Z: Gesundheit".

Cocrico, Chachalaca

Dieser 55 cm große, truthahnähnliche Vogel kommt nur auf drei karibischen Inseln vor: Bequia, Union Island und Tobago. Er ernährt sich von Früchten,

und sein „Cocrico"-Ruf ist morgens überall zu hören. Wenn er zu laut schreit, ist das meistens ein Zeichen dafür, dass es Regen gibt.

Bulcus Ibis

Aus Afrika eingewandert ist der **Kuhreiher,** ein weißer Ibis. Er ist häufig am Straßenrand bei Rindern oder Schafen zu sehen, da er die Insekten aufpickt, die von den Tieren aufgescheucht werden.

Bananaquit

Auf Bequia nicht zu übersehen ist der 10 cm große, gelb-schwarze Bananaquit, im Volksmund *Sugar bird* genannt. Er ähnelt unserer Kohlmeise und ernährt sich von Fruchtnektar. Seinen Spitznamen trägt er, weil er sehr zutraulich ist und zum Zuckerstibitzen auch in Restaurants und Wohnungen kommt.

Carib Cracle

Der bekannteste Vogel der Inseln ist nicht sehr beliebt, frech und glänzend schwarz, daher auch *Black bird* genannt. Er ist überall dort anzutreffen, wo Leute essen. Hier fordert er lautstark seinen Anteil und schreckt auch nicht davor zurück, gleich mit am Tisch zu frühstücken.

Papagei

Von Südamerika aus eroberten die Papageien, engl. **Parrots**, nach und nach die Karibik. Von Insel zu Insel entstanden

VISIT THE FORESTRY DEPARTMENT'S C
PROGRAMME FOR THE SAINT VIN
(Amazona guilding

The Nicholls' Wildlife Complex, funded by Jersey Wild
International and Los Palmitos Park, houses the St. Vinc
500 it is one of the
is absolutely prote

The Government of
through its Forestry
WWF US, JWPTI, Grc
ZGAP is striving t

Forestry Department Environmental Education Programme.

hier neue spezielle Arten, von denen einige vom Aussterben bedroht sind (siehe z. B. Exkurs „St.-Lucia-Papagei").

Fregattvögel

Oft an der Küste zu sehen sind die großen Fregattvögel (engl. **Frigate bird**). Sie sind schwarz mit weißer Brust, haben eine Länge von 1 m und eine Flügelspannweite von über 2 m. Sie ernähren sich von Fisch und sind Meister darin, anderen Vögeln die Beute im Flug abzujagen. Zur Balzzeit blähen die Männchen den roten Kehlsack auf, um die Weibchen anzulocken.

Grenada-Taube

Die *Grenada Dove (Lepotitla wellsi)* ist eine Taubenart, die es nur auf Grenada gibt, und dort auch nur sehr selten. Sie hat einen weißen Bauch, einen braunen Rücken, die Brust ist hellviolett mit einem zimtfarbenen Fleck am Hals. 1987 gab es ganze 100 Exemplare, 1990 nur

⌂ Vom Aussterben bedroht: der St.-Lucia-Papagei

von Früchten, andere fressen Insekten oder Kleintiere, einige fangen sogar Fische. Fledermäuse sind allesamt Nachttiere, die Tage verbringen sie in Höhlen oder an dunklen Orten. Sie hängen beim Schlafen mit dem Kopf nach unten.

Frösche

Mehr zu hören als zu sehen sind die **Pfeiffrösche,** die jeden Abend mit den Grillen zusammen ein Konzert veranstalten. Vor Regenfällen sind sie noch lauter als sonst und pfeifen die halbe Nacht. Die Laubfrösche und großen Kröten zeigen sich schon eher.

Geckos, Eidechsen, Leguane

Diese Echsenarten sind harmlos und in unterschiedlichen Größen und Farben in jeder Ecke anzutreffen. Hellbeige Geckos laufen nachts über die Decke in der Küche, ein dicker, dunkler wohnt unter dem Koffer, und von draußen kommen kleine, schlanke, grün schillernde Eidechsen herein. Sie leben unter jedem Stein, sonnen sich oft an Baumstämmen und lassen sich herrlich beobachten.

Die größten Echsen, Leguane, ähneln ausgestorbenen Urtieren und kommen in über hundert Arten in der Karibik vor. Die größte auf den Inseln lebende Echse ist der **Grüne Leguan.** Er wird 1–2 m lang und hat einen Rückenkamm mit abgeflachten Stacheln. Die Jungtiere sind hellgrün, später bekommen sie schwarze Querstreifen. Der Grüne Leguan kann gut klettern und schwimmen und ernährt sich von Pflanzen. Das Weibchen legt 30 bis 40 Eier in eine Erd-

noch 60. 1991 wurde der Vogel zum Nationalsymbol der Insel erklärt, und man hofft, dass der Bestand nicht noch weiter zurückgeht.

Fledermäuse, Bats

Fledermäuse, die eigentlich Fledertiere heißen und mit den Mäusen nichts zu tun haben, kommen häufig in den Tropen vor. Es sind die einzigen Säugetiere, die fliegen können, und es gibt über 800 Arten. Die großen, mit einer Spannweite bis zu 1,50 m nennt man Flughunde. Einige Arten ernähren sich hauptsächlich

höhle, aus der nach drei Monaten die Jungen schlüpfen.

Der Leguan gilt als Delikatesse und wird trotz des Verbotes noch häufig gejagt. Hauptsächlich Jugendliche stellen diesen Tieren nach und geben nicht eher Ruhe, bis sie das meist noch sehr junge Tier gefangen haben.

Schlangen

Schlangen gibt es auf allen Inseln. Gefährlich ist aber nur die **Far de Lance** auf St. Lucia. Diese hochgiftige Schlange wurde eigens eingeführt, um entlaufene Sklaven zu töten. Sie kann über 2 m lang werden und hat eine beige-braune Haut mit schwarzer Maserung. Mit ihren goldenen Augen und der Stupsnase sieht sie aus, als ob sie lacht. Bevor sie Schmerzen erleidet, tötet sie sich selbst durch ihren giftigen Biss.

Glühwürmchen, Candlefly

Besonders zum Jahresanfang sieht man nachts Tausende von kleinen Lichtern zwischen den Bäumen, im Gras und manchmal sogar im Haus. Von den über 2000 Arten der Leuchtkäfer leben die meisten in den Tropen. Die Käfer haben an der Bauchseite gelbliche Flecken, die Luziferin enthalten. Durch einen Ver-

brennungsprozess entsteht Licht, von gelbgrün bis orange. Das Leuchten gilt der Auffindung des jeweils anderen Geschlechts. Die Arten in den Tropen veranstalten durch ihr Aufleuchten in Intervallen märchenhafte Lichterspiele. Selbst die Eier und Larven leuchten schon, und man hat auch schon Frösche beobachtet, die zu leuchten begannen, nachdem sie viele Glühwürmchen gefressen hatten.

Haustiere

Kühe auf der Wiese, Ziegen und Schafe am Straßenrand, Hühner mit Küken, Hunde- und Katzenfamilien in jedem Dorf: ein Anblick, den ich immer wieder schön finde und der bei uns leider selten geworden ist. Esel sieht man ebenfalls noch häufig auf einigen Inseln.

Meeresschildkröten

Meeresschildkröten leben schon seit 150 Millionen Jahren auf der Erde. Das heißt, **sie waren schon da, als die Dinosaurier lebten.** Damals waren die Riesenschildkröten Landbewohner, später wanderten einige Arten ins Wasser und entwickelten sich zu Meeresschildkröten. Kein Tier wird so alt wie Meeresschildkröten. Die ältesten von ihnen sind über 130 Jahre alt.

Einige Schildkröten fressen Shrimps, Krabben oder Quallen, andere sind Vegetarier und ernähren sich ausschließlich von Algen.

An Land sind die großen Schildkröten sehr langsam und hilflos. Im Wasser dagegen sind sie schnell und wendig. Sie sind gute Schwimmer und legen oft Tau-

◁ Völlig ungefährlich:
eine der vielen Eidechsenarten

sende von Kilometern im Meer zurück. Sie können bis zu 1000 m tief tauchen, müssen aber regelmäßig an die Wasseroberfläche kommen, um zu atmen.

Meeresschildkröten verbringen ihr ganzes Leben im Meer. Nur die Weibchen kommen regelmäßig zur **Eiablage** an den Strand. Sie graben ein tiefes Loch in den Sand, in das sie bis zu 150 Eier hineinlegen. Dann decken sie ihr Nest mit Sand zu und buddeln ein großes Stück Strand um, damit niemand sehen kann, wo sich das Nest befindet, und kehren wieder ins Meer zurück.

Wenn die Schildkröten an Land kommen und ihre Nester schaufeln, schnauben und stöhnen sie vor Anstrengung und während des Eierlegens laufen ihnen dicke Tränen aus den Augen. Die karibische Folklore sagt, die Schildkröten weinen, weil sie niemals ihre Babys sehen werden. Wer einmal die Eiablage einer Schildkröte gesehen hat, wird dieses Erlebnis nie wieder vergessen.

Nach 50–60 Tagen hat die Sonne die Eier im Sand ausgebrütet, und die jungen Schildkröten schlüpfen aus. Eilig versuchen sie, das Meer zu erreichen. Doch schon hier am Strand lauern die ersten **Gefahren:** Für Hunde, Vögel und Krabben sind die Babyschildkröten eine Delikatesse. Und auch im Wasser ist die Gefahr noch nicht vorbei, denn viele Fische fressen die Winzlinge. So wird am Ende nur eines von 20.000 Schildkrötenbabies erwachsen.

Die männlichen Schildkröten werden nun nie mehr an Land zurückgehen. Die Weibchen brauchen ungefähr zwanzig Jahre, dann sind sie erwachsen genug, um an Land zu gehen und ihre Eier abzulegen. Dabei kehren sie stets an den Strand ihrer Geburt zurück.

Alle Meeresschildkröten sind vom Aussterben bedroht. Dabei sind die einzigen Feinde einer ausgewachsenen Schildkröte der Hai – und der Mensch. Obwohl die Schildkröte in einigen Religionen als heiliges Tier gilt, wird sie seit jeher gejagt. Die Menschen essen ihr Fleisch und ihre Eier. Aus den Schildkrötenpanzern macht man Kunsthandwerk und aus ihrem Leder Gürtel, Taschen und Schuhe. Auch die Verunreinigung der Meere tötet viele Schildkröten, sie schlucken Gift oder Müll oder sie verfangen sich in Fischernetzen.

An den Stränden, an denen sie ihre Eier ablegen, werden große Hotels gebaut, und die Schildkröten werden dann zur **Touristenattraktion.** Kommen die Schildkröten nachts an den Strand und werden dabei von Scheinwerfern oder Kameras geblendet, kehren sie oft ins Meer zurück, ohne ihre Eier abgelegt zu haben.

Niemand sollte Gegenstände kaufen, die aus dem Panzer oder Leder von Meeresschildkröten hergestellt sind, oder Schildkrötensuppe u. Ä. essen. Es würde schon nützen, wenn jeder wüsste, was für einmalige Geschöpfe Meeresschildkröten sind. Das gilt besonders für diejenigen, die ihren Urlaub dort verbringen, wo die Nistplätze der Schildkröten sind. Jeder sollte helfen, sie zu schützen!

Auf einigen Inseln wurde mit **Projekten zum Schutz der Schildkröten** begonnen. So gibt es auf Bequia ein Projekt zum Schutz der Hawksbill Turtle (siehe unten im Kapitel „Umweltschutz").

Heute gibt es noch acht verschiedene Arten von Meeresschildkröten. Sie leben in den warmen Meeren rund um die Welt. Die größte von ihnen ist die Lederschildkröte. Sie wird bis zu 2,50 m lang und 500 kg schwer und ist damit das größte Reptil der Erde.

Die **Hawksbill Turtle** gehört zu den kleinen bis mittelgroßen Meeresschildkröten. Sie wird ca. 66 cm lang und hat ein Durchschnittsgewicht von 23–45 kg. Die größte, die jemals gewogen wurde, hatte allerdings ein Gewicht von 136 kg. Die Hawksbill Turtle (Habichtschildkröte) bekam ihren Namen, weil ihr Oberkiefer aussieht wie ein Habichtschnabel. An Land ist sie wendiger als andere Arten. Sie kann über Riffe und Steine klettern und gräbt ihre Nester oft an Stellen, wo andere Schildkröten, z. B. die *Leatherback Turtle,* nie hinkommen könnten. Sie bevorzugt kleine Strände und gräbt ihre Nester nicht selten zwischen Mangrovenwurzeln.

Die Unterwasserwelt

Am viefältigsten ist die Tierwelt der Karibik unter Wasser. Hier leben neben Meeresschildkröten Wale, Haie, Korallen und Abertausende von Fischen, Schwämmen und Mikrotierchen.

Einige **Walarten** tummeln sich im Winter in den Gewässern rund um die Inseln. In Bequia und St. Lucia haben die Touristen immer öfter die Möglichkeit, an Walbeobachtungen *(whale watching)* teilzunehmen.

Buckelwal

Der Buckelwal wird 14 bis 19 m lang, seine Brustflossen erreichen eine Länge von 5 m. Er hat einen stark gebogenen Unterkiefer und ca. 22 Kehlfurchen. Am gesamten Vorderkörper hat er viele Hautknoten. Buckelwale sind Gruppentiere, meist leben drei bis vier von ihnen zusammen. Sie verbringen den Sommer in den Polarmeeren, den Winter an ihren Brutplätzen in tropischen Gewässern. Sie sind für ihre „Walgesänge" bekannt.

Pottwal

Der Pottwal ist mit einer Länge von 11 bis 20 m der **größte Zahnwal der Welt.** Der Kopf ist riesig: seine Größe macht ein Drittel seiner gesamten Körperlänge aus. Der Unterkiefer ist klein und weit nach hinten geschoben. Die Brustflossen sind kurz, der Schwanz dagegen sehr lang. Der Pottwal kann bis zu 1000 m tief tauchen und ernährt sich von Tiefseetintenfischen, Krebsen und anderen kleinen Meerestieren. Auch die Pottwale leben im Sommer in den Polarmeeren und im Winter in tropischen Gewässern. Ein Bulle hat einen Harem von 20 bis 30 Weibchen. Diese bringen nach 14 bis 16 Monaten Tragezeit meist ein einzelnes Junges zur Welt. Andere Weibchen leisten Geburtshilfe und bringen das Kleine zum Atmen an die Wasseroberfläche.

Umweltschutz

Die karibischen Inseln sind mit einer wunderbaren Natur gesegnet, und ihre Bewohner sind durchaus bemüht, die Umwelt zu schonen und zu schützen. Leider ist die **Unwissenheit** auf manchen Gebieten einfach noch zu groß, oder das **karibische Schneckentempo** verzögert viele Maßnahmen.

Korallenriffe

Die tropischen Korallenriffe haben eine ähnliche Artenvielfalt wie der Regenwald. Sie sind sehr empfindlich und können nur existieren, wenn ihr biologisches Gleichgewicht nicht gestört wird.

Korallen sind kleine Tiere, die zu den ältesten tierischen Lebensformen überhaupt gehören. Sie haben über 200 Millionen Jahre die Riffe und sogar ganze Inseln gebaut.

Weltweit sind heute 700 Korallenarten bekannt, von denen man 65 Arten in der Karibik findet. Dabei unterscheidet man zwei Sorten: die *soft* (weich) oder *horny Corals (Gorgonians)* und die *hard* (hart) oder *stony Corals (Scleratinians).* Die Steinkorallen, besonders die Brein- und Star Corals, bilden das Riff.

Die **Korallenpolypen** sind zylinderförmige, gallertartige Hohltiere, die mit ihrer Fußscheibe am Untergrund fixiert sind. Sie haben einen Durchmesser von höchstens 1 cm, und an ihrer Oberseite befinden sich ein Maul und kleine Tentakeln, mit denen sie Plankton und andere Mikroorganismen aufnehmen. Durch Knospung (ungeschlechtliche Vermehrung), Ausscheidung

und Absterben wächst so ein Kalkgehäuse mit Kammern und Querböden um ca. 1 cm im Jahr. **Die Korallen leben zu Millionen zusammen und in Symbiose mit einigen Algen.** Korallen sind sehr empfindliche Lebewesen, die nur in warmem (20–30° C), klarem Wasser und mit Sonnenlicht leben können. Daher findet man lebende Korallen nur bis höchstens 60 m Tiefe.

Es gibt vier unterschiedliche Arten von Korallenriffen: **Atolle, Saum-, Plattform- und Barrierriffe.** In der Karibik findet man Saumriffe. Das Riff wächst in Richtung Meer und säumt die Küste.

Die Strände der Korallenriffe bestehen aus weißem, etwas grobem Sand, bei dem man gut erkennen kann, dass es sich um zermahlene Korallen handelt.

Der sandige Boden setzt sich unter Wasser fort und geht dann in eine Seegraswiese über. Je mehr man sich der Riffkante nähert, umso mehr Fische und Korallen sieht man und umso farbenprächtiger wird die **Unterwasserwelt:** Falten-, Finger-, Hirschhorn- und Feuerkorallen, Seesterne, Seegurken, Seelilien, Lobster, Shrimps, Krab-

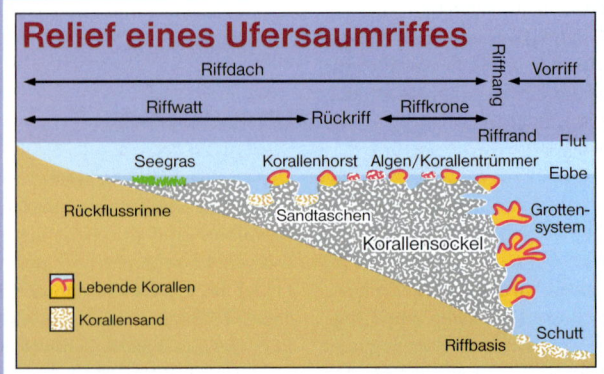

Relief eines Ufersaumriffes

ben, dazwischen Schwämme, Gorgonien, Fächerkorallen und Sea Rod. Es gibt Seeigel, Seewürmer, bis zu 60 cm lange Flügelschnecken und eine Vielzahl von Muscheln, außerdem Sergeant-, Angel-, Papageien-, Jack-, Doktor- und Portfische, um nur einige zu nennen.

Die **Riffkante** erkennt man schon von weitem an der schäumenden Brandung. Hier ist das Gebiet des Gerätetauchers. In dieser Region kommt noch eine Vielzahl anderer Fische hinzu sowie die Säulenkoralle und die schwarze Edelkoralle, die zur Herstellung von Schmuck verwendet wird. Hinter dem Riffabhang beginnt das offene Meer mit einer wiederum anderen Unterwasserwelt.

Das Riff ist **durch den Menschen und Umwelteinflüsse stark gefährdet.** Die Einleitung ungeklärter Abwässer, das Ankern von Schiffen sowie Trophäenjäger gefährden die Existenz der Korallenriffe, aber auch große Wellen und Stürme richten Schäden an.

Ebenso wie der Regenwald birgt das Riff vieles, was der Menschheit bei der Bekämpfung gefährlicher Krankheiten helfen kann. Deshalb werden immer mehr Riffzonen zu Unterwasserschutzgebieten erklärt.

Generell gelten folgende **Verhaltensregeln,** die sich auch jeder Tourist zu Herzen nehmen sollte: Keine lebenden Korallen abbrechen, mitnehmen oder auf ihnen herumlaufen; die Korallen nicht mit Booten beschädigen oder diese an ihnen verankern; Gewässer nicht verunreinigen.

Alle in diesem Buch beschriebenen Inseln verfügen über Küstenstreifen mit vorgelagerten Korallenriffen. Die spektakulärsten befinden sich bei den Grenadinen.

Tourismus

Ob der Tourismus für die Inseln gut ist, ist schwer zu beurteilen. Auf der einen Seite braucht man die Einnahmen dringend, auf der anderen Seite kostet es die Regierung viel Geld, die Insel „touristengerecht" zu machen, z. B. durch den Ausbau von Strom- und Telefonnetzen, Straßen und ähnlichen Infrastrukturprojekten (wovon natürlich auch die Einheimischen profitieren). Neue Hotels müssen mit Kläranlage gebaut werden.

Auch sieht man **Abwässer,** die am Badestrand ins Meer laufen, und man verwendet sehr scharfes Waschpulver. Trotzdem sind die Inseln überwiegend sauber und gepflegt, und die Probleme liegen hier noch in der Zukunft: Mit steigendem Tourismus steigt auch das **Müllaufkommen,** und Verbrennungsanlagen gibt es nicht. Gleichwohl beginnt man hier jetzt obskurerweise mit dem Verkauf von Dosenbier, die einzigen Flaschen, auf die es Pfand gibt, sind Bierflaschen, und Plastiktüten gebraucht man reichlich und für alles. Gut zu sehen, dass bereits die ersten Tüten aus Papier auftauchen.

Es gibt aber auch schon Versuche, die Missstände zu ändern. So ist z. B. der *National Trust* von St. Lucia sehr engagiert im Umweltschutz tätig. Regenwasser wird aufgefangen, Solaranlagen installiert, Papier, Glas und Plastik recycelt und weniger Chemie verwendet.

Die hier beschriebenen Inseln haben **Nationalparks.** Es gibt Schutzgebiete im Regenwald ebenso wie Unterwassernaturparks. Beispiele sind bei jeder Insel aufgeführt. So ist z. B. ein Sechstel der Insel Grenada zum Naturschutzgebiet deklariert worden. Die verbliebenen Regenwälder stehen zum großen Teil unter Naturschutz.

Artenschutz

Man gibt sich auch viel Mühe mit der Erhaltung seltener Tierarten wie Papageien, Schildkröten etc. Ein beeindruckendes Projekt zur Rettung der **Meeresschildkröten,** speziell der Hawksbill Turtle, wurde 1995 als Privatinitiative in **Bequia** ins Leben gerufen: *Orton „Brother" King* gründete das **Old Hegg Turtle Sanctuary.** Zusammen mit seiner Frau sammelt *King* die frisch geschlüpften Schildkröten ein und bringt sie in seinen Meerwasserpool. Dort verbringen die Schildkröten die nächsten 16 Monate in einer der Natur so weit wie möglich angepassten Umgebung. Danach werden sie zu dem Nestplatz ihrer Geburt zurückgebracht und ins Meer entlassen; die Schildkröten haben mittlerweile eine Länge von ca. 30 cm erreicht und können nun nicht mehr so leicht von Fischen gefressen werden.

Die *Kings* patrouillieren regelmäßig zur Brutzeit an Bequias Stränden und beschützen die Nester. Über 5000 Schildkröten haben sie inzwischen ins Meer zurück entlassen, nachdem diese groß genug waren, um eine reelle Überlebenschance zu haben. Ein Beispiel, das hoffentlich auf anderen Inseln Nachahmer findet.

Auf **Grenada,** wie auf anderen Karibikinseln auch, werden die **Schildkröten** seit den Zeiten der Indianer gefangen und landen trotz aller Verbote im Topf. Nun gibt es auf Grenada ein Projekt mit dem bezeichnenden Namen **„Saved**

from the pot". Karibische und internationale Organisationen haben sich hier zum Schutz der Schildkröten zusammengetan. Da die Erwachsenen oft nicht einsehen wollen, warum sie auf den Leckerbissen Schildkröte verzichten sollen, versucht man, besonders den Kindern das nötige Wissen und Verständnis beizubringen, damit sich endlich im Bewusstsein der Menschen etwas ändert.

In Workshops lernen die Kinder alles über Schildkröten, machen die Strände sauber, an denen die Schildkröten Eier ablegen, und beobachten die Tiere bei der Eiablage. In Schulen bilden sich Ökoclubs. Das Projekt ist sehr Erfolg versprechend!

Vor Ort kann man von März bis August **Schildkröten-Beobachtungstouren** am Levara Beach buchen. Per Internet kann man die **Patenschaft für eine Schildkröte** übernehmen: Ocean Spirits Inc., Grand Anse, St. George's, Grenada, www.oceanspirits.org.

Zwei weitere Naturschutzprojekte in Grenada seien erwähnt: das **Ecodive Turtle Conservation Project,** Coyaba Beach Resort, Grand Anse, Grenada, Tel. 444 7777, davidcoe@caribsurf.com, und das **Kido Project Sanctuary,** Anse La Roche, Carriacou, Tel. 443 7936, www. kido-projects.com. Der Ökologe *Gregg Moore* von der Universität in Boston studiert hier die Mangroven und versucht nicht nur, sie zu erhalten, sondern forstet sie auch wieder auf. Hier arbeiten auch Studenten aus aller Welt mit. Außerdem beschäftigt man sich auch hier mit der Beobachtung und dem Schutz von Schildkröten.

Geschichte der Karibik

Arawak-Indianer

Die ersten Siedler der Kleinen Antillen waren die Arawak-Indianer. Sie kamen **zwischen 100 und 1000 n. Chr.** aus dem Gebiet des Orinoco in Südamerika. Da sie keine Schrift besaßen und ihre Geschichte nur in Holz schnitzten oder in Stein ritzten und meißelten, weiß man bis heute wenig über sie.

Kariben-Indianer

Etwa 100 Jahre vor den Spaniern kamen die Kariben-Indianer mit Einbaumbooten aus dem Amazonasbecken. Sie waren ein kriegerischer Stamm und kämpften oft mit den Arawaks, deren Frauen sie in Gefangenschaft nahmen, um sie in ihren eigenen Stamm zu integrieren. Da sich so auf den Inseln beide Stämme mischten, werden sie „Inselkariben" genannt. Ihre Nachfahren selbst bezeichnen sich als *Garifuna.*

◁ Karettschildkröten

Indianer

Die ersten Einwanderer auf den karibischen Inseln waren unterschiedliche Indianergruppen vom südamerikanischen Festland. Sie kamen in verschiedenen Einwanderungswellen. Archäologische Funde lassen darauf schließen, dass sich die ersten Gruppen bereits 5000 v. Chr. hier ansiedelten.

Die Indianer der Westindischen Inseln schufen keine so spektakulären Bauwerke wie z. B. die in Peru. Nach Ankunft der Spanier dauerte es nur ein Jahrhundert, bis sie fast völlig ausgerottet waren.

Nur wenige Funde wie Steinwerkzeuge, Kunstgegenstände und kunstvolle Keramikgefäße sind erhalten geblieben. Ansonsten muss man sich auf das verlassen, was spanische Chronisten aufgeschrieben haben.

In der **Landwirtschaft** sind heute Nutzpflanzen wie Ananas, Tabak und Maniok eine Hinterlassenschaft dieser Indianerstämme. Während die ersten Einwanderer (Chiboney) noch Sammler und Jäger waren, die in Höhlen oder großen Gemeinschaftshäusern wohnten, kamen später höher entwickelte Stämme (Arawak), die Landwirtschaft betrieben und in Dörfern wohnten. Sie bauten feste Zeremonienstätten und waren kunstvolle Töpfer.

Auf der höchsten Entwicklungsstufe standen die Taino-Indianer. Von ihnen sind noch Kultstätten vorhanden, auf denen sie Ballspiele austrugen. Sie hatten langes Haar, waren klein und kräftig, meistens nur mit Lendenschurz bekleidet und bemalten ihre Haut mit roter Farbe oder trugen mit Stempeln Ornamente auf. Sie schmückten sich mit Ketten, Gürteln und Armreifen aus Ton, Stein und Knochen. Für Ohr- und Nasenringe verwendeten sie auch manchmal Gold.

Die Taino lebten in kleinen Haufendörfern, in denen sich die rechteckigen Hütten um das runde Haus des Häuptlings (Kaziken) scharten. Den Fleischbedarf deckten die Taino durch Jagd und Fischfang. Sie bauten Nutzpflanzen an, betrieben Brandrodung zur Landgewinnung und kannten bereits ein System zur Feldbewässerung. Sie hatten ein System unterschiedlicher Klassen, hielten sich Sklaven und frönten dem **Cohoba-Kult:** Mit Hilfe von Inhalationsrohren wurde der Rauch einer Pflanze eingeatmet, die Halluzinationen erzeugt. Die Taino glaubten an ein Weiterleben nach dem Tod und an gute und böse Geister. „Yocahu" war ein guter Gott, der Gott ihrer wichtigsten Nahrungspflanze Maniok. Ein böser Gott war „Huracan", der Wirbelsturm, der uns bis heute als Hurrikan geblieben ist. Sie schliefen in Hängematten, „Hamaca", im Englischen heute „hammok". Auch Canoa (Kanu), Barbacoa (Barbecue) und Tabaco (Tabak) haben ihren Ursprung in der Taino-Sprache.

Die **Kariben-Indianer** lebten zur Zeit von *Kolumbus* ebenfalls auf den Inseln. Sie standen kulturell auf einer niederen Stufe, verfügten über schnelle Einbäume, versklavten ihre Gefangenen und aßen Teile von besiegten Feinden bei Zeremonien. Da sie ein kriegerisches Volk waren und der Kolonialisierung erbittert Widerstand leisteten, überlebten sie länger als andere Stämme. Deshalb weiß man heute mehr über sie.

Die Männer lebten in der Mitte des Dorfes in einem 20 bis 30 m langen Männerhaus, die Frauen wohnten in runden Hütten drumherum. Im Brandrodungsfeldbau wurden Mais, Bohnen, Maniok, Paprika, Ananas und Tabak angebaut.

Sie verbrannten ihre Leichen, damit das Böse aus ihnen entweiche und die Seelen sich mit denen der Ahnen vereinen konnten.

1903 wurden auf Erlass von Königin *Victoria* die letzten 1000 Kariben in einem **Urwaldreservat auf Dominica** angesiedelt. Dort leben sie heute weitgehend autark und haben einen eigenen König, die meisten von ihnen sind allerdings Mischlinge. Sie betreiben noch immer Brandrodungsfeldbau und bauen Einbaumkanus. Ihre kunstvoll geflochtenen Körbe, die sie auf Märkten verkaufen, sind das einzige, was von ihrer Kultur erhalten geblieben ist.

Langsam beginnt man auf den Inseln **die Indianer als Teil der eigenen Geschichte** zu begreifen. Auf allen in diesem Buch beschriebenen Inseln findet man bis heute Tonscherben und Figuren, die auf große Indianersiedlungen schließen lassen. Früher kaum beachtet, werden diese Artefakte heute (häufig von Privatleuten) gesammelt und ausgestellt.

Besonders mit der Indianerkultur verbunden ist St. Vincent. Im Norden der Insel leben noch die Nachfahren der schwarzen Kariben (siehe Inselkapitel). Deren berühmtester Führer, **Chief Chatoyer,** der den Kolonialmächten bis zum Schluss erbitterten Widerstand geleistet hatte, wird heute als Nationalheld verehrt.

Auch hat sich inzwischen herausgestellt, dass keineswegs alle Indianer auf den Inseln umgekommen sind oder verschleppt wurden, ein Teil von ihnen vermischte sich mit der schwarzen und der weißen Bevölkerung.

Europäer

Nachdem **Kolumbus 1492** das erste Mal auf einer karibischen Insel gelandet war, änderte sich alles ganz schnell: Weitere europäische Mächte waren an den Inseln interessiert, und das Gemetzel begann. In weniger als 100 Jahren nach Ankunft der Europäer wurden ca. 2 Mio. Indianer umgebracht.

Die Kariben versuchten verzweifelt, sich der Übermacht zu widersetzen. 1638 töteten sie alle englischen Siedler auf St. Lucia und konnten die Insel mehrere Jahrzehnte halten. Viele Indianer auf Grenada stürzten sich von den Klippen ins Meer, um der Versklavung zu entgehen. Auf St. Vincent vermischten sich die Kariben mit schwarzen Schiffbrüchigen und führten über Jahrzehnte einen erbitterten Kampf gegen die Europäer. Die Letzten ihrer Nachfahren leben noch heute auf der Insel. Hier findet man auch Opferaltäre und Felsinschriften der Indianer.

Sklaverei

Die europäischen Seemächte stritten weiter um die Inseln. Zuerst machten sie die Indianer zu Sklaven, um ein Wirtschaftssystem aufzubauen, das in erster Linie auf billigen Arbeitskräften basierte. Als das nicht mehr ausreichte, brachten sie **Tausende von Schwarzen von der afrikanischen Westküste** auf die Kleinen Antillen. 75.000 sollen es auf dem Höhepunkt des Sklavenhandels jährlich gewesen sein.

Aber auch Weißen konnte ein solches Schicksal widerfahren. So ließ *Cromwell* politische Gefangene auf die Inseln ver-

Sklaven

Während sich die Spanier von Anfang an hauptsächlich auf Gold konzentrierten, waren Holländer, Dänen und Franzosen mehr an den fruchtbaren Böden der Inseln interessiert. Man versuchte sich überall in **Plantagenwirtschaft.** Ab 1525 wurden Arbeitskräfte knapp, denn die Indianer waren fast völlig ausgerottet. Die Plantagen konnten jedoch nur mit vielen billigen Arbeitskräften rentabel arbeiten.

Bereits 1530 begannen die Portugiesen, Schwarze auf die West Indies zu bringen; in den nächsten drei Jahrhunderten wurden ca. 15 Millionen Menschen von Afrika auf die West Indies verschifft. Teilweise von den Sklavenjägern eingefangen, teilweise von den eigenen Häuptlingen verkauft, wurden sie wie Tiere an Bord der Schiffe zusammengepfercht. Auf den wochenlangen Überfahrten hatten sie weder genug Wasser noch ausreichend zu essen. Eine Sterblichkeitsrate von bis zu 25 % war einkalkuliert, sie konnte aber auch 50 % betragen, wenn die Segelschiffe wegen Windstille nicht vorwärtskamen.

Auf den West Indies angekommen, wurden die Gefangenen ein bisschen aufgepäppelt, auf ansteckende Krankheiten untersucht und verkauft. **Die meisten kamen auf Zuckerrohrplantagen,** denn hier wurden 95 % der Arbeiten von Hand erledigt. In der Erntezeit betrug die tägliche Arbeitszeit 16 Stunden, nachts arbeitete man in den Siedereien.

Die Sklaven wurden wie Tiere behandelt, man durfte sie auspeitschen oder umbringen. Das Einzige, was ihnen „erlaubt" wurde, war sonntags und an Feiertagen kleine Gärten zu bewirtschaften, um nicht zu verhungern. Ihre Gärten mit kleinen Bretterhütten lagen weitab der stilvoll eingerichteten Herrenhäuser, *Great Houses,* in denen ihre Herren wohnten.

Zucker war ein gewinnbringendes Geschäft, aber man konnte auch auf einen Schlag alles verlieren, denn auf den Inseln gab es **Revolten und Sklavenaufstände, Seuchen und Wirbelstürme,** die alles vernichteten. Viele europäische Kriege trug man mit der Karibik als Nebenschauplatz aus, Häfen wurden blockiert und Ernten niedergebrannt. Die Sklaven hatten immer am meisten unter den folgenden Hungersnöten zu leiden.

Wenige Europäer waren bald Herrscher über jeweils Hunderte von Sklaven. Den Plantagenbesitzern saß die Angst vor Aufständen bis zur Hysterie im Nacken. Sie versuchten, ihre Stärke dadurch zu beweisen, dass sie kleinste Vergehen drastisch bestraften. Dagegen hatten die Schwarzen etwas Anderes einzusetzen. So erzählt man sich noch heute auf den Inseln, dass einige Sklaven, wenn sie ausgepeitscht wurden, durch magische Kraft die Schmerzen auf die Frau des Plantagenbesitzers übertragen konnten.

Die aus Afrika eingeschleppten Schwarzen mussten ihr meist kurzes Leben auf dem Feld verbringen, während man die auf den Inseln geborenen gleich ausbildete, als **Hausangestellte, Handwerker oder Aufseher.** Ihnen wurde auch die kreolische Sprache beigebracht, damit sie sich mit ihren Herren verständigen konnten. Verständlicherweise sahen die Weißen die Hausssklaven gern auf ihrer Seite, und die Feldsklaven hatten sowieso kein Vertrauen zu ihnen.

Im 18. Jh. gab es eine Vielzahl von verzweifelten **Sklavenaufständen,** die brutal niedergeschlagen wurden. Die Rebellionen der Sklaven fanden nicht immer öffentlich und als solche erkennbar statt. Die Schwarzen waren glänzende Schauspieler, sie stellten sich dumm und faul, aber bestahlen oder vergifteten schon mal ihre Herren. Sie spielten also die dummen Wilden, für die sie von den Weißen ohnehin gehalten wurden. Der einzige mit Erfolg verlaufene Aufstand ist der Überlieferung nach der Sklavenaufstand von Saint Domingue. Er begann 1791 mit einer Voodoo-Zeremonie und führte zur Gründung der Republik Haiti.

Erst als im 19. Jh. immer mehr Gesellschaftsgruppen in Europa lautstark den Sklavenhandel kritisierten (und man nicht mehr so viel Zucker brauchte, weil man ihn seit Beginn des 18. Jh. billiger aus der einheimischen Zuckerrübe herstellen konnte), setzten zwischen 1792 und 1817 nacheinander Dänemark, England und Frankreich ein **Verbot des Sklavenhandels** durch. Es dauerte dann aber noch bis 1833, bis auch die Engländer die Sklaverei endgültig abschafften, 1847 folgten die Franzosen, die Spanier gar erst 1880. Jetzt holen sich die Plantagenbesitzer Lohnarbeiter aus Asien. Da aber viele der nun freien Schwarzen keine andere Arbeit fanden, mussten sie weiterhin bei ihrem Herrn auf der Plantage arbeiten, und bis ins 20. Jh. änderte sich ihre Lage nicht entscheidend.

frachten, und mancher Reisende wurde von Piraten gefangen genommen und auf dem nächsten Sklavenmarkt verkauft.

Handel und Piraterie

Immer mehr **Handelsschiffe** mit wertvollen Gütern oder Gold aus Südamerika passierten die karibischen Gewässer.

Gleichzeitig griffen Seeräuber ins Geschehen ein. **Freibeuter** überfielen im Auftrag ihrer Regierung Handelsschiffe feindlicher Nationen und wurden dafür nicht selten in den Adelsstand erhoben. **Piraten** und **Bukaniere** waren gesetzlose Räuber, die in die eigene Tasche wirtschafteten. Für die Überfallenen jedoch war es meistens gleich, wer sich über sie hermachte.

Nach Jahrhunderten blutiger Geschichte wurde es Mitte des 19. Jh. ruhiger im karibischen Raum. Die Sklaverei wurde abgeschafft, die Piraterie niedergeschlagen.

Unabhängigkeit

Heute sind die meisten karibischen Inseln unabhängig und leben zu einem großen Teil vom Tourismus. (Einzelheiten siehe in den Geschichtskapiteln der Inselstaaten.)

Piraten

Nachdem *Kolumbus* 1492 in Amerika gelandet war, starteten viele Expeditionen in den karibischen Raum und zum Festland von Südamerika. In Peru und Mexiko fand man schließlich das ersehnte Gold und andere Edelmetalle. Die Indianer wurden zur Arbeit in den Goldminen gezwungen und die Schiffe bis zur Manövrierunfähigkeit beladen. **Zucker, Rum, Baumwolle, Gold und Silber gingen nach Europa.** Dort starteten die Schiffe mit Schnaps, Stoffen und Waffen an die afrikanische Westküste. Hier wurden sie bis an den Rand mit Sklaven vollgestopft, um weiter in die Karibik zu segeln.

Portugal und Spanien hatten die Inseln unter sich aufgeteilt, Franzosen, Holländer und Engländer waren leer ausgegangen. In der Folge gerieten England und Spanien immer häufiger aneinander, ideale Voraussetzungen für den Beginn der **Piraterie.** Als erstes überfielen 1523 die Franzosen ein spanisches Schiff mit Gold und Perlen und machten reiche Beute. 1545 gelang es den Engländern, die „San Salvador" vor St. Vincent zu kapern. Die englische Regierung unterstützte die Handlungen, befand man sich doch im Krieg mit Spanien. Frankreich und England stellten sogenannte **Kaperbriefe** aus, die den Inhaber berechtigten, alle Schiffe des Gegners anzugreifen. Die Kapitäne nannten sich **Freibeuter.** Der berühmteste von ihnen war **Francis Drake** (1539–1596), der als Vizeadmiral 1588 am Sieg über die scheinbar unbesiegbare spanische Armada beteiligt war (und dafür später geadelt wurde). Von diesem Schlag erholten sich die Spanier nie wieder.

Je intensiver die Spanier ihre Schiffe sicherten und in Flotten mit Geleitschutz fahren ließen, umso mehr taten sich auch die Freibeuter zu größeren Gruppen zusammen. Außer ihnen waren nun auch immer mehr Piraten unterwegs. Der einzige Unterschied: Die Freibeuter arbeiteten für die Regierung, die Piraten in die eigene Tasche. **Den Höhepunkt erlebte die Piratenzeit zwischen 1690 und 1724** – zeitweilig kam der Handel völlig zum Erliegen.

Der spanische König *Karl II.* hinterließ ein so undurchsichtiges Testament, dass er damit den **Spanischen Erbfolgekrieg** auslöste, an dem fast alle europäischen Nationen beteiligt waren. Die englische Königin *Anne* erließ eine Proklamation, nach der jeder Schiffsbesitzer ungestraft alle feindlichen Schiffe überfallen durfte.

Das Leben auf den Handelsschiffen war dabei nicht viel besser als das auf einem Piratenschiff. Große Enge, Ungeziefer und Krankheiten gab es hie wie da. Nur der Verdienst der Piraten war besser, und so wechselten viele die Seite. Es kursierten finstere Geschichten über die Brutalität der Piraten, sodass es oft schon reichte, die Totenkopffahne zu hissen, und ein Handelsschiff ergab sich ohne Widerstand.

1718 wurde die Lage völlig unkontrollierbar; der englische König *Georg I.* erließ daraufhin eine Generalamnestie und übernahm alle Piraten in die Royal Navy. Für hundert Jahre herrschte nun ziemliche Ruhe.

Während der napoleonischen Kriege und der amerikanischen Unabhängigkeitskriege gab es wieder Freibeuter, und nach Kriegsende kreuzten erneut ca. 2000 Piratenschiffe in der Karibik. Eine amerikanische Spezialflotte setzte diesem Treiben dann schließlich ein Ende.

Seit dem Film **„Fluch der Karibik"** (in St. Vincent und auf einigen der Grenadinen gedreht) ist auf den Inseln das Piratenfieber neu erwacht. In St. Lucia und Grenada gibt es viele Souvenirs zum Thema. Die „Brigg Unicorn" aus St. Lucia hat seit den Dreharbeiten Kanonen an Bord und bietet *Pirat Cruises* an. In der Wallilabou Bay steht noch ein Teil der Filmkulissen, im Restaurant sind viele der Requisiten zu bestaunen.

Die Menschen

Die Menschen in der Karibik sind im Allgemeinen sehr locker, fröhlich und hilfsbereit. Die Liebe zu Tanz und Musik liegt ihnen im Blut.

Auf St. Lucia, St. Vincent, den Grenadinen und Grenada liegt der Anteil der schwarzen Bevölkerung bei 92–97 %. Die **Nachfahren der schwarzen Sklaven** leben oft zusammen, ohne verheiratet zu sein. Die Frau ist meistens das Familienoberhaupt, sie erzieht die Kinder. Trennungen oder Scheidungen sind häufig.

Da Verhütungsmittel kaum benutzt werden, bekommen Frauen häufig schon mit 15 ein Kind. **80 % der Geburten sind unehelich,** und nicht selten hat eine Frau vier oder mehr Kinder von verschiedenen Vätern und wohnt noch bei ihren Eltern. Die Kinder tragen die Nachnamen der Väter. In der Regel wird die Frau versuchen, die Alimente von den jeweiligen Vätern einzuklagen und arbeiten zu gehen.

Dieses für unsere Begriffe ungewöhnliche Verhalten resultiert sowohl aus dem in fast allen Religionen gepredigten Verhütungsverbot als auch aus Traditionen aus der Sklavenzeit. Damals sahen es die Plantagenbesitzer zwar gern, wenn die Schwarzen reichlich Kinder, sprich Arbeitskräfte, die man nicht kaufen musste, bekamen, die Bildung von Familien war dagegen unerwünscht.

Die jungen Mädchen wollen die Kinder oft, wie auch früher bei uns, um das Elternhaus zu verlassen und von einem Mann versorgt zu werden. Die jungen Männer, oft ohne Arbeit, schrecken vor dieser Verantwortung zurück und suchen das Weite. Dann versuchen es die Mädchen beim Nächsten. Dieses Verhaltensschema führt zu immer größeren Problemen.

Der Anteil der **Jugendlichen** unter 18 Jahren beträgt schon heute über 60 Prozent. Die Schulen sind überfüllt und haben zu wenig Lehrer. **Arbeitsplätze** gibt es wenig, und sie sind meistens schlecht bezahlt. Daher ist es nicht verwunderlich, wenn manche Halbwüchsigen den ganzen Tag am Strand verbringen, Touristen ansprechen und leider oft auf die schiefe Bahn geraten. Die meisten haben Verwandte in den USA, und viele träumen davon, nach Amerika zu gehen und das große Geld zu machen.

Für Frauen gibt es meistens mehr Arbeit als für Männer. Die können oft lediglich für umgerechnet 10 Euro am Tag als Kellner arbeiten oder für das Doppelte beim Straßenbau. Da sind die Frauen nicht selten besser dran, wenn sie für das Flechten einer Zopffrisur am Strand umgerechnet 40 Euro kassieren.

Die meisten Familien haben immerhin ein Haus (und sei es noch so klein) und ein Stück Obst- und Gemüsegarten. Das Hauptnahrungsmittel ist Reis. Man kann nicht sagen, dass die Menschen hungern, aber ihr Leben ist ein täglicher Kampf und jedes bisschen „Luxus" hart erkämpft, sei es ein Fernsehgerät oder gar ein Auto. Im Restaurant gibt man als Tourist für ein Essen oftmals den Wochenlohn eines Einheimischen aus.

Die wenigen **Weißen** auf den Inseln sind meistens die Nachfahren ehemaliger Plantagenbesitzer. Auch heute gehören sie fast ausschließlich zur Mittel- und Oberschicht.

Ziemlich abgeschieden und schlecht angesehen leben die **Black-Carib-Indianer** im Norden von St. Vincent.

Die Inseln im Überblick

Immer ein Lächeln – sie leben von unseren Träumen

Als *Kolumbus* sich auf den Weg machte, den Seeweg nach Indien zu suchen, wurde er von einem Traum begleitet, dem Traum von Gold und Silber. Obwohl es nicht Indien war, das er entdeckte, erfüllte sich dieser Traum, und er fand überdies noch ein Land, das dem Paradies glich und über das er sich in vielen Eintragungen in seinem Bordbuch tief beeindruckt äußerte.

In den folgenden Jahrhunderten wurden zuerst die Indianer und dann die Schwarzen derart skrupellos und brutal ausgebeutet, dass es wohl kaum übertrieben ist zu sagen, dass sie für die Sehnsüchte der Europäer lebten und vor allem starben. Schließlich mussten sie ihr Leben opfern, um unsere Gier nach Gold, Silber, Zucker oder Kakao zu befriedigen. Den Menschen in der Karibik blieb schon damals nichts anderes übrig, als sich mit den Gegebenheiten abzufinden, sich anzupassen und das Beste aus ihrem Schicksal zu machen. Unterkriegen ließen sie sich jedenfalls nicht. **Musik und tiefe Religiosität** spielten dabei schon immer eine bedeutende Rolle und halfen, die Menschen stark genug zu machen, um mit den Wechselfällen des Lebens fertig zu werden. Dazu gehört ein großes Maß an **Humor und auch öfters mal ein Schluck Rum,** der das Leben, wenn auch nur für kurze Zeit, ein bisschen angenehmer macht, denn die Zukunft hier war und ist bis heute eine ziemlich unsichere Angelegenheit.

Und jetzt haben Europa und Amerika schon wieder einen Traum, den die Karibik erfüllen muss: Es ist der vom **unbeschwerten Traumurlaub im Paradies** (und manch Einheimischer träumt vom schnellen Geld mit Prostitution und Rauschgift). Wo auf dem karibischen Meer einst Sklaven- und Piratenschiffe unterwegs waren, findet man heute die Yachten der Millionäre beim gemütlichen Island Cruising, Kreuzfahrtschiffe liegen fast täglich in allen großen Häfen, Drogenboote treiben ein schnelles Schmuggelgeschäft, und von anderen Inseln starten täglich selbst gebaute Nussschalen, mit denen verzweifelte Menschen versuchen, ins gelobte Amerika zu kommen. Es gibt Inseln, auf denen Millionäre leben wie die Made im Speck, und andere, die wirklich verloren sind, sich am Rand der Hölle bewegen und keine Chance mehr sehen, ihre Situation zu verbessern. Auch die Jahre scheinen in unterschiedlichem Tempo an den Inseln vorbeigegangen zu sein. Während einige noch im Dornröschenschlaf liegen, sind andere eifrig bemüht, den Anschluss an die Moderne zu finden.

Immer mehr **gestresste Menschen aus den Industrienationen** finden dagegen ihre persönliche Vorstellung vom Paradies verwirklicht. Viele Leute lässt die Karibik nach ihrem ersten Besuch nie wieder los. Einige sehen sich in jedem Urlaub eine andere Insel an, andere kehren ständig wieder an ihren Lieblingsort zurück, immer öfter und immer länger.

Ein paar fahren dagegen nie wieder nach Hause, sie steigen einfach aus dem Alltag aus und steigen ein in den Traum Karibik, pur und endlos. Für einige ist dieser Traum allerdings auch schon zum Albtraum geworden, aber selbst das bewegt nur wenige zur Rückkehr.

Und jetzt wird das Paradies auch noch **zum Verkauf angeboten.** Mehr und mehr Inseln haben in den letzten Jahren ihre Gesetze gelockert und verkaufen Land an ausländische Investoren. Das hat sich schnell herumgesprochen, und der Ausverkauf des Paradieses ist in vollem Gange.

Lächeln und froh sein, so scheint es, ist das Motto der gesamten Karibik. Fröhliche Gesichter, wohin man auch sieht. Im ersten Moment mutet das eher verwunderlich an, schließlich hätten die Menschen hier allen Grund, ernstere Gesichter zu machen. Erst haben die Weißen sie aus ihrer afrikanischen Heimat verschleppt, dann wurden sie versklavt und später sich selbst überlassen. Und jetzt kommen wir wieder und kaufen ihr Land. Sie dagegen müssen sehen, wie sie mit all diesen Wandlungen zurechtkommen. Aber **die karibische Frohnatur lässt sich so leicht nicht unterkriegen.** Die Lebensfreude scheint einfach unerschöpflich, und „enjoy" ist ihr Motto. Man will das Leben einfach jede Minute genießen.

Die Menschen lieben ihre Heimat und sind mit ihr stark verwurzelt. Dass sie auf paradiesischen Inseln leben, ist ihnen durchaus bewusst und wird durch die vielen Urlauber auch immer wieder bestätigt. Dass trotzdem so viele Menschen ihre Inseln verlassen wollen, hat wirtschaftliche Gründe. Die Jugendlichen sehen täglich die amerikanische Glitzerwelt im Fernsehen und die „reichen" Touristen vor ihrer Haustür. Selbst können sie sich überhaupt nichts leisten, und **ihre Zukunft ist ohne jede Perspektive.** Das gilt nicht nur für den Großteil, der nichts gelernt hat. Die Chancen auf eine gute Arbeit mit angemessenem Lohn sind gleich null. Selbst Lehrer bekommen keine angemessene Anstellung und müssen für einen Hungerlohn in kleinen Bretterbuden unterrichten. Wenn man nicht in der Oberschicht geboren ist, kann man hier höchstens als Spitzensportler oder Musiker seine Situation verbessern. Je schlechter es der Bevölkerung geht, umso mehr Menschen verlassen die karibischen Inseln. Z. B. leben heute schon mehr Puertoricaner in Amerika als in Puerto Rico. Welche Ausmaße das bei einer schlechten wirtschaftlichen und politischen Lage annehmen kann, hat die verzweifelte Massenflucht aus Kuba gezeigt.

Allerdings kann man hier auch feststellen, dass die meisten Menschen ihre Insel nie vergessen werden. **Die meisten von ihnen werden auf die Dauer im Ausland nicht glücklich.** Ein paar Monate oder auch Jahre kommen sie im Ausland gut zurecht. Alles ist neu und spannend, und das Geld lockt, aber so richtig wohlfühlen können sich die meisten nie. Das liegt wohl nicht zuletzt daran, dass ihr und unser Lebensgefühl Welten auseinanderliegen. Die warme Herzlichkeit, die einem auf den Inseln entgegengebracht wird, können sie nirgendwo anders finden. Und wer lächelt in unseren Gefilden schon einfach auf der Straße einen Fremden an, wie hier auf den Inseln. In Großstädten wie New York, Montreal oder London gibt es schon ganze Stadtviertel mit Bewohnern, die von den West Indies kommen. So bilden sich jetzt auch mehr und mehr Kulturkreise außerhalb der Heimat, mit eigenem Karneval und Calypso, denn es erleichert das Leben in der Fremde, wenn man wenigstens ein Stück Heimat um sich hat.

Sprache

Die **kulturellen Einflüsse** der ehemaligen karibischen Kolonialmächte machen sich noch heute in Musik, Tanz, Sprache, Essen, Ortsnamen etc. bemerkbar. Der Karneval ist französisch-afrikanisch, die Weihnachtsmusik *(Parang)* spanisch, *Rotis* kommen aus Indien, Namen wie *Kanu* oder *Hammok* (Hängematte) sind von den Indianern übernommen, Ortsnamen sind Englisch.

Die Bevölkerung von **St. Lucia** ist sehr zurückhaltend. In der Gegend um Soufrière wird man allerdings eher aufdringliche Insulaner finden.

Den Menschen von **St. Vincent** sagt man oft nach, dass sie nachsichtig und geschäftsmäßig überfreundlich sind, nach dem Motto „Ihr Touristen lasst Geld hier, dafür habt ihr Narrenfreiheit".

Die tollsten Sachen erlebt man auf **Grenada,** nach dem Motto „American Way of Life in der Karibik". Von der Taxifahrt bis zum Gewürzsortiment bekommt man auf der Straße innerhalb von 5 Minuten alles angeboten.

Auf den kleineren Inseln, z. B. **Bequia** und **Carriacou,** hat sich dagegen noch viel von der karibischen Gemächlichkeit erhalten.

Englisch

Auf allen hier beschriebenen Inseln wurde die Sprache der ehemaligen Kolonialmacht England zur offiziellen Landessprache. Das heißt, Englisch wird in der Schule und im **öffentlichen Leben** gesprochen. Der Großteil der Bevölkerung spricht Englisch, lediglich in ganz ländlichen Gebieten kann es passieren, dass die älteren Leute nur Kreolisch sprechen.

Kreolisch

Schwieriger kann es jedoch selbst mit guten Englischkenntnissen werden, einem Gespräch der Einheimischen zu folgen. Untereinander sprechen sie nämlich in der Regel ihre Kreol-Sprache. Die meisten Bewohner wechseln in den Sprachen hin und her, wie es ihnen angebracht erscheint. So spricht man in der Bank, im Hotel und mit Touristen Englisch, auf dem Markt oder mit Freunden verfällt man sogleich in die Kreol-Sprache, denn damit kann man sich besser ausdrücken, direkter und mit mehr Gefühl. Kreolisch ist die **Umgangssprache;** Englisch lernt man, um im Leben besser zurechtzukommen. Kreolisch ist intimer, es ist reich an mehrdeutigen Metaphern und Sprichwörtern, was man auch den Calypsotexten anmerkt. So werden Außenstehende oft etwas Anderes verstehen als Vertraute, und auf diese Art kann man Fremde im Gespräch ausschließen, ohne dass sie sich dessen bewusst werden.

621sl sm

Geschichte

In der Karibik wechselten die Kolonialmächte ständig, und die Inseln wurden jahrhundertelang zwischen Spaniern, Engländern, Holländern, Dänen, Portugiesen und Franzosen hin- und hergeschoben. Darüber hinaus kam eine Vielzahl der Schwarzen aus unterschiedlichen Sprachräumen. Man brauchte nun eine **gemeinsame Sprache**, um sich zu verständigen. Dies wurde für die ersten Sklaven eine Mischung aus Französisch, Spanisch und Portugiesisch.

Das Wort *kreolisch* entstand höchstwahrscheinlich aus dem spanisch-portugiesischen *criar* (hervorbringen, aufziehen) und wurde dann zu *crioulo* und im Französischen zu *criole*.

Die Kreolsprachen entstanden im 16. und 17. Jh. durch die weitere Vermischung **der europäischen Sprachen mit dem Afrikanischen.** Die auf den Inseln geborenen Menschen nannte man Kreolen und ihre Lebensart, ihre Sprache, ihr Essen waren kreolisch.

Die Sprachen der Inseln sind so unterschiedlich wie ihre Geschichte. Generell unterscheidet man zwischen dem **Englisch-Kreolischen** und dem **Französisch-Kreolischen.** Man bezeichnet diese Sprachen auch als **Patwa** oder **Patois.**

Das Englisch-Kreolische beinhaltet größtenteils englische Wörter, die aber anders ausgesprochen werden und auch eine andere Grammatik besitzen, es weist von Insel zu Insel noch kleine Unterschiede auf. Das Französisch-Kreolische ist eine Vereinfachung der französischen Sprache, oft mit etwas Englisch gemischt. Wegen dieser Einfachheit hat man die Kreolsprachen lange Zeit als schlechtes Englisch bzw. Französisch ab

getan. Erst seit den 1950er Jahren beschäftigt man sich mit ihnen als **eigenständige Sprachen.** Von der Indianersprache blieben hauptsächlich Begriffe für Orte und Gegenstände, die für die Siedler neu und unbekannt waren.

Englisch-Kreolisch spricht man auf **Grenada** und **St. Vincent,** es ähnelt stark dem Kreol von Tobago. Französisch-Kreolisch wird nur auf **St. Lucia** und in einigen Teilen der **Grenadinen** gesprochen. Im Allgemeinen haben es die Einheimischen sehr gern, wenn die Touristen sich bemühen, ein bisschen „ihre" Sprache zu lernen.

Englisch-Kreolisch

Aussprache und Grammatik

In der englisch-kreolischen Sprache ist die Grammatik anders, als wir sie von unserem Schulenglisch gewöhnt sind, und sehr viele Wörter werden ganz anders ausgesprochen. Hier nur ein paar Beispiele:

Das im Englischen gebräuchliche **„th"** existiert nicht in der Kreolsprache. Es wird entweder als „t" oder als „d" ausgesprochen. So wird aus:

the	**de**
them	**dem**
this	**dis**
Thank you	**tank you**

Die Verdoppelung von Wörtern bedeutet eine **Steigerung:**

sweet-sweet	sehr süß
soon-soon	sehr schnell
talk-talk	zu viel reden

Einige Wörter sind auf den englischsprachigen Inseln gleich, einige sind auch hier unterschiedlich, andere werden selbst im eigentlich französisch-kreolischen St. Lucia aus dem Englischen übernommen. Entsprechend ist auf den Inseln, auf denen Englisch-Kreolisch gesprochen wird, französisches Vokabular in die Sprache aufgenommen worden, obwohl diese Inseln niemals französische Kolonialherren hatten.

Einige Redewendungen aus Grenada:

to make a day-day	jemandem winken
to doh-doh	schlafen
to wake at dayclean	bei Sonnenaufgang aufwachen
to draw a photo	fotografieren
to fire one	etwas trinken (Alkohol)
to hatch seeds	etwas einpflanzen
to make an out	einen Fehler machen
to humbug someone	jemanden veräppeln
to storm a fete	in eine Party hineinplatzen
to lime	süßes Nichtstun
to be making small bones	schwanger sein
to back-back a car	rückwärtsfahren
to have a tabanca	Liebeskummer haben
to pappy-show someone	jemanden zum Lachen bringen
foe day morning	kurz vor Sonnenaufgang
a come-here	ein Fremder
him say and dem say	Getratsche
in de earlies	vor langer Zeit
labasse	Abfall wegwerfen, wo es nicht erlaubt ist

Französisch-Kreolisch (Kweol)

Aussprache und Grammatik

Im Französisch-Kreolischen wird das persönliche Fürwort verändert und vereinfacht. *J'ai faim* (ich habe Hunger) wird zu *moin faim, je suis parti* (ich bin gegangen) zu *moin pati*. Auch die Verben werden oft vereinfacht: aus *regarder* (betrachten) wird *gadé*, aus *déchirer* (zerreißen) wird *chiré*. Manchmal sind Befehle der Sklavenhalter mit in die Worte eingeflossen. So heißt z. B. Tisch *tab'la* und kommt von dem Befehl *cette table là*, dieser Tisch da.

Kleine Wörterliste

Hier ein paar Wörter, bei denen die Herkunft aus dem Französischen (oder Englischen) gut nachzuvollziehen ist:

pied bois	Baum, wörtlich: Holzfuß
trou a caca	WC, wörtlich: Scheißloch
fimel chat (female chat)	Katze
zoizo (les oiseaux)	Vogel
an l'oto (une/l'auto)	Auto
an l'égliz (une/l'église)	Kirche
Sét Lisi	St. Lucia
Gwozilé	Gros Islet
Kastwi	Castries
Sufwié	Soufrière
Vié Fo	Vieux Fort
Bózu (bonjour)	Guten Morgen, hallo
Bóswé (bonsoir)	Guten Abend
Pardón	Entschuldigung
S'u plé (s'il vous plaît)	Bitte

Tomorrow – Caribbean Time

Wer länger in der Karibik Urlaub macht und nicht von einer Insel zur anderen mit dem Flugzeug hetzen will, sollte als Erstes seine Uhr ablegen. Denn **hier geht alles ruhiger vonstatten.** Der Gang wird langsamer, Stress und Ungeduld – zwei Wörter, die es in der Karibik nicht gibt – sollten bis zum Rückflug aus dem Bewusstsein verschwinden.

Auf den West Indies hat man Zeit oder nimmt sie sich. Was ist schon dabei, ob die Dinge jetzt oder später, heute oder morgen passieren. Überhaupt ist *tomorrow*, morgen, ein beliebtes Wort. Man bekommt es oft zu hören, auf Behörden, auf dem Markt, in der Bank, einfach überall kann es sein, dass man heute etwas nicht hat oder kann oder dass die Person, die man sprechen will, nicht da ist. Dann wird man immer mit einem freundlichen „tomorrow" aufgefordert, es am nächsten Tag doch noch einmal zu versuchen. Nach dem dritten Mal kann einem Europäer dabei schon mal der Geduldsfaden reißen. Nicht die Nerven verlieren, es nützt nichts. **Immer cool bleiben.** Vielleicht klappt es ja morgen …

Ein von Europäern oft völlig falsch verstandener Satz ist **„See you later",** oder karibisch kurz „later". Das wird von Einheimischen fast immer ans Ende einer Begegnung gesetzt. Es ist einfach eine Floskel und hat nichts zu bedeuten. Es meint so ungefähr, dass man sich in fünf Minuten sieht, in zwei Wochen oder auch in ein paar Jahren.

Die karibischen **Verkehrsmittel** können pünktlich sein, müssen aber nicht. Bei den Flugzeugen oder Schiffen klappt es mit der Zeit noch recht gut. Für Busse braucht man da schon starke Nerven. Eine Faustregel: Ist man selbst pünktlich, kann man ziemlich sicher sein, dass sich das jeweilige Verkehrsmittel verspätet; kommt man selbst zu spät, erfolgte die Abfahrt mit Sicherheit pünktlich …

Kommt morgens der Schulbus mit Verspätung, was nicht selten ist, kommen gleich alle Kinder zu spät zur Schule, und eine gute Ausrede haben sie auch.

Überhaupt wird Pünktlichkeit in der Karibik mit völlig anderen Maßstäben gemessen. So sind Verspätungen bis zu einer halben Stunde noch pünktlich, und selbst bis zu einer Stunde ist es noch normal. Auch öffentliche Veranstaltungen fangen meistens eine halbe Stunde zu spät an. Aber niemand stört sich daran, denn man kennt es ja nicht anders. Möchte man, dass jemand um acht Uhr pünktlich zum Essen da ist, lädt man ihn besser schon für sieben Uhr ein. Für den Reisenden heißt das, im privaten Bereich sollte man sich ruhig an die *Caribbean time* halten und etwas zu spät kommen. Bei offiziellen Anlässen ist es besser, nach unseren Maßstäben pünktlich zu sein, denn man weiß ja, dass die Weißen pünktlich sind und erwartet es auch von ihnen. Will man mit dem Bus zu einer festen Zeit irgendwo sein, muss man dann allerdings so zeitig fahren, dass man zu früh da ist. Denn der nächste Bus kann ja ausfallen, und dann kommt man zu spät.

Die Uhr spielt keine sehr wichtige Rolle. Man steht auf dem Land meistens bei Sonnenaufgang auf und geht mit den Hühnern ins Bett. Armbanduhren tragen die wenigsten, dafür sieht man in den Geschäften die kitschigsten Wand- und Standuhren, die man sich vorstellen kann. Beispielsweise ein Toilettenbecken, bei dem das Zifferblatt zum Vorschein kommt, wenn man den Deckel öffnet, oder einen Jesus, dem die Uhr im offen liegenden Herzen schlägt.

Mési (merci)	Danke
Mwépédi	Ich habe mich verirrt
Dudu	Liebling
U pale (vous parlez)	Sprechen Sie
Patwa/aglé (anglais)	Patois/Englisch
Vini (venir)	Komm
Sa bó (ca c'est bon)	Das ist gut
Mwéfé/swéf	Ich bin hungrig/durstig
(j'ai faim/soif)	
Ketémwé	Wo bin ich
Nó Awa (non)	Nein
Zodia, hodia (aujourd'hui)	Heute
Oswéa (au soir)	Heute abend
Démé (demain)	Morgen
Sa ou fé	Wie geht es dir?
Mwéemmen ou	Ich liebe dich
(je vous aime)	

Manchmal findet man auch Französisch-Kreolisch mit Englisch gemischt, z. B. in der Kolumne der Zeitschrift *The Crusader.* Hier unterhalten sich die zwei Senatoren *Cocky* und *Stocky* über die Sozialpolitik in kreoIischem Englisch, mit Französisch-Kreolisch vermischt.

Tonnerre Maychene Garde!
Don't le me get enrager in dis bridge here.
Donnerwetter!
Bring mich nicht in Wut auf dieser Brücke.

Wochentage

lédi	Montag
madi	Dienstag
mékredi	Mittwoch
zedi	Donnerstag
vandredi	Freitag
samdi	Samstag
dimás	Sonntag

Monate

závie	Januar
fevrie	Februar
mas	März
avri	April
me	Mai
zé	Juni
zwijét	Juli
au	August
séptam	September
októb	Oktober
novam	November
desam	Dezember

025lu sm

◁ St. Mary's Cathedral in Kingstown (St. Vincent)

Rätsel und Sprichwörter

Papa-m gin youn béf rouj,
  li gadé-e man youn pak blan-lang.
Mein Vater hat einen roten Ochsen, den er
  in einem weißen Park bewacht. (die Zunge)

Né rai nég dépi lan giné.
Der Neger hasst den Neger seit (seiner Ankunft aus)
Guinea.

Antansion pa kapon. Vorsicht ist keine Feigheit.

Rann sévis bay chagrin. Helfen bringt Kummer.

Religionen, Geister und Kulte

Christentum

**Auf den karibischen Inseln gibt es eine
sehr große Anzahl verschiedener Religionsgemeinschaften, zum größten
Teil christlichen Ursprungs.**

Auf St. Lucia ist der größte Teil der
Bevölkerung katholisch, in Grenada immerhin noch die Hälfte; der Rest besteht
aus protestantischen Glaubensgemeinschaften.

Missionare

Gleichzeitig mit den Siedlern kamen
auch Priester und Missionare. Diese gehörten unterschiedlichen Glaubensrichtungen an und waren eifrig bemüht, die
schwarzen Heiden zu bekehren. Da die
Sklaven ihrer Heimat und Religion ent

wurzelt waren, jeder aber an irgendetwas
glauben muss, besonders in schlechten
Zeiten, wurden sie Christen. Sie vermischten Voodoo und afrikanische Traditionen stark mit dem Christentum.

Gottesdienste

Die Kirchen sind fast immer voll, man
kleidet sich schick und singt viel und
laut. Auch die Gottesdienste der katholischen oder anglikanischen Kirche fallen
fröhlicher aus als in unseren Gefilden.

Man geht auch in den Gottesdienst,
um den Nachbarn die neuen Kleider zu
zeigen oder weil es innerhalb der Kirchengemeinschaft oft einen Zusammenhalt gibt, der von persönlichem Nutzen
ist, z. B. hilft man sich beim Hausbau,
weil man derselben Kirche angehört.

Beerdigungen

Beerdigungen werden **eher fröhlich** begangen und sehen oft aus wie Sonntagspartys, wenn die Männer das Grab ausgehoben, den ersten Schluck des alles
begleitenden Rums auf die Erde und den
Rest in ihre Kehle gegossen haben. Nur
so kann man die *Zombies* (s. u.) in den
Gräbern halten, einen Unfall verhindern
und vermeiden, dass sich das Grab nicht
ausschachten lässt, weil sich die Erde
nicht bewegt.

Anglikaner

Die anglikanische Kirche zählt eigentlich
zur protestantischen Religion, allerdings
mit vielen katholischen Einflüssen. Ihr

Oberhaupt ist der Erzbischof von Canterbury. Die Grundlagen der anglikanischen Kirche sind die Akzeptanz des historischen Bischofsamtes, die Würdigung der Sakramente Taufe und Abendmahl sowie die Anerkennung der Bibel als göttliche Offenbarung. Als britische Kirche ist sie in allen ehemaligen britischen Kolonien vertreten.

Methodisten

Die Methodistenkirche ist ein Abkömmling der anglikanischen Kirche. Gründer des Methodismus war *John Wesley* (1703–1793). Er war zusammen mit seinem Bruder *Charles* auf der Suche nach mehr Spiritualität innerhalb der Kirche. 1729 traten die Methodisten in Oxford das erste Mal an die Öffentlichkeit. Der Prediger *Nathaniel Gilbert* brachte den Methodismus 1760 in die Karibik, als er seine Sklaven auf Antigua in ihm unterwies.

Rastafari

Die Rastafaribewegung entstand in den 1930er Jahren in Jamaica. Ihr liegt das Alte Testament zu Grunde, mit dem Unterschied, dass Gott schwarz und das gelobte Land Äthiopien ist.

Die UNIA

1897 wurde **Marcus Garvey** in St. Ann's Bay auf Jamaica geboren. Mit 15 Jahren ging er in die Druckerlehre in Kingston und wurde Mitglied der Gewerkschaft. 1916 emigrierte er in die USA. Dort lernte *Garvey* das Leiden und die Unterdrückung richtig kennen. Er setzte sich für die Schwarzen ein wie kein Zweiter und führte die größte und einflussreichste Organisation von Schwarzen, die die Welt bis dahin gesehen hatte. 1918 gründete er die *UNIA (Universal Negro Improvement Association),* deren Anliegen die **Beseitigung der Rassendiskriminierung und die Gleichberechtigung der Schwarzen sowie deren Rückkehr nach Afrika** war.

Als *Garvey* zum ersten Mal in die USA abreiste, soll er gesagt haben: „Seht nach Afrika, dort wird ein schwarzer König gekrönt werden. Er wird der Erlöser sein." Im November 1930 wurde ein bis dahin unbekannter Stammesfürst in Addis Abeba zum 111. Herrscher von Äthiopien gekrönt: **Ras Tafari Makkonen, Haile Selassie I., Negus Negesti,** König der Könige, Herr der Herren, siegreicher Löwe von Juda.

Einer der Anhänger *Garveys* auf Jamaica war **Leonard Howell.** Er sah in der Krönung die Erfüllung von *Garveys* Prophezeiung und begann nun, über die Göttlichkeit des äthiopischen Kaisers zu predigen. Er wurde denn auch zur führenden Figur der Bewegung. 1933 verkündete er öffentlich sechs Thesen, für die er zwei Jahre Haft bekam. Unter anderem wollte er Rache an den Weißen, predigte Hass auf sie, lehnte die Regierung von Jamaica ab, sah die schwarze Rasse als überlegen an und *Haile Selassie* als ihren höchsten Führer.

Camp Pinnacale

Nach seiner Haftentlassung zog sich *Howell* mit einer militanten Anhängerschar auf sein Landgut Pinnacale in den Bergen zurück und gründete **das erste Rastacamp.** Man zahlte keine Steuern, ernährte sich von der eigenen Landwirtschaft und baute Marihuana an.

Howell ernannte sich zum Stadthalter Gottes, zum „Haile Selassie von Jamaica". 1941 verhaftete die Polizei *Howell* und 28 Rastas. 1954 wurde das Camp endgültig geschlossen.

In diesem Camp Pinnacale ließen die Rastas erstmals ihre Bärte und Haare aus Protest gegen die Weißen lang wachsen, die schwarzes Kraushaar als schmutzig bezeichneten. Wegen dieser Haartracht erhielten sie in Jamaica bald den Namen **Dreadlocks.**

Nach der Zerstörung des Camps zerstreuten sich die Rastas über das ganze Land, die meisten landeten jedoch in den Slums von Kingston, und *Howell* starb in einem Heim für Geisteskranke.

Die Rastas rauchten eine Menge Ganja, einige übertraten auch andere Gesetze, was zu permanenten Auseinandersetzungen mit der Polizei führte.

Rückkehrversuche

Während ein Teil der jamaicanischen Bevölkerung die Furcht vor den Rastas schürte, sahen die anderen, unter ihnen Ministerpräsident *Norman Manley,* dass die meisten Rastas friedliebend und bitterarm waren und nur Anerkennung und ihre Ruhe wollten. Er ließ von der westindischen Universität in Kingston die erste umfangreiche Studie über die Rastabewegung erstellen. Auf Grund dieser Studie flog eine erste Delegation nach Afrika, um sich nach Möglichkeiten für die Rückkehr der Rastas umzusehen. Nun zerplatzte der Rastatraum endgültig, denn *Selassie* sagte, er wolle keine Ganja rauchenden Jamaicaner in seinem Land, die keine Steuern zahlten.

Rastafarian Movement

Einer der besten Rasta-Poeten, **Ras Sam Brown,** bewarb sich 1961 um einen Sitz im Parlament. Er bekam zwar nicht genügend Stimmen, aber er gründete eine einflussreiche Rastaorganisation, das *Rastafarian Movement.*

Hatten der Rastabewegung bisher nur Leute der untersten Schicht angehört, so fühlten sich jetzt immer mehr Jugendliche der mittleren Schicht den Rastas zugehörig. So konnte das Bild vom dummen, faulen Rasta nicht länger aufrechterhalten werden. Die **Rastasprache** wurde zur Umgangssprache, die Dreadlocks bekamen eigene Radiosendungen.

Rastas heute

Heute sind die Rastas eine **führende kulturelle Schicht** in Jamaica und die wichtigsten Vertreter der jamaicanischen Kunst und Musik.

Rastas findet man heute in allen Gesellschaftsschichten und **auf allen Inseln der Karibik.** Sie sind stolz auf ihre Hautfarbe, verleugnen ihre afrikanische Herkunft nicht und entwickeln erstmals so etwas wie eine eigene Kultur, die den Schwarzen durch die Versklavung abhanden gekommen war.

Heute hat fast jeder Rasta seine eigene, für sich geltende **Religion.** Für alle gemeinsam ist ihr Gott der Gott des Friedens und der Liebe. Sie sind Kinder

Jahewes (*Jahewe* = jüdische Bezeichnung für Gott, wird bei den Rastas zu *Jah*). Für sie gibt es keinen Tod, denn Tod ist negativ und Rastaman-Vibration positiv.

Auch Weiße können Mitglieder der Rasta-Bewegung werden. Für die Rastas spielt die Hautfarbe keine Rolle, Hauptsache ist der Wille zu Liebe und Frieden. Nur die weiße Masse wird von ihnen als Unterdrücker verurteilt, nicht die Einzelperson.

Die Waffe der Rastas ist Liebe und Verständigung. Sie verdammen Betrug, Gewalt, Diebstahl, Prostitution, Glücksspiel und Alkohol. Rastas essen „*Ital-Food*", also natürliche Speisen, kochen ohne Salz, nur mit Kräutern, essen Fisch, aber kein Fleisch. Sie verwenden auch eine eigene Sprache.

Typisch für die Rastas sind außer ihren Dreadlocks auch die Farben Äthiopiens, Grün-Gelb-Rot. Grün steht für das Land Afrika, Gelb für den Reichtum des Landes, Rot für das vergossene Blut.

Die meisten Rastas rauchen **Marihuana,** auch *Weed,* **Ganja** oder *Herb* genannt. Es ist für sie kein Rauschgift, sondern der Weg in eine tiefere Einsicht der Dinge und damit zu Gott. Ganja wird auch oft in Speisen verwendet und soll, in der richtigen Weise zubereitet, bei Verstopfung, Asthma, Fieber, Erkältung und psychischen Störungen helfen. Da Ganja das Hinduwort für Marihuana ist, nimmt man an, dass indische Arbeiter das Kraut auf die Inseln brachten, denn in der hinduistischen Religion benutzt man es bereits seit Jahrtausenden zu religiösen Zwecken.

1913 wurden Anbau, Verkauf, Genuss und Besitz von Ganja unter Strafe gestellt, was der weiteren Verbreitung aber keinen Abbruch tat.

Wegen eben dieses Ganja-Genusses und ihrer Haare werden die Rastas oft **benachteiligt.** Sie bekommen ständig Ärger mit der Polizei und dürfen nicht in allen Berufen arbeiten, womit man vielen von ihnen sicher Unrecht tut.

Unter den Rastas gibt es sehr viele Künstler, und vom Musiker und Poeten bis zum Verkäufer von Kunsthandwerk liegt ein großer Teil der Inselkultur in ihren Händen.

Der berühmteste Rastafarian war der Reggae-Musiker **Bob Marley.** In seinen Songs setzte er sich für die Gleichberechtigung von Schwarz und Weiß ein. Seit seinem Tod hat die Rastabewegung keine große Persönlichkeit mehr hervorgebracht.

Voodoo

Ursprünge

Der Voodoo-Kult hat seine Hochburg auf der Karibikinsel Haiti, wird aber auch auf allen anderen Inseln praktiziert, vornehmlich von Angehörigen der Baptistenkirche. **Die Ursprünge des Voodoo liegen in den alten Religionen und Zauberkünsten Westafrikas.** Als die ersten Sklavenschiffe die Westindischen Inseln anliefen, befanden sich an Bord auch Zauberer und Priester des Voodoo-Kultes.

Loas

Die Sklaven in der Neuen Welt brauchten die Hilfe dieser **Zauberer.** Die Zauberer arbeiten mit den Geistern, Göttern und Dämonen zusammen. Diese Wesen heißen Loas und haben die Aufgabe, Menschen zu helfen oder aber sie zu quälen. Der Voodoo-Kult beruht auf der Verehrung dieser Loas.

Es gibt eine Reihe von bekannten Loas, die den Menschen in einer bestimmten Weise beistehen, wenn sie von den Priestern dazu aufgefordert werden: *Papa Legba, Maitre Carrefoor, Amelia, Bazo, Danga Mina, Gangan, Ogoun* und *Wagol*. So ist z. B. *Erzilie* der Geist der erotischen Liebe. Andere Geister müssen von den Priestern in Schach gehalten werden, damit sie die Menschen nicht quälen.

Voodoo-Priester

Die Voodoo-Priester heißen **Honngans,** die Zauberer **Zobops.** Sie können männlich oder weiblich sein, müssen sich lange einer geheim gehaltenen Lehrzeit unterziehen und an vielen Riten teilnehmen, bevor sie im Orden akzeptiert werden. Dann besitzen sie eine ähnliche Zauberkraft wie Hexen und Magier anderer Kulte.

Sie verwenden **Zaubersprüche und Amulette,** können fliegen, ihre Gestalt verändern und Tote erwecken. Dabei sollen die Männer mächtiger sein als die Frauen. Sie können sich z. B. in ein Geistermoskito verwandeln, welches den Kindern das Leben aussaugt.

Die Voodoo-Priester sagen, dass sich auch christliche Heilige, wie *Johannes der Täufer,* den Loas angeschlossen haben. Selbst **Engel** sind dabei. Sie heißen *Zanges.* Die Engel und Heiligen sind die Vermittler, über die man sich an den Gott der Christen wendet und um Hilfe bittet.

Zombies

Zombies sind Tote, die mit Hilfe von Voodoo-Ritualen zum Leben erweckt werden, um für die Priester oder Zauberer zu arbeiten. Zombies sind nur nachts unterwegs, können im Dunkeln sehen und haben einen schlurfenden Gang. Der Zombie gehorcht allen Befehlen und führt jede Arbeit aus. Vor Sonnenaufgang muss er in sein Grab zurückkehren. Er darf niemals mit Salz in Berührung kommen, denn sonst merkt er, dass er tot ist. Dann gräbt er sich selbst in sein Grab ein und steht nie wieder auf.

Belarivo

Einst versuchte jemand, den Geist des **Joachim Belarivo** auferstehen zu lassen, um ihn für sich arbeiten zu lassen. Leider waren seine Zauberkenntnisse nicht ausreichend. *Belarivo* stand zwar als Zombie wieder auf, wollte aber nicht arbeiten, sondern erschien stattdessen auf einer Hochzeitsfeier. Bei seinem Auftritt suchten die Gäste schreiend das Weite. Einem mutigen Priester gelang es durch Zureden, *Belarivo* dazu zu bringen, in sein Grab zurückzukehren. Allerdings erschien der danach bei allen Festlichkeiten und musste schließlich in einem Bleisarg eingeschlossen und unter einem Steinhaufen begraben werden.

Duppy

Der Duppy ist einer der harmlosen Geister der West Indies. Die Menschen gehen an das Grab eines verstorbenen Verwandten und rufen so lange seinen

Namen, bis der Duppy erscheint. Dann schickt man ihn zu jemandem, den man ärgern will. Wenn der Duppy jemanden anhaucht, muss dieser sich übergeben, wenn er jemanden berührt, windet derjenige sich in Krämpfen. Um sich vor einem Duppy zu schützen, streut man etwas Tabaksamen um sein Haus.

Geistergeschichten

Viele Einheimische können Geistergeschichten mit einer Überzeugung erzählen, als wären sie selbst dabei gewesen. Sehr beliebt sind dabei auch immer wieder **Geschichten über Spukhäuser,** wie über *Lamolie House* in Grenada.

Es gehörte vor langer Zeit einem *Mr. Passee,* der auch hier starb. Er wurde in ein Fass mit Rum gesteckt, um den Körper zu konservieren, denn er sollte in England begraben werden, und es gab nichts anderes. Man stellte das Fass ins Erdgeschoss des Hauses und ließ einen Wachmann da. Dieser wusste nichts über den Inhalt des Fasses, und als an einer undichten Stelle des Fasses Flüssigkeit auslief, die er am Geruch als Rum erkannte, öffnete er das Loch ein bisschen mehr und genehmigte sich jede Nacht einen ordentlichen Schluck, bis das Fass leer war. Wahrscheinlich erreichte die Leiche England in einem erbarmungswürdigen Zustand, denn als Lamolie House später eine *Anglican High School* für Mädchen wurde, sahen Schülerinnen und Lehrerinnen *Mr. Passee* oft durchs Haus wandern. Zur gleichen Zeit fanden einmal zwei Schülerinnen eine Toilettentür ungewöhnlich lange verschlossen. Als eine von ihnen hochkletterte und über die Tür sah, saß

dort ein durchsichtiges Mädchen. Lamolie House wurde abgerissen, und beide Geister fanden ihre Ruhe. Heute steht Barclays Bank an diesem Platz.

Kunst und Kultur

Architektur

Der karibische Baustil ist eine Mischung aus indianischer und afrikanischer Tradition, europäischen Einflüssen und der Anpassung an die Klimaverhältnisse.

Die größten architektonischen Sehenswürdigkeiten auf den Inseln sind Forts, Kirchen und Plantagenhäuser.

Als die europäischen Seemächte die Inseln in Besitz nahmen, errichteten sie zunächst an strategisch wichtigen Punkten **Forts,** um die Inseln gegenüber anderen Kolonialmächten zu verteidigen. Keine Siedlung durfte ohne **Kirche** gebaut werden. Sie war nach dem Fort das zweitwichtigste Gebäude eines Ortes. Die Kirchen wurden überdimensional und für die Ewigkeit gebaut, um die Macht der katholischen Kirche zu demonstrieren. Egal, ob man vom Land oder vom Meer kam, das erste Gebäude, das man schon aus der Ferne sah, war die Kirche. Im 17. und 18. Jh. nutzte man die großen Kirchendächer, um für die ganze Gemeinde Regenwasser aufzufangen. Das erzeugte eine Abhängigkeit von der Kirche. Kirchen und militärische Gebäude wurden meist aus Stein gebaut. Damit hatten sie die größte Chance, Unwetter und Kriege zu überstehen.

Die Inseln im Überblick

☐ Luxus für die weißen Ausbeuter: Herrenhaus aus der Kolonialzeit

Die Plantagenbesitzer errichteten große **Herrenhäuser.** Gebaut wurde im Stil der jeweiligen Besatzungsmacht. Als Baumaterial dienten europäische Ziegelsteine oder einheimisches Korallengestein. Auch Holz wurde oft verwendet. Nach Erfindung der Holzsägemaschinen stattete man die Häuser an den Fenstern, Giebeln und Veranden mit **dekorativen Schnitzereien** aus, die auch der Belüftung dienten. Solche Häuser nennt man *Gingerbreadhouses* (Lebkuchenhäuser).

Als man feststellte, dass es auf den Inseln niemals Winter wurde (das war den meisten Siedlern keineswegs klar gewesen), dass man aber mit starken Stürmen und Regengüssen zu rechnen hatte, versuchte man die Bauweise anzupassen: Man ging dazu über, die Häuser mit **Galerien und Veranden** zu versehen. Fensterläden und Türen wurden luftdurchlässig gebaut, oft mit Lamellen zum Öffnen.

Die **Häuser der Sklaven** waren klein und aus Flechtwerk oder Holz. Man nennt sie **bewegliche Häuser,** denn sie mussten bei Bedarf abgebaut und an einer anderen Stelle wieder aufgebaut werden. Diese Häuser wurden auf kurze **Steinpfeiler** gebaut, damit das Wasser besser abfließen konnte und kein Ungeziefer hineinkam. Das Dachsims war zu kurz, um Stürmen zu widerstehen, an den Seiten hing das Dach jedoch ein gutes Stück über, um die Wassermassen in den regenreichen Monaten abzuhalten. Auch dies ist indianischen Ursprungs.

Küche und Waschhaus brachte man meist in getrennten Häusern unter wegen Brandgefahr, Rauch und Lärmbelästigung. Um frische (Heil-)Kräuter zu haben, legte man neben der Küche einen Kräutergarten an. Solche **Hausgärten**

sowie der Brauch, Pflanzen in Töpfen rund um die Häuser aufzustellen, stammen ebenfalls aus der **Indianerkultur.**

Anfangs hatten die Häuser noch die natürliche Farbe des Holzes, denn erst zwischen den beiden Weltkriegen wurden die ersten **Farben** auf die Inseln importiert. Hier entwickelten sich dann in Anlehnung an die Farben der Umgebung die typischen *candy colours:* das Blau des Himmels, das Türkis des Meeres, das Pink der Bougainvillea und das Gelb des Yellow Poui.

Die neuen Häuser wurden bald einschließlich der Veranda aus **Stein** gebaut, da es billiger war und man sich so auch nicht mehr die Mühe machen musste, verrottete Holzteile auszutauschen. Anstelle der Holzschnitzereien verwendet man nun sogenannte **Ventilationssteine,** mit verschiedenen Mustern durchbrochene Steine, die für die nötige Belüftung sorgen.

Wer es sich heute finanziell leisten kann, geht aber inzwischen wieder dazu über, die Veranda aus Holz zu bauen. Auch Holzschnitzereien erleben eine Renaissance. Vor den Fenstern findet man schon wieder häufiger Fensterläden. Statt neu zu bauen werden jetzt wieder öfter alte Häuser liebevoll restauriert. Gut, dass man sich wieder der westindischen Kultur besinnt.

Musik

Die Kunst, die sich auch während der Sklavenzeit nicht unterdrücken ließ, war voller **Musik, Gesang und Tanz.** Hier fand ein Aufeinandertreffen afrikanischer und europäischer Musik statt. Die Sklaven lernten Walzer, Polka und Mazurka und mixten alles mit ihrer Musik zu Karneval, Festen und Beerdigungen. Gitarren, Geigen und Mandolinen kamen aus Europa und wurden zusammen mit afrikanischen Trommeln und den Rasseln der Taino-Indianer gespielt.

Auf St. Lucia gab es **Kutumb- und Kle-Zeremonien** bei Totenwachen. Den **Big Drum Dance** beherrschte man auf Grenada und Carricaou (siehe dort). Der **Limbo** stammt ebenfalls aus Afrika und war ursprünglich ein Tanzritual, bei dem die Seele ins Totenreich hinüberwandert.

Heute findet man auf den englischsprachigen Inseln hauptsächlich **Reggae, Calypso** und **Soca.**

1981 wurde erstmals auf Barbados das Tanz- und Musikfestival **Carifesta** abgehalten. Hier stellt jede Insel ihre Musik und ihre Tänze vor. Carifesta findet jedes Jahr auf einer anderen Insel statt.

Malerei und Literatur

Verhältnismäßig spät konnte sich die Malerei entwickeln. Zwar hat beispielsweise die naive Malerei von Haiti immer noch den größten Bekanntheitsgrad, aber auch auf St. Lucia und Grenada gibt es Maler, die Beachtung verdienen; leider sind ihre Namen über die Landesgrenzen hinaus nicht so populär.

Weltweite Bekanntheit erlangte dagegen der aus St. Lucia stammende Schriftsteller **Derek Walcott,** als er 1992 den Literaturnobelpreis erhielt. Der 1930 in Castries geborene Künstler ist der wohl bekannteste Autor der West Indies. Durch ihn wurde die westindische Literatur weltbekannt. Er lebte einige Jahre in den USA, kehrte aber immer wieder

in die Karibik zurück. *Walcott* veröffentlichte sein erstes Buch im Alter von 18 Jahren, als er noch auf St. Lucia lebte. Seine damals erschienenen 25 Poeme gehören zu seinen bedeutendsten Werken. Er studierte in Jamaica und ging 1959 nach Trinidad, wo er Direktor eines Theaterworkshops wurde. Für sein literarisches Werk, welches neben Lyrik und Prosa auch Theaterstücke umfasst, wurde er mehrfach ausgezeichnet, 1992 schließlich mit dem Nobelpreis.

Heute arbeitet *Derek Walcott* einige Monate im Jahr als Leiter des Boston Playwright's Theatre in den USA und einige Monate auf St. Lucia in seinem eigenen Theater. Seine Stücke werden am Broadway ebenso aufgeführt wie von der Royal Shakespeare Company in London. Von seinen Werken sind auf Deutsch erschienen: „Das Königreich des Sternapfels" (1989), „Erzählungen von den Inseln" (1993), „Der Traum auf dem Affenberg" (1993), „Omero" (1994) und „Ti-Jean und seine Brüder" (1998).

Sein Kollege *Garth St. Omer* stammt ebenfalls von St. Lucia (siehe dort).

Kunsthandwerk

In der Volkskunst der Inseln findet man sehr schöne **Keramikarbeiten, Holzschnitzereien, Batik- und Flechtarbeiten,** aber auch sehr viel Kitsch, vor allem aus Muscheln (nicht kaufen!). Weitere Hinweise finden sich bei den Inselkapiteln und unter „Reisetipps A–Z: Einkaufen und Souvenirs".

Anhang

◁ Das Ortszentrum von Port Elizabeth (Bequia)

Literaturtipps

■ *Agee, P. / Fuchs, R. / Ernst, M.:* **Generalprobe Grenada. Augenzeugenberichte und Analysen,** Hamburg 1984; über die Invasion auf der Gewürzinsel

■ *Blume, H.:* **Die westindischen Inseln,** Braunschweig 1973

■ *Brathwaite, E. K.:* **The Arrivants.** Die Ankömmlinge. Eine Neue-Welt-Trilogie.

■ *Bond, J.:* **Birds of the Westindies,** Collins, London 1974

■ *Buisseret, D.:* **Historic Architecture of the Caribbeans,** Heinemann, London 1980

■ **Caribbean Style,** Clarkson N. Potter Publishers, New York 1985

■ *Enzensberger, H. M.:* **Las Casas. Bericht von der Verwüstung der Westindischen Länder,** Insel Taschenbuch 553, Frankfurt1981

■ **Grenada, Isle of Spice,** Macmillan Caribbean, London 1987

■ *Jones, A.; Sefton, N.:* **Marine of the Caribbean,** Macmillian Education, London 1979

■ *Labat, J. B.:* **Pater Labats Sklavenbericht,** Ed. Erdmann, Thienemann, Stuttgart 1984

■ *Lennox, G. W. and Seddon, S. A.:* **Flowers of the Caribbean,** Macmillan Caribbean, London 1978

■ *Maurer, E.:* **Herrscher der Karibik. Der schwarze Napoleon,** Langen Müller, München

■ **Moderne Erzähler der Welt – Westindien,** Horst Erdmann Verlag, Tübingen

■ *Pleticha, H.:* **Kolumbus,** Gütersloh, 1977

■ *Poegl, J. /Karlinger, F.:* **Märchen aus der Karibik,** Diederichs, Düsseldorf 1983

■ *Randell, J. E.:* **Caribbean Reef Fishes,** T. H. F. Publications, Jersey City, 1968

■ *Schulze-Kraft, Peter:* **Die Entdeckung Westindiens. Erzählungen aus der Karibik,** 1989

■ *Took, Ian F.:* **Fishes of the Caribbean Reefs,** Macmillan Caribbean, London 1979

■ *Vieth, U. /Zimmermann, M.:* **Reggae-Musiker, Rastas und Jamaica**

■ *Wimmer, W.:* **Die Sklaven,** Rowohlt, rororo 7169, Reinbeck 1979

■ *Wolfe, L.:* **Die karibische Küche,** Time-Life 1974

■ *Wood, P.:* **Die Inselwelt der Karibik,** Time-Life 1976

REISE KNOW-HOW
das komplette Programm
fürs Reisen und Entdecken

**Weit über 1000 Reiseführer, Landkarten, Sprachführer und Audio-CDs
liefern unverzichtbare Reiseinformationen und faszinierende Urlaubsideen
für die ganze Welt –** *professionell, aktuell und unabhängig*

Reiseführer: komplette praktische Reisehandbücher für fast alle touristisch interessanten Länder und Gebiete **CityGuides:** umfassende, informative Führer durch die schönsten Metropolen **CityTrip:** kompakte Stadtführer für den individuellen Kurztrip **world mapping project:** moderne, aktuelle Landkarten für die ganze Welt **Edition REISE KNOW-HOW:** außergewöhnliche Geschichten, Reportagen und Abenteuerberichte **Kauderwelsch:** die umfangreichste Sprachführerreihe der Welt zum stressfreien Lernen selbst exotischster Sprachen **Kauderwelsch digital:** die Sprachführer als eBook mit Sprachausgabe **KulturSchock:** fundierte Kulturführer geben Orientierungshilfen im fremden Alltag **PANORAMA:** erstklassige Bildbände über spannende Regionen und fremde Kulturen **PRAXIS:** kompakte Ratgeber zu Sachfragen rund ums Thema Reisen **Rad & Bike:** praktische Infos für Radurlauber und packende Berichte außergewöhnlicher Touren **sound)))trip:** Musik-CDs mit aktueller Musik eines Landes oder einer Region **Wanderführer:** umfassende Begleiter durch die schönsten europäischen Wanderregionen **Wohnmobil-TourGuides:** die speziellen Bordbücher für Wohnmobilisten mit allen wichtigen Infos für unterwegs

Erhältlich in jeder Buchhandlung und unter www.reise-know-how.de

www.reise-know-how.de

REISE Know-How online

Vielfältige Suchoptionen, einfache Bedienung

Alle Neuerscheinungen auf einen Blick

Schnelle Info über Erscheinungstermine

Zusatzinfos und Latest News nach Redaktionsschluss

Buch-Voransichten, Blättern, Probehören

Shop: immer die aktuellste Auflage direkt ins Haus

Versandkostenfrei ab 10 Euro (in D), schneller Versand

Downloads von Büchern, Landkarten und Sprach-CDs

Newsletter abonnieren, News-Archiv

Die Informations-Plattform für aktive Reisende

Kauderwelsch Sprachführer*

Freies Sprechen –
Echte Konversation

ISBN 978-3-89416-249-8

ISBN 978-3-89416-328-0

ISBN 978-3-89416-342-6

- Erste Einblicke
  in die Sprache gewinnen
- Wichtige grammatikalische
  Grundlagen
- Wort-für-Wort-Übersetzung
- Viele situationstypische
  Sprachbeispiele
- Wörterliste mit etwa 1000 Einträgen

*Begleitendes Tonmaterial erhältlich.

KulturSchock
ANDERE LÄNDER – ANDERE SITTEN

Cuba weckt vielfältige Assoziationen und lockt Menschen aus aller Welt an. Während die einen auf der Suche nach dem idealen Traumstrand sind, kommen die anderen wegen Tabak und Rum. Wieder andere reisen auf den Spuren von Hemingway oder Castro. Und nicht zuletzt sind es weltweit bekannt gewordene Rhythmen wie der Salsa und die scheinbar grenzenlose Lebensfreude, die die Reisenden anlocken.

Deshalb tritt für viele ein Kulturschock ein, wenn sie mit der anderen Seite der cubanischen Realität konfrontiert werden: Marode Plattenbauten, Lebensmittelkarten, sowjetische Uralttechnik und andere Ausprägungen der sozialistischen (Mangel-)Wirtschaft bestimmen den Alltag der Menschen vor Ort.

Wer sich abseits der touristischen Pfade bewegen und dabei nicht von der Realität der einheimischen Bevölkerung abschotten möchte, sollte sich auf die Gegebenheiten vor Ort vorbereiten. Der Band *KulturSchock Cuba* skizziert Hintergründe und Entwicklungen, um heutige Denk- und Lebensweisen zu erklären und eine Orientierungshilfe im fremden Alltag zu sein.

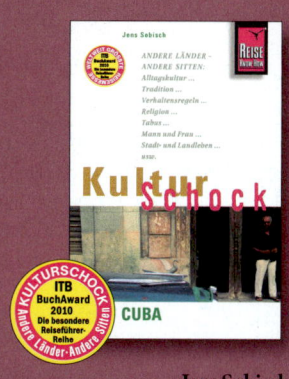

Jens Sobisch

978-3-8317-1270-0 | 288 Seiten | 14,90 Euro [D]

www.reise-know-how.de

HILFE!

Dieser Reiseführer ist gespickt mit unzähligen Adressen, Preisen, Tipps und Infos. Nur vor Ort kann überprüft werden, was noch stimmt, was sich verändert hat, ob Preise gestiegen oder gefallen sind, ob ein Hotel, ein Restaurant immer noch empfehlenswert ist oder nicht mehr, ob ein Ziel noch oder jetzt erreichbar ist, ob es eine lohnende Alternative gibt usw.

Unsere Autoren sind zwar stetig unterwegs und versuchen, alle zwei Jahre eine komplette Aktualisierung zu erstellen, aber auf die Mithilfe von Reisenden können sie nicht verzichten.

Darum: Schreiben Sie uns, was sich geändert hat, was besser sein könnte, was gestrichen bzw. ergänzt werden soll. Nur so bleibt dieses Buch immer aktuell und zuverlässig. Wenn sich die Infos direkt auf das Buch beziehen, würde die Seitenangabe uns die Arbeit sehr erleichtern. Gut verwertbare Informationen belohnt der Verlag mit einem Sprechführer Ihrer Wahl aus der über 220 Bände umfassenden Reihe „Kauderwelsch". Bitte schreiben Sie an:

REISE KNOW-HOW Verlag
Peter Rump GmbH | Postfach 14 06 66 | D-33626 Bielefeld
oder per E-Mail an: info@reise-know-how.de

Danke!

Register

Die Autorin

Evelin Seeliger-Mander, Jahrgang 1954, ist Dipl.-Designerin. 1987 reiste sie zum ersten Mal in die Karibik. Es folgten Reisen nach Indien, Malaysia und Singapur. Ihre Reiseberichte wurden in verschiedenen Magazinen und Zeitschriften veröffentlicht. Am meisten fasziniert sie nach wie vor die karibische Inselwelt, und so wurden die Kleinen Antillen zu ihrem bevorzugten Reisegebiet. Seit 1992 mit einem Trinbegonier verheiratet, verbringt die Autorin mehrere Monate im Jahr in der Karibik.